本著系2024年度浙江省习近平新时代中国特色社会主义思想研究中心委托课题（第二批）“中国式现代化进程中的共同富裕研究——基于新时代城乡融合发展的理论与实践”（项目编号：24CWT06）成果，同时受浙江外国语学院2023年度博达教师科研提升专项计划后期资助项目（项目编号：2023HQZZ8）、浙江省习近平新时代中国特色社会主义思想研究中心浙江外国语学院研究基地支持。

新时代城乡融合发展论纲

欧万彬 著

中国社会科学出版社

图书在版编目(CIP)数据

新时代城乡融合发展论纲 / 欧万彬著. -- 北京 : 中国社会科学出版社, 2024. 12. -- ISBN 978-7-5227-4460-5

Ⅰ. F299. 21

中国国家版本馆 CIP 数据核字第 202492BT64 号

出 版 人　赵剑英
责任编辑　刘亚楠
责任校对　张爱华
责任印制　张雪娇

出　　版　中国社会科学出版社
社　　址　北京鼓楼西大街甲 158 号
邮　　编　100720
网　　址　http://www.csspw.cn
发 行 部　010－84083685
门 市 部　010－84029450
经　　销　新华书店及其他书店

印　　刷　北京君升印刷有限公司
装　　订　廊坊市广阳区广增装订厂
版　　次　2024 年 12 月第 1 版
印　　次　2024 年 12 月第 1 次印刷

开　　本　710×1000　1/16
印　　张　17. 75
插　　页　2
字　　数　256 千字
定　　价　98. 00 元

凡购买中国社会科学出版社图书，如有质量问题请与本社营销中心联系调换
电话：010－84083683

前　言

新时代城乡融合发展是关系经济社会发展全局的重要命题。从当前我国经济社会不平衡不充分发展的具体表现来看，城乡之间的不平衡发展、农村内部的不充分发展问题仍然是一个不可回避的问题。习近平总书记在党的二十大报告中明确指出，“全面建设社会主义现代化国家，最艰巨最繁重的任务仍然在农村”。如何在全面推进乡村振兴战略、实施新型城镇化战略的进程中，实现城乡高质量发展、重塑新型工农城乡关系，这是摆在我们面前的现实课题。

当然，新时代城乡融合发展的研究是一项极其复杂的课题，并非易事，这是由城乡发展的复杂性决定的。具体地说，新时代城乡融合发展的研究既涉及城市发展问题，又涉及乡村发展问题；既涉及当前和未来发展的问题，又涉及过去发展的问题；既涉及发展的理论问题，又涉及发展的实践问题。而且中国城乡千差万别，这又具体表现为城市与乡村之间千差万别、城市与城市之间千差万别、乡村与乡村之间千差万别。这些情况必然给新时代城乡融合发展的研究带来巨大的挑战。另外，从实践层面来看，中华人民共和国成立以来尤其是改革开放以来，我国城乡关系在经济社会发展过程中已经经历了较长时间的探索演变。实践表明，城乡关系直接关系到经济社会发展能否健康有序、长期稳定的问题。每一个历史时期为城乡关系的发展提供了不同的物质基础，同时也对城乡关系的调整提出了不同的目标要求。也就是说，城乡关系的发展要与特定的历史条件相适应。党的十八大以来，我国经济社会发展取得了历史性成就，发生了历史性变革，城乡关系发展的物质条件和社会条件都有了新的变化。在新的历史条件下，重新审视新型工农城乡关系的发展方向，重新审视乡村振兴的战略意义，重新审视城乡融合发展的逻辑理路，既需要在理论上学懂弄通，也需要在现实中熟悉洞察。

在此，笔者觉得很有必要预先交代一下拙著的写作思路。本著总体上沿着“思想溯源——实践反思——理论建构——制度建设”的基本思路，在尝试回答“经典作家怎么说”“中国实践怎么做”“以往道路怎么样”等一系列问题的基础上，进一步回答了“何为新时代城乡融合发展”“新时代城乡融合发展何以可能”“新时代城乡融合发展有何边界”“新时代城乡融合发展要何作为”等一系列关键问题，其中后四个关键问题归结起来就是回答了“新时代城乡融合发展之路是什么、怎么走”的问题。

在“思想溯源”方面，本著认为，作为马克思主义的主要理论来源，古典哲学、古典政治经济学以及空想社会主义等思想中都蕴含着一些城乡发展的论述，黑格尔关于城乡发展的论述虽然用社会性和自然性区分了城市与乡村的差异性，却带有明显的乡村宿命论特点；亚当·斯密关于城乡发展的论述虽然提出了城乡差别的原因、城乡商业交往的必要性、优先发展乡村的重要性，却没有从社会制度的根源上触及城乡发展的问题；空想社会主义者虽然对理想社会制度作出了创造性的美好构想，却始终没有提出如何付诸实践改变现状的具体方案。此后，马克思、恩格斯以世界历史眼光和批判的视角对城乡发展问题进行了深刻审视，形成了分析批判资产阶级社会的一个重要视角，他们对城市的产生及其意义、城市病与城乡对立的由来、消灭城乡对立与实现城乡融合发展等问题作出了深刻论述。而列宁、斯大林在对苏联建设社会主义的实践探索中又相继对苏联社会主义的城乡发展问题作出了一系列论述。

在“实践反思”方面，本著认为，党的十八大以前我国城镇化道路通过从农业中获取工业化发展的原始资本积累，为我国工业化注入了强大动力。同时，这一历史时期城镇化道路坚持实行城乡土地二元所有制，使农民获得最重要的土地保障。此外，这一历史时期城镇化道路在规避社会风险、促进社会稳定方面也发挥了重要作用，还在较短时间内创造出大量的社会财富，并为大量农村剩余劳动力创造进城务工获得增收的机会，同时又通过农业补贴政策为农民减负。这些都为社会稳定发展创造了有利条件。但是，这一历史时期城镇化道路以廉价要素驱动、经济粗放发展、城市规模扩张、政府单极推动、过度追求经济效益为主的发展模式，以及忽视乡村价值与特色、忽视市场力量、忽视人的城镇化等特点，决定了它同时具有不可持续性。本著还指出，从中国特色的城镇化道路到社会主义新农村建设，再到坚持走中国特色新型城镇化道路，强调“四化”同步发展，最后到实施乡村振兴战略，提出新时代城乡融合发展的命题，这些具体措施充分说明了党的十六大以来我国城镇化道路在发展中不断转型。

在“理论建构”方面，本著认为，新时代城乡融合发展是对以往城镇化道路作出的积极扬弃和转型，它的核心任务是重塑城乡关系。就其内涵而言，新时代城乡融合发展是一个“多维一体”的概念，它既是理念，也是方法，同时还是过程和结果，它把城市和乡村共同作为发展主体，通过城乡之间各要素的良性互动和各领域的有机融合，建立新的城乡关系。然而，新时代城乡融合发展的实现需要具备一系列特定条件。本著认为，社会生产力的发展为其创造物质条件，生产关系的调整为其创造制度条件，有为政府与有效市场的结合为其创造外部条件，农民主体性地位的显现为其创造主体条件。另外，从动力角度来看，解决现实中的城乡发展不平衡问题是推进新时代城乡融合发展的直接动力。此外，全面深化改革的方法论为其提供根本动力，人民日益增长的美好生活需要为其提供内在动力。在新时代城乡融合发展的格局中，城乡是主体，发展是主线，融合是关键，其具体实践过程还需坚持农业农村优先发展、城乡主体功能差异、城乡居民权利平等、城乡全面融合的原则。本著还认为，新时代城乡融合发展的过程存在着法律边界、制度边界、价值边界和文化边界的问题，它们共同规定了新时代城乡融合发展的“可融”与“不可融”的具体领域，为新时代城乡融合发展的内容和方向作出约束和指引。

在“制度建设”方面，本著认为，新时代城乡融合发展的制度体系尚未成熟定型、城乡二元结构体制的惯性作用依然很大、不同区域城乡融合发展的差异性明显等事实为新时代城乡融合发展的具体实践带来了许多挑战。要推进新时代城乡融合发展，还必须要落实到具体制度的构建和完善中去。而这些制度主要分布在经济、政治、文化、社会、生态等关键领域中，形成一系列体制机制和政策体系。笔者提出，在新时代城乡融合发展格局中重塑城乡关系不仅要把制度构建转化为实际行动，同时还要聚焦解决社会主要矛盾的总方向，把握推进产业融合发展的总抓手，围绕满足美好生活需要的总要求，立足促进城乡社会融合的落脚点。

总的来说，本著试图在对城乡融合发展思想溯源以及中华人民共和国成立以来城乡关系发展历程分析的基础上，提出了新时代城乡融合发展的理论框架，初步探讨了新时代城乡融合发展的实践路径。当然，对于城乡融合发展这样一个复杂课题的思考，必须是持续的、动态的、根植于现实的。

自序　坚持城乡融合发展
重塑新型城乡关系

党的十八大以来，以习近平同志为核心的党中央高度重视“三农”工作，始终站在统筹中华民族伟大复兴战略全局和世界面临百年未有之大变局的高度，坚持以系统思维和战略眼光谋篇布局，把推进新时代农业农村现代化事业作为全面建设社会主义现代化国家的重要内容，强调坚持以人民为中心的发展思想，提出实施乡村振兴战略，如期打赢脱贫攻坚战，顺利完成全面建成小康社会的历史任务，有力推动新时代农业农村发展取得历史性成就、发生历史性变革。

2017 年 10 月，习近平总书记在党的十九大报告中提出“实施乡村振兴战略”，同时还提出“建立健全城乡融合发展体制机制和政策体系”。此后，党的十九届四中全会强调“实施乡村振兴战略，完善农业农村优先发展和保障国家粮食安全的制度政策，健全城乡融合发展体制机制”。党的十九届五中全会提出“优先发展农业农村，全面推进乡村振兴”，并将此作为“十四五”时期我国经济社会发展的重要任务之一，强调要实现巩固拓展脱贫攻坚成果同乡村振兴有效衔接。2022 年 10 月，习近平总书记在党的二十大报告中对“全面推进乡村振兴”作出了进一步部署，并指出“全面建设社会主义现代化国家，最艰巨最繁重的任务仍然在农村”，强调要“坚持农业农村优先发展，坚持城乡融合发展，畅通城乡要素流动”。党的二十大报告还首次提出“加快建设农业强国”，强调要“扎实推动乡村产业、人才、文化、生态、组织振兴”。以上这些重要论述既是对我国农业农村现代化发展作出的重大决策部署，同时也是推动改变我国城乡关系发展格局的重要制度安排，为新时代城乡融合发展提供了根本遵循和政策依据。

现阶段，我国社会主要矛盾表现为人民日益增长的美好生活需要和不平衡不充分的发展之间的矛盾。其中，城乡之间发展不平衡、农村内部发展不充分的问题仍然是不平衡不充分发展较为突出的方面。这一问题不仅直接影响到人民尤其是农村居民的美好生活质量，同时也影响着全面建设社会主义现代化国家的成色。党的二十大开启了全面建设社会主义现代化国家、全面推进中华民族伟大复兴的新征程，并强调“以中国式现代化全面推进中华民族伟大复兴”，中国式现代化为全面建设社会主义现代化国家、全面推进中华民族伟大复兴提供价值引领和理论指引，与此同时，全面建设社会主义现代化国家、全面推进中华民族伟大复兴的具体实践又为丰富发展中国式现代化理论创造条件、提供支撑。与西方现代化相比，中国式现代化有着基于自己国情的中国特色。其中，全体人民共同富裕是中国式现代化的重要特征之一，也是社会主义的本质要求。破解城乡之间发展不平衡、农村内部发展不充分的问题，是实现全体人民共同富裕的题中之义。而破题的关键在于全面推进乡村振兴、加快建设农业强国。2022 年 12 月，习近平总书记在中央农村工作会议上指出“没有农业强国就没有整个现代化强国；没有农业农村现代化，社会主义现代化就是不全面的”。因此，要把农业农村现代化放到全面现代化的整体性视域中加以考察，将其作为社会主义现代化的重要组成部分。党的二十大报告强调，“高质量发展是全面建设社会主义现代化国家的首要任务”。这就要求农业农村现代化同样要建立在高质量发展的基础之上。高质量发展是一项系统工程，因此，实现农业农村现代化应着眼于统筹城乡发展全局，跳出农村看农村，跳出农业看农业，坚持城乡融合发展。

城乡融合发展的核心任务是重塑新型城乡关系，即改变长期以来城镇化进程中形成的城乡二元结构体制，最终形成城乡一体化发展格局，让城市和乡村在发展中实现良性互动、互融、互惠的关系。从这个意义上讲，研究城乡融合发展问题就是要研究城乡关系这个最基本的问题，而研究城乡关系问题就必然要在城镇化发展的过程中去把握。早在2000年，《中共中央关于制定国民经济和社会发展第十个五年计划的建议》明确提出“随着农业生产力水平的提高和工业化进程的加快，我国推进城镇化的条件已经成熟，要不失时机地实施城镇化战略”，这是在官方文件中第一次使用“城镇化”一词，随后这一术语就开始成为“官方口径”，在党和国家的各类官方文献中得到广泛运用。2002年11月，党的十六大报告强调“要逐步提高城镇化水平，坚持大中小城市和小城镇协调发展，走中国特色的城镇化道路”。2007年10月，党的十七大报告提出“统筹城乡发展，推进社会主义新农村建设”的具体任务。2012年11月，党的十八大报告明确提出“坚持走中国特色新型工业化、信息化、城镇化、农业现代化道路”，其中“新型”二字对党的十八大前后的城镇化道路作了明确区分。

从我国城镇化的历史来看，党的十八大以前城镇化道路通过从农业中获取工业化发展的原始资本积累，为我国工业化注入了强大动力。同时，这一历史时期城镇化道路坚持实行城乡土地二元所有制，使农民获得最重要的土地保障；此外，在规避社会风险、促进社会稳定方面也发挥了重要作用。不可否认，我国城镇化道路有其体制上的优势，当经济社会发展出现较大波动时，党和政府作为城镇化的全面主导者，能够通过政策调整予以及时纠偏。我国城镇化道路还在较短时间内创造出大量的社会财富，并为大量农村剩余劳动力创造进城务工获得增收的机会，同时又通过农业补贴政策为农民减负。这些都为社会稳定发展创造了有利条件。因此，这一历史时期的城镇化道路是有其特殊合理性的。但是，以廉价要素驱动、经济粗放发展、城市规模扩张、政府单极推动、过度追求经济效益为主的发展模式，以及忽视乡村价值与特色、忽视市场力量、忽视人的城镇化等特点，决定了这一历史时期的城镇化道路的实践同时具有不可持续性。它长期把重心放在城市，政策上具有明显的“城市偏向”特点，城乡发展因此被割裂开来，最终形成了城乡二元结构体制。受此影响，农业、农村和农民长期处于弱势地位。

党的十八大以来，中国特色社会主义进入新时代。坚持城乡融合发展是对以往城镇化道路做出的积极扬弃和转型。就其内涵而言，新时代城乡融合发展是一个“多维一体”的概念，它既是理念，也是方法，同时还是过程和结果，总体表现为在中国特色社会主义进入新时代的背景下，坚持把城市和乡村共同作为发展主体，发挥城市优势条件，保持乡村发展特色，通过城乡之间各要素的良性互动和各领域的有机融合，有效缩小城乡差距，建立新的城乡关系，形成城乡一体化发展格局，实现城乡共生发展、协调发展、互惠发展，同时让城乡人民共享发展成果。它的目标是在破解城乡二元结构体制问题的基础上，促进人的自由全面发展。在此过程中，它把“城”和“乡”、“人”和“物”共同作为城镇化的目的，并把人的城镇化视为核心问题，把乡村振兴视为重要内容，体现了乡村振兴的发展逻辑、坚持以人民为中心的发展思想、城乡相融共生的发展格局和区域协调发展的发展思路。

当然，新时代城乡融合发展的实现需要具备一系列特定条件。具体而言，社会生产力的发展为其创造物质条件，生产关系的调整为其创造制度条件，有为政府与有效市场的结合为其创造外部条件，农民主体性地位的显现为其创造主体条件。再从动力角度来看，解决现实中的城乡发展不平衡问题是推进新时代城乡融合发展的直接动力。此外，全面深化改革的方法论为其提供根本动力，人民日益增长的美好生活需要为其提供内在动力。在新时代城乡融合发展的格局中，城乡是主体，发展是主线，融合是关键，其具体实践过程还需坚持农业农村优先发展、城乡主体功能差异、城乡居民权利平等、城乡全面融合的原则。

需要注意的是，在城乡融合发展过程中应把握好合理边界的问题，即新时代城乡融合发展存在法律边界、制度边界、价值边界和文化边界等一系列边界问题。其中，法律边界和制度边界属于带有刚性规定的“硬性边界”，而价值边界和文化边界属于具有人文关怀的“柔性边界”。它们共同为新时代城乡融合发展的内容和方向作出约束和指引。具体而言，新时代城乡融合发展必须依法推进，必须聚焦“人的城镇化”，必须体现城乡互补功能，必须在内容上做出界定。就新时代城乡融合发展的内容而言，产业融合是其关键，人才是其核心问题，资本入乡是其必然要求，激活土地资源是其现实需要，公共服务均等化是其题中之义。然而，在城乡融合发展过程中还内在地包含城乡形态的相对独立性、城乡居民身份的区别性、城乡文化的相对独特性等“不可融”的问题。

毋庸置疑，新时代城乡融合发展是一项复杂的系统工程。当前，新时代城乡融合发展的制度体系尚未成熟定型、城乡二元结构体制的惯性作用依然很大、不同区域城乡融合发展的差异性明显等事实为新时代城乡融合发展的具体实践带来了许多挑战。要推进新时代城乡融合发展，还必须落实到具体制度的构建和完善中去，而这些制度主要分布在经济、政治、文化、社会、生态等关键领域中，形成一系列体制机制和政策体系。融合不是口号，而是行动。在新时代城乡融合发展格局中重塑城乡关系不仅要把制度构建转化为实际行动，同时还要聚焦解决社会主要矛盾的总方向，把握推进产业融合发展的总抓手，围绕满足美好生活需要的总要求，立足促进城乡社会融合的落脚点。

2024 年 2 月

目录

CONTENTS

第二篇　实践反思

第三篇　理论建构

第四篇 制度建设

第四篇 制度建设

导 论

一 问题的提出

城市和乡村是经济社会发展的两个基本主体，它们之间大体上可以形成三个基本发展空间：城市、乡村以及城乡。其中，“城乡”在发展过程中形成了一种特定的关系，即城乡关系。中国自古以农立国，农业文明和农耕文化历史悠久。从现阶段人口结构来看，全国仍然还有四亿多农村人口。所以，城乡关系是中国社会发展最基本也是最重要的社会关系之一。从当前中国经济社会发展的整体情况来看，城乡之间的不平衡发展、农村内部的不充分发展问题仍然突出，是新征程上全面建设社会主义现代化国家的主要制约因素之一。这种不平衡不充分发展的根源在于城乡二元结构体制，这一体制是在我国城镇化的长期实践过程中逐渐形成且固化下来的。要破解城乡二元结构体制问题，就必须从城镇化道路着手对其进行有效转型并探索构建新型城乡关系。

中华人民共和国成立以来，我国城乡关系发展大体上经历了从城乡兼顾到乡村支持城市、从城乡改革到城乡分化分离、从统筹城乡发展到城乡一体化、从“四化”同步（即新型工业化、信息化、城镇化、农业现代化同步发展）到城乡融合发展的历史演变。在此过程中，党的十八大提出坚持走中国特色新型工业化、信息化、城镇化、农业现代化道路，其中“新型”二字直接区分了党的十八大前后我国城镇化道路的不同向度。党的十八大以前我国的城镇化道路实际上主张的是政府全面主导的城镇化，其政策的重心在城市，工作的重心当然也在城市。因此，这一历史时期城镇化结果必然是“城市偏向”。那么，农业、农村和农民在“城市偏向”的城镇化过程中也就必然处于弱势地位，这种弱势表现为被剥夺、被忽略、被利用，乡村的价值于是很自然地被城镇化短期内的经济效益所掩盖。在这样的发展格局中，乡村的凋零甚至消失同样也是不可避免的。

党的十六大以来，我们党深刻认识到破解“城市偏向”的城镇化问题的重要性。党的十六大报告提出走中国特色的城镇化道路；党的十六届三中全会提出“统筹城乡发展、统筹区域发展、统筹经济社会发展、统筹人与自然和谐发展、统筹国内发展和对外开放”；党的十七大报告在统筹城乡发展的基础上又提出城乡经济社会发展一体化。这些论断都为这一历史时期城镇化道路的转型发展提出了新的要求，并为探索新型城镇化道路创造了重要的基础条件。党的十八大报告提出“加快完善城乡发展一体化体制机制，着力在城乡规划、基础设施、公共服务等方面推进一体化，促进城乡要素平等交换和公共资源均衡配置，形成以工促农、以城带乡、工农互惠、城乡一体的新型工农、城乡关系”；党的十九大报告在提出实施乡村振兴战略时强调“建立健全城乡融合发展体制机制和政策体系”；2020年10月，党的十九届五中全会对新型工农城乡关系的内涵作了调整，强调要“强化以工补农、以城带乡，推动形成工农互促、城乡互补、协调发展、共同繁荣的新型工农城乡关系，加快农业农村现代化”①；2021年6月开始施行的《中华人民共和国乡村振兴促进法》强调，要“建立健全城乡融合发展的体制机制和政策体系，推动城乡要素有序流动、平等交换和公共资源均衡配置，坚持以工补农、以城带乡，推动形成工农互促、城乡互补、协调发展、共同繁荣的新型工农城乡关系”②；党的二十大报告再强

① 《中共十九届五中全会在京举行》，《人民日报》2020年10月30日第2版。

② 《中华人民共和国乡村振兴促进法》，《人民日报》2021年5月20日第16版。

调“坚持农业农村优先发展，坚持城乡融合发展，畅通城乡要素流动”。于是，近年来“新时代城乡融合发展”成为社科理论界和地方各级政府重点关切的议题。

从党的十九大报告中提出的“要坚持农业农村优先发展，按照产业兴旺、生态宜居、乡风文明、治理有效、生活富裕的总要求，建立健全城乡融合发展体制机制和政策体系，加快推进农业农村现代化”这一论断的具体表述来看，其内在包含原则、要求、手段和目的四重要素。其中，“坚持农业农村优先发展”是基本原则，“产业兴旺、生态宜居、乡风文明、治理有效、生活富裕”是具体要求，“建立健全城乡融合发展体制机制和政策体系”是重要手段，“加快推进农业农村现代化”是最终目的。从这个意义上来理解，只有“建立健全城乡融合发展体制机制和政策体系”，才能“加快推进农业农村现代化”。反之，要想“加快推进农业农村现代化”，就必须“建立健全城乡融合发展体制机制和政策体系”。由此可见，新时代城乡融合发展是加快推进农业农村现代化的必然选择，而农业农村现代化则内在包含了新时代城乡融合发展的重要内容。

具体地说，城乡融合发展的实质问题归根到底是属于正确处理城乡关系问题的理论与实践范畴。因此，新时代城乡融合发展的核心任务就是重塑新型城乡关系。当然，城乡关系问题事实上由来已久，但它在不同历史时期的表现是有区别的。从这个意义上讲，研究“新时代城乡融合发展”就表现为在一个在新的历史条件下，对城乡关系这个老生常谈的话题的新表现新情况进行学理分析，并探索构建新型城乡关系的社会现实问题。近年来，社科理论界关于城乡关系研究的成果颇丰，其中也有许多从马克思恩格斯经典论述的视角加以研究阐释的，且形成了较为一致的观点，即从城乡关系发展的一般规律的角度来把握这个问题，认为生产力的发展推动着人类生产方式与生活方式的变革，并由此产生社会分工，带动了城乡关系的不断演进。如果从人类社会发展的历史及其趋势来看，城乡关系发展的一般规律就表现为“从城乡混沌到城乡分离，再到城乡对立，最后到城乡融合”这样的发展路径，贯穿这一发展路径始终的是生产力的发展和社会分工的形成和发展。

然而，除了从一般规律的视角来理解马克思主义城乡发展思想之外，马克思学说中的现代性批判、人的全面发展等理论也为更加深刻地认识和理解新时代重塑新型城乡关系的重要性提供了宝贵的视角。首先，现代性批判的视角为我们揭露了城乡关系恶化的现实表现。“现代性作为现代世界之本质的根据，包含两个基本支柱，即资本和现代形而上学。”① 其中，资本不但要实现增殖，而且要实现有效率的增殖，为此，资本总是在追求扩张和所谓的进步。一方面，资本的扩张和进步给人类社会发展带来了巨大动力；另一方面，资本逻辑主导下的现代世界也陷入了缺乏对真正意义上人的社会性观照的困境。资本不仅可以成为现代社会中支配一切的经济权力，还可以成为一种社会权力。城乡分离之后的城市发展在较长的时间里积累了大量资本，随之产生的一种现象就是各种优质资源、要素向城市集聚。相应地，许多政策向城市倾斜，逐渐形成了城乡之间的二元对立关系并且难以破除，由此带来了城乡之间不平衡、不充分、不平等发展的现象，这些问题迫切需要解决。其次，人的全面发展的视角为城乡关系的未来指明方向。马克思对异化劳动的批判和对资产阶级社会现代性的批判的根本目的在于要改造世界。资本主义生产方式下的异化劳动以及建立在资本和现代形而上学基础之上的资产阶级社会的现代性限制了人的发展，使人们要么成为片面的“城市动物”，要么成为片面的“乡村动物”，总之始终无法让人成为真正意义上的全面发展的人。而人的全面发展则是马克思学说的终极目标。因此，马克思关于人的全面发展的思想对重塑新型城乡关系的一个重要启示就在于，未来城乡关系的改变要以人的全面发展为根本价值取向，而实现这个目标的基本路径就是城乡融合发展。从这个意义上说，新时代城乡融合发展的研究尽管是一项有关城乡关系的老课题，但它同时又是一个事关改造现代社会、推动人的全面发展的新命题。

党的十九大报告提出“实施乡村振兴战略”，其核心议题就是要破解

① 吴晓明：《论马克思对现代性的双重批判》，《学术月刊》2006 年第 2 期。

乡村发展的问题，其总目标是实现农业农村现代化。在乡村振兴战略的总体框架中，无论是党的十八大报告提出的要“形成以工促农、以城带乡、工农互惠、城乡一体的新型工农、城乡关系的目标”，还是党的十九届五中全会提出的要“推动形成工农互促、城乡互补、协调发展、共同繁荣的新型工农城乡关系”①，都更加突出强调乡村内部的发展以及城乡之间的互动。所以，新时代城乡融合发展不是要消灭乡村，而是要在实施乡村振兴战略的基础上发展乡村。也就是说，新时代城乡融合发展是把城市和乡村共同作为发展主体，它看到了乡村的重要价值，并且把乡村振兴、“三农”问题的破解作为重要内容，强调城市和乡村在整个经济社会发展中双轮驱动的作用。因此，从城镇化发展道路的角度来看，新时代城乡融合发展与“城市偏向”的城镇化是有明显区别的。

新时代城乡融合发展是在以往城镇化道路的发展基础上和新型城镇化道路的具体实践中提出的。因此，既要认识到新时代城乡融合发展是以以往城镇化发展为基础的，同时也要把握好新时代城乡融合发展所具有的鲜明问题导向，即要解决在以往城镇化发展中表现出来的城乡不平衡不充分发展的问题，而这一问题的根源在于城乡二元结构体制。所以，新时代城乡融合发展要致力于解决这个根源性的问题，并在此基础上不断满足人民日益增长的美好生活需要，促进城乡人民的自由全面发展。

综上所述，新时代城乡融合发展的研究，重点在于对以往城镇化道路实践探索的反思以及对新时代城乡融合发展的理论建构与制度设计。因此，既要客观、准确地评价以往城镇化的实践历程，并在此基础上更加明确城镇化道路转型的方向，又要进一步丰富和发展城乡关系理论，并系统地建构新时代城乡融合发展理论，着重回答好新时代城乡应该如何发展、怎样重塑新时代城乡关系等相关重要问题。

---

① 《中共十九届五中全会在京举行》，《人民日报》2020年10月30日第2版。

二 概念的澄清

一般认为，城镇化一词最早是由西班牙城市规划师 A. Serda 在其著作《城镇化的基本理论》（1867）中提出的。20 世纪 70 年代末，随着中国改革开放序幕的拉开，我国学术界也开始广泛使用这个词。但把英文单词“Urbanization”翻译成中文后，就出现了城镇化与城市化两种不同的译法。正因如此，在国内诸多有关城镇化研究的文献中，对于城镇化概念的界定仍然存在争议。这个争议主要就是聚焦于城镇化与城市化的关系，即城镇化与城市化究竟有着怎样的区别和联系，这一争论焦点直接决定了如何理解城镇化内涵的问题。

第一种观点认为，城镇化就是城市化。有学者认为，城镇化是指“一个国家或地区由于社会生产力提升、科学技术发展以及产业结构调整等，使得其社会经历着一个以突出农业的传统乡村型社会向以工业（第二产业）和服务业（第三产业）等非农产业为主的现代城市型社会的转变”①。这种观点把城镇化、城市化理解为传统社会向现代社会转变的过程，也就是现代化的过程。因此，城镇化的自然演进就是现代性在传统社会向现代社会转变、乡村向城市转变的反映。此外，也有学者认为，城镇化与城市化的本质都是“农村人口向城市的集中”②。因此，城镇化与城市化可作为同义词使用，它们都意味着农村人口的减少和城市人口同步增加的过程。

第二种观点认为，城镇化并非城市化。有学者认为，城镇化是“将县级以下的城镇集中，在最短半径中让最多的农民获得非农就业机会”③。这个过程仍然保持着农户经济、保留着原有农村社区，因此农村仍然还是农村，但农村的生活质量在城镇化过程中将得到有效提高，甚至比城市更具

① 韩旭、陈守则：《城镇化理论研究文献综述》，《经济研究导刊》2016 年第 24 期。

② 贺雪峰：《城市化的中国道路》，东方出版社 2014 年版，第 4 页。

③ 温铁军：《农村需要城镇化而非城市化》，《当代贵州》2013 年第 6 期。

幸福感。与之相区别的是，城市化是人口、资本、风险同步向城市集中的过程。也就是说，城市化意味着农民进城后身份将会发生变化，意味着资本导向的公共资源过度集中使得城市风险也明显增加。此时，乡村的优点就得以充分体现，以至于让城市居民开始向往乡村生活。这种观点把城镇化和城市化作了区分，其实质是把城镇化聚焦于农村的发展，而把城市化聚焦于城市的发展。因此，城镇化改变的是乡村的面貌，不会改变的是乡村的本质。

第三种观点认为，城市化包含城镇化。这种观点主要认为城市与城镇在空间意义上是有区别的，城市包括大中小城市和小城镇，而城镇则不包括大中小城市。所以，城镇化的外延比城市化的外延要小，城镇只能作为城市的初级形态。从这个意义上说，城镇化就表现为城市化的特定阶段或特定部分的现象，它的最终发展指向就是城市化。

第四种观点认为，城市化优于城镇化。这种观点把城镇化与城市化的内涵作了横向比较，认为城镇化把城市化中的“市”抽象掉了。因此，城镇化就变成了没有“市”这个重要基础作为支撑的“城”和“镇”。究其本质，有学者认为，城市化“从人口学角度观察，是农村人口向城镇转移的一种过程，是人口的城乡结构问题；从劳动学角度观察，是就业在一、二、三次产业之间的分布和结构问题；从经济学角度观察，是农业、加工业、服务业为主的三次产业结构的变动问题；从社会学角度观察，是工业社会取代农业社会的生产和生活方式，工业文明取代农业文明、现代文明取代传统文明的社会进步问题”①。在这一系列复杂的过程中，经济始终是基础。相比之下，由于把“城”“镇”与“市”分离开来、割裂起来，城镇化在概念上也就“违背了以‘市’为基础的合理内涵；同时在外延上，也必然失去‘市’对城镇规模、地理范畴的自然界定，变成可以由人的意志决定的主观的东西”②。因此，在具体实践中就容易产生城镇化的误区。

---

① 田雪原：《城镇化还是城市化》，《人口学刊》2013 年第 6 期。

② 田雪原：《城镇化还是城市化》，《人口学刊》2013 年第 6 期。

澄清城镇化的基本概念是开展新时代城乡融合发展有关研究的基本前提。从上述有关城镇化概念的争议中可以看出，不同学者站在不同的视角产生了不同的观点。那么，究竟应该如何理解“城镇化”这一概念，它的内涵又是什么，这是一个基本的理论问题。而对这样的基本理论问题的把握，应当放到具体语境中去阐释。

可以说，“城镇化”一词极具中国特色。在我国，城镇化思想的产生和具体实践甚至要早于城镇化概念的形成。1945 年，毛泽东曾在《论联合政府》中指出：“农民——这是中国工人的前身。将来还要有几千万农民进入城市，进入工厂。如果中国需要建设强大的民族工业，建设很多的近代的大城市，就要有一个变农村人口为城市人口的长过程。”① 中华人民共和国成立后，在工业化的进程中，大量农民进城为国家有计划大规模开展工业建设提供了劳动力支持。但是，当时仍然没有正式提出城镇化这一议题。1955 年，国务院颁布的《关于城乡划分标准的规定》对城镇的概念进行了政策界定，把“设置市人民委员会的地区和县（旗）以上人民委员会所在地（游牧区行政领导机关流动的除外）；或常住人口在两千人以上，居民 50% 以上是非农业人口的居民区”界定为城镇。这是在官方文件中第一次使用“城镇”一词。然而，在当时高度集中统一的计划经济体制下，城乡之间要素流动是受到严格限制的，因此也严重阻碍了城镇化进程。一直到 20 世纪 70 年代末，改革开放推动了中国城镇化的进程，为城镇化释放了强大的生机活力，城镇化问题也由此被学术界正式提出。2000 年，《中共中央关于制定国民经济和社会发展第十个五年计划的建议》提出“随着农业生产力水平的提高和工业化进程的加快，我国推进城镇化的条件已经成熟，要不失时机地实施城镇化战略”，这是在官方文件中第一次使用“城镇化”一词，随后这一术语就开始成为“官方口径”，在党和国家的各类官方文献中得到广泛运用。

从大量文献来看，在我国之所以广泛使用“城镇化”这一概念，而不

---

① 《毛泽东选集》第三卷，人民出版社 1991 年版，第 1077 页。

是“城市化”，其中一个重要原因在于我们把建设小城镇作为中国发展的战略选择。“如果我们的国家只有大城市、中等城市，没有小城镇，农村里的政治中心、经济中心、文化中心就没有腿。”① 无论从地域、人口、经济、环境等因素看，小城镇都既具有与农村社区相异的特点，又都与周围的农村保持着不可缺少的联系。小城镇的特点在于投入少但见效快，因此，建设小城镇对于中国这样一个农业大国向现代工业国家转变来说不仅是必要的，而且是发展农村经济、解决农村剩余劳动力有效转移问题的重要举措。从这个意义上说，我国城镇化自然就瞄准了小城镇发展的问题。在农村人口占绝大多数、社会生产力并不发达的阶段，我国推行的是积极发展小城镇、适当发展中等城市、严格限制大城市规模的方针，而“城镇化”一词与这个“以小为主”的方针显得更为契合。但是，如果把城镇化仅仅理解为发展小城镇，那是不全面的，也是不准确的。随着社会生产力水平不断提高，尤其是进入21世纪以后，我国发展由“以小为主”的城镇化进入“以大为主”的城市化阶段。与20世纪八九十年代相比，这个阶段的城市化率比原先更高，城市化的速度也更快。但官方仍然沿用“城镇化”一词，事实上此时的城镇化内涵已经发生变化。这个变化就表现在，城镇化既要包括各类城市的发展，同时也要包括小城镇的发展，两者共同组成了城镇化的具体内容。所以，此时的城镇化概念显然已经超出了小城镇发展的概念，延伸到城市的发展，是由这两部分组成的。于是，城镇化和城市化在这里也就成了一对同义词。

综上所述，理论和实践都表明，城镇化首先引发的是人口的空间转移，即人口向城镇或城市的集中。与此同时，农村人口的价值观念、生产生活方式、就业结构也会随之发生深刻变化。因此，从内涵来看，城镇化同时包含了人口、经济、社会、文化等多领域的变革，它与现代化的进程是同步的，具体表现为人口城镇化、就业非农化、生产生活现代化等一系列社会现象。

---

① 费孝通：《中国城乡发展的道路》，上海人民出版社2016年版，第178页。

三　问题的症结

从我国城镇化的具体实践来看，其基本问题就是“要解决长期束缚中国经济社会发展的城乡二元分割的体制问题、解决中国城市市民与农村农民二元身份分隔的问题，最终实现城乡统筹、城乡一体化，走出一条具有中国特色的城镇化、工业化和农业现代化相互促进、协调发展的道路”①。不容否认，束缚中国经济社会发展的城乡二元分割的体制问题、中国城市市民与农村农民二元身份分隔的问题，是长期以来在城镇化的具体实践中产生的。“城市偏向”的城镇化使城乡关系陷入了一种畸形状态，城乡对立矛盾随之进一步显化。因此，在开展“新时代城乡融合发展”有关问题的研究之前，有必要对城乡关系的症结即城乡二元结构问题作具体分析和探索。

（一）中国城乡二元结构的产生

中国城乡二元结构的形成有着特定的历史背景。中华人民共和国成立初期，国家建设的基础条件十分薄弱，经济发展整体上处于崩溃边缘。为尽快改变这样的状况，我国开始实行赶超工业化的战略。但是，当时我国工业、科技都还处于十分落后的水平，资本积累又严重匮乏。发展重工业尤其是优先发展重工业，就必须依靠国家力量而非市场力量做出适当安排。在这个问题上，苏联高度集中的计划经济体制的成功实践给中国带来了可借鉴方案。因此，中国在20世纪50年代同样建立了高度集中的计划经济体制。这一体制在当时是一项十分重要的制度安排，它从根源上推动了城乡二元经济结构的产生。在这样的制度安排下，国家为工业发展提供必要和充足的资本原始积累。从实际情况来看，这一制度安排的成效是显

---

① 李强等：《多元城镇化与中国发展：战略及推进模式研究》，社会科学文献出版社2013年版，第14页。

著的。有研究显示，“1952－1978年，国家通过工农业产品价格剪刀差积累了几千亿元；农民每年向国家缴的农业税在27亿－32亿元之间；通过农民储蓄这条渠道，国家积累了约155.5亿元”①。

为确保顺利推进并实施赶超型工业化战略，国家还从社会层面制定了一系列政策法规，形成了城乡二元社会结构制度。1957年12月，中共中央和国务院发布关于制止农村人口盲目外流的指示，指出“如果对农村人口大量外流的现象不加以制止，显然是大大不利于迅速发展农业生产和加强农村建设，大大不利于实现农业发展纲要的”②。因此，明确提出要制止农村人口盲目外流的情况继续发生，以确保农业的正常化发展，确保农业在社会主义建设中发挥重要作用。1958年1月，《中华人民共和国户口登记条例》开始施行。这个条例的最鲜明特点就是对城乡居民的户口性质做出了区分，即农业户口对应农村人口，非农业户口对应城镇人口。这就意味着从法律上确认了城乡二元户籍管理制度的形成。与之相匹配的还有一系列社会政策和福利制度，如供粮制度、教育制度、医疗卫生制度、社会保障制度、社会福利制度等，这些具体制度安排把城乡居民直接分隔开来，农民无法享受到城镇居民所能享受的各种福利，农业户口也无法自由地转为非农业户口。1962年4月，公安部发布的《关于处理户口迁移问题的通知》明确指出：“对农村迁往城市的，必须严格控制；城市迁往农村的，应一律准予落户，不要控制。”显然，这样区别对待城乡居民户口的管理方式从社会制度层面直接限制了农村人口向城市的转移，把农村人口禁锢在土地之上。所以，城乡二元户籍管理制度成为城乡分隔的根本性原因，城乡二元户籍管理制度不仅是限制了城乡之间人口的自由流动，还迫使城乡居民享受完全不同的社会福利待遇，尤其是把农民限制在了一个弱势地位上。这样的制度安排最终将不可避免地造成城乡

① 李森：《城乡二元结构与城市化道路演进》，《重庆社会科学》2009年第7期。

② 《中共中央 国务院关于制止农村人口盲目外流的指示》，《人民日报》1957年12月19日第1版。

之间的不平等和城乡差距的不断拉大。

（二）中国城乡二元结构的演化

在计划经济体制的影响下，城乡二元结构的形成使得经济社会发展明显地表现出“城市利益为重”“工业效益为重”的特点，城乡之间发展不平衡的现象由此开始出现。农村内部发展动力不足，农村人口又无法向城市自由流动。在这种情况下，农村发展成了一大问题，农民基本生活自然也无法得到保障。1978 年，中国开始改革开放，而国内改革的先行地是当时最落后的农村，因为农村太穷太落后，农业生产力太弱，农民吃不饱饭，这一系列关系农业、农村、农民的现实问题倒逼着当时的农村不得不尽快进行改革。在农村改革过程中，国家层面也推出了一系列具体政策来推动改革。总的来说，这些政策主要包括“大幅度提高农副产品收购价格，相应减少部分农业税收，以刺激农产品生产；稳定农副产品特别是粮食收购量，适当增加粮食的进口数量；增加农业投资，支持农业的基本建设；在农村普遍推行家庭联产承包责任制，以调动农民的生产积极性”①。这些政策的实施无疑在很大程度上改善了农村面貌，使农村经济发展开始得到加速。可以说，1978 年开始的农村改革是对中华人民共和国成立以后近三十年时间里所形成的城乡关系旧格局的一次突破性的政策调整。在这个阶段，工农产品价格“剪刀差”开始缩小，国家对农业农村剩余的剥夺开始减少，农民生产积极性开始得到提高，农村发展利益开始得到重视。所以，城乡发展的差距也曾一度缩小。

1984 年 10 月，党的十二届三中全会通过的《中共中央关于经济体制改革的决定》标志着中国改革开始由农村走向城市，从而进入整个经济领域。以城市为重点的经济体制改革也随之开始全面展开。国家开始在城市经济运行过程中引入市场机制，同时还积极引进外资和先进技术发展城市工业经济。总的来说，随着改革的不断深入，各种资源要素、财政资金、

① 李淼：《城乡二元结构与城市化道路演进》，《重庆社会科学》2009 年第 7 期。

政策条件又重新开始逐步向城市倾斜，工业和城市经济得到迅速发展。在这个阶段，工业化和城市化促进了现代化的快速发展。另外，这个阶段还有一个重要特征是，经济体制改革所采取的是渐进式改革的方式，因此，它呈现了由计划经济体制向市场经济体制过渡的特有现象，即计划经济体制与市场经济体制并行的“双轨制”特征。在经济体制“双轨制”的作用下，市场经济体制给城市发展带来了前所未有的生机活力，而计划经济体制中国家行政干预的力量仍然十分强大。国家坚持以工业化和城市化促进现代化的发展道路，必然会继续把工作重心集中在城市发展上去。然而，虽然工业化进程不断推进，城市也不断发展起来，但是城市与乡村、工业与农业之间并没有形成带动与被带动的关系。相反，最终“形成了计划经济体制和市场经济体制对农业和农村发展的双重挤压，城乡发展差距继续扩大，城乡二元结构继续深化”①。这种现象在20世纪80年代末到90年代初开始出现，被视为“强化城市利益的城乡二元结构”，城市居民的各项福利和保障制度让城市居民得到了实实在在的利益，但是农民与此并无关系。

1992年10月，党的十四大明确把建立社会主义市场经济体制作为我国经济体制改革的目标。随后，中国经济体制开始由计划经济向市场经济全面转型。如果说计划经济时期城乡二元结构的一个特点是政府通过行政手段强制限制和阻止农村劳动力向城市流动，那么进入社会主义市场经济体制后，城乡之间劳动力的流动就开始加速了。20世纪90年代，中国出现规模巨大的“民工潮”，大批农村劳动力向城市流动。但这样的流动仍然只是以单向流动为主，并且农村劳动力只是实现了空间上的转移，却并没有进一步实现身份上的转变。因此，出现了中国特有的一个群体——“农民工”。从本质上讲，他们仍然还是农民，但他们的就业形势已经发生了很大变化。这个群体仍然享受不到城市居民的社会福利，享受不到城市居民

① 潘九根、钟昭锋、曾力：《我国城乡二元结构的形成路径分析》，《求实》2006年第12期。

所享有的医疗、教育等各方面的公共服务。随着城市化的快速发展，城市面貌发生翻天覆地的变化，而农村却陷入了贫困，农民负担沉重、增收困难成为一大现实问题，城乡居民收入差距不断扩大，城乡二元结构也逐渐固化。

（三）中国城乡二元结构的影响及政策调整

在城乡二元结构的作用下，相对发达的现代城市和相对落后的农村社会的发展处于两种完全不同的发展水平，其中农村社会发展要远远落后于城市发展。于是，城乡二元结构的问题在一定程度上制约着农民的现代性发展。有研究认为，城乡二元结构是导致农民权利贫困的社会制度根源，而农民权利贫困又有着多重表现：在经济权利方面表现为农民在从事经济活动中所应拥有的财产权利和市场主体权利等权利的不充分、不完整，使农民成为受剥夺的利益主体；在政治权利方面表现为农民政治权利受到城乡二元结构的不合理限制而没有得到充分保障和实现，使农民的公民身份受到限制；在社会权利方面表现为农民作为公民应享受的养老保险和医疗保险等社会保障严重不足，使农民成为保障极少的弱势群体；在文化权利方面表现为农民不能平等地享受教育权，使农民成为不公平的教育弃儿。① 也有研究认为："中国城镇化发展中出现的土地城镇化快于人口城镇化、人口城镇化快于人的城镇化的'半城镇化'问题的制度根源即在城乡二元结构及其体制上。"② 从这些研究来看，城乡二元结构的影响集中体现在以下方面：一是城乡二元结构限制了农村的发展和农民的增收，阻碍了农村城镇化；二是城乡二元结构使农民与市民在身份上分隔开来，阻碍了农民市民化；三是城乡二元结构造成城乡居民在公共服务、社会保障方面的一系列不平等待遇，加深了城乡不平衡发展的程度。面对这些问题，如何破

---

① 张等文、陈佳：《城乡二元结构下农民的权利贫困及其救济策略》，《东北师大学报》（哲学社会科学版）2014 年第 3 期。

② 吴业苗：《城乡二元结构的存续与转换——基于城乡一体化公共性向度》，《浙江社会科学》2018 年第 4 期。

解城乡二元结构的问题就成了20世纪90年代末尤其是进入21世纪后的重要现实问题。

1998年10月，党的十五届三中全会通过《中共中央关于农业和农村工作若干重大问题的决定》，明确提出要“坚持多予少取，让农民得到更多的实惠”①。进入21世纪后，中国开始从农业农村农民的发展着手去调整城乡关系。2002年，党的十六大提出：“统筹城乡经济社会发展，建设现代农业，发展农村经济，增加农民收入，是全面建设小康社会的重大任务。”② 2003年12月，《中共中央 国务院关于促进农民增加收入若干政策的意见》出台，又明确提出要“坚持‘多予、少取、放活’的方针，调整农业结构，扩大农民就业，加快科技进步，深化农村改革，增加农业投入，强化对农业支持保护，力争实现农民收入较快增长，尽快扭转城乡居民收入差距不断扩大的趋势”③。2004年开始，每年的“中央一号”文件都以“三农”为主题，连年提出解决农业、农村、农民问题的新举措和新任务。同样也是从2004年开始，减征或免征农业税的惠农政策开始实施。2005年10月，党的十六届五中全会通过《中共中央关于制定国民经济和社会发展第十一个五年规划的建议》，提出建设社会主义新农村的重大任务。同年12月，全国人大常委会出台文件，宣布废止《中华人民共和国农业税条例》，这是一个历史性转变的决定。因为废止农业税条例就意味着农民缴纳农业税的历史到此结束了。2006年2月，《中共中央 国务院关于推进社会主义新农村建设的若干意见》把建设社会主义新农村作为中国现代化进程的重大历史任务，提出必须坚持以发展农村经济为中心，进一步解放和发展农村生产力。2007年，党的十七大明确提出“要加强农业基

---

① 《中共中央关于农业和农村工作若干重大问题的决定》，《人民日报》1988年10月19日第1版。

② 江泽民：《全面建设小康社会，开创中国特色社会主义事业新局面——在中国共产党第十六次全国代表大会上的报告》，《人民日报》2002年11月18日第2版。

③ 《中共中央 国务院关于促进农民增加收入若干政策的意见》，《人民日报》2004年2月9日第1版。

础地位，走中国特色农业现代化道路，建立以工促农、以城带乡长效机制，形成城乡经济社会发展一体化新格局”①。2008年10月，党的十七届三中全会通过《中共中央关于推进农村改革发展若干重大问题的决定》，提出“必须统筹城乡经济社会发展，始终把着力构建新型工农、城乡关系作为加快推进现代化的重大战略”②。2012年，党的十八大提出“城乡发展一体化是解决‘三农’问题的根本途径。要加大统筹城乡发展力度，促进城乡共同繁荣”③，并强调要“加快完善城乡发展一体化体制机制，着力在城乡规划基础设施、公共服务等方面推进一体化，促进城乡要素平等交换和公共资源均衡配置，形成以工促农、以城带乡、工农互惠、城乡一体的新型工农、城乡关系”④。此外，党的十八大报告还强调要“推动信息化和工业化深度融合、工业化和城镇化良性互动、城镇化和农业现代化相互协调，促进工业化、信息化、城镇化、农业现代化同步发展”⑤，这就是“四化”同步发展。2017年，党的十九大报告又强调要“建立健全城乡融合发展体制机制和政策体系，加快推进农业农村现代化”⑥。2020年10月，党的十九届五中全会强调要“强化以工补农、以城带乡，推动形成工农互促、城乡互补、协调发展、共同繁荣的新型工农城乡关系”⑦，这意味着新型工农城乡关系的内涵发生了变化，在城乡融合发展中推动形成的新型工农城乡关系的具体要求同样也有了新的变化。2022年，党的二十大在部署“全面推进乡村振兴”时进一步强调要“坚持农业农村优先发展，

---

① 《胡锦涛文选》第二卷，人民出版社2016年版，第630页。

② 《中共中央关于推进农村改革发展若干重大问题的决定》，《人民日报》2008年10月20日第1版。

③ 《胡锦涛文选》第三卷，人民出版社2016年版，第631页。

④ 《胡锦涛文选》第三卷，人民出版社2016年版，第631页。

⑤ 《胡锦涛文选》第三卷，人民出版社2016年版，第628页。

⑥ 《中国共产党第十九次全国代表大会文件汇编》，人民出版社2017年版，第26页。

⑦ 《中共十九届五中全会在京举行》，《人民日报》2020年10月30日第2版。

坚持城乡融合发展，畅通城乡要素流动”①。以上不同阶段的政策部署实质上都在围绕如何破解城乡二元结构这一重要现实问题展开，目的在于推动重塑健康持续发展的新型城乡关系。

① 习近平：《高举中国特色社会主义伟大旗帜 为全面建设社会主义现代化国家而团结奋斗——在中国共产党第二十次全国代表大会上的报告》，人民出版社 2022 年版，第 31 页。

第一篇

思想溯源

第一章　马克思主义主要理论来源中的城乡发展因素

城市和乡村应如何发展，这是人类社会发展史上自从有了城市之后就摆在人们面前的现实问题。有了城市，也便有了城市化这种社会现象，而城市化本身又是伴随着工业化的进程发展起来的。在马克思以前，古典哲学、古典政治经济学以及空想社会主义等思想中也蕴含一些城乡发展思想。列宁称："马克思学说是人类在 19 世纪所创造的优秀成果——德国的哲学、英国的政治经济学和法国的社会主义的当然继承者。"① 从这个意义上讲，回到马克思主义的主要理论来源中挖掘其城乡发展思想并进行理论溯源是必要且有意义的。

一　古典哲学中关于城乡发展的论述

黑格尔是德国古典哲学的集大成者，他在其经典之作《法哲学原理》的第三篇"伦理"部分中对家庭、市民社会、国家作了集中讨论，并阐述了农业与手工业、工业和商业的差别以及城市与乡村的差别。在黑格尔看来，"城市是市民工商业的所在地，在那里，反思沉入在自身中并进行细分。乡村是以自然为基础的伦理的所在地"②。换句话说，黑格尔认为，乡

① 《列宁选集》第二卷，人民出版社 2012 年版，第 309—310 页。

② ［德］黑格尔：《法哲学原理》，范扬、张企泰译，商务印书馆 1961 年版，第 252 页。

村具有家庭生活和自然生活的实体性，它的特点就是更加突出地强调自然性；而城市与乡村不同，它是市民工商业的所在地，而且它更加强调人的理性活动，从而更加突出社会性。这个差别在黑格尔那里即城乡之间最根本的差别。

在黑格尔的《法哲学原理》中，“等级”是一个非常重要的概念。“无限多样化的手段及其在相互生产和交换上同样无限地交叉起来的运动，由于其内容中固有的普遍性而集合起来，并区分为各种普遍的集团；全部的集合就这样地形成在需要、有关需要的手段和劳动、满足的方式和方法，以及理论教育和实践教育等各方面的特殊体系，——个别的人则分属于这些体系——，也就是说，形成等级的差别。”① 由此可见，黑格尔把等级理解为各种普遍的集团，而且这些不同的集团形成了各自不同的特殊体系，从而人们又被纳入这些不同的特殊体系中去。他把家庭看成国家的第一个基础，而把等级看成国家的第二个基础。黑格尔指出：“从概念上说，等级得被规定为实体性的或直接的等级，反思的或形式的等级，以及普遍的等级。”② 在这里，黑格尔把现实的市民社会分为三个不同等级。其中，黑格尔所谓的实体性的或直接的等级实际上就是对应现实生活中的农业等级，而反思的或形式的等级所对应的是现实生活中的产业等级，普遍的等级所对应的是现实生活中的官吏等级。市民社会中的这三个不同的等级就其特殊性来说是不一样的，它们的出现“是社会分化和差异的表现，是历史发展的必然”③。

在黑格尔看来，“实体性的等级以它所耕种土地的自然产物为它的财富，这种土地可以成为它的专属私有物，它所要求的，不仅是偶尔的使用，而是客观的经营。由于劳动及其成果是与个别固定的季节相联系，又

① ［德］黑格尔：《法哲学原理》，范扬、张企泰译，商务印书馆1961年版，第211—212页。

② ［德］黑格尔：《法哲学原理》，范扬、张企泰译，商务印书馆1961年版，第212页。

③ 魏晓燕、陈爱华：《黑格尔等级思想解读及其现实意义研究》，《求索》2011年第9期。

由于收成是以自然过程的变化为转移，所以这一等级的需要就以防患未然为目的。但是，这里的条件使它保持着一种不大需要以反思和自己意志为中介的生活方式"①。所以，农业等级主要就是依托土地获得自己的财富，而这种财富的表现形式就是农业等级通过耕种劳动而产生的自然产物。如果离开土地和自然界，那么农业等级将无法获得自然产物，从而也无法获得财富。因此，从根本上说，农业等级依靠的是自然的馈赠与外界的恩赐。这与乡村更加突出强调自然性的特点是相吻合的。与农业等级相比，产业等级则明显不同。黑格尔把手工业等级、工业等级和商业等级统称为产业等级，它"以对自然产物的加工制造为其职业。它从它的劳动中，从反思和理智中，以及本质上是从别人的需要和劳动的中介中，获得它的生活资料"②。由此可见，一方面，产业等级不是把自然产物直接作为自己的财富，而是通过对自然产物的加工制造获得自己的财富；另一方面，产业等级需要反思和理性活动，因为它必须以别人的需要和劳动为中介，这在农业等级中并不一定是必需的。尽管黑格尔认为在当时的时代，"农业也像工厂一样根据反思的方式而经营"③，这样的经营方式在他看来实际上是违反了农业原本应该具备的自然性，但是，农业等级仍然"将始终保持住家长制的生活方式和这种生活的实体性情绪"④，也就是始终保持家庭生活和自然生活的实体性。因此，黑格尔进一步指出："在这一等级那里，自然界所提供的是主要的，而本身的勤劳相反地是次要的。至于在第二等级那里，理智才是本质的东西，而自然产物则只能看做是材料。"⑤ 这就是农业等级与产业等级的差别。

由此可见，黑格尔事实上是把自然性和社会性作了严格的区分，而且

---

① ［德］黑格尔：《法哲学原理》，范扬、张企泰译，商务印书馆1961年版，第212页。

② ［德］黑格尔：《法哲学原理》，范扬、张企泰译，商务印书馆1961年版，第214页。

③ ［德］黑格尔：《法哲学原理》，范扬、张企泰译，商务印书馆1961年版，第213页。

④ ［德］黑格尔：《法哲学原理》，范扬、张企泰译，商务印书馆1961年版，第213页。

⑤ ［德］黑格尔：《法哲学原理》，范扬、张企泰译，商务印书馆1961年版，第213—214页。

把农村与自然性对应起来、把城市与社会性对应起来，所以城乡差别、农业等级与产业等级差别就不可避免地产生了。按照黑格尔的观点，“农村的基础和伦理精神都是自然性的，或至少是社会领域内最自然的那个部分，因此农村的本性及其实存将始终受制于自然性这个基本规定，无法实现城市的实存所能达到的社会性”①。显然，这种情况下的农村是要落后于城市的，至少在黑格尔看来，农村的社会性是不及城市的，自由和秩序的感觉也主要发生在城市中，而农村更多地表现为对自然的屈从。

二 古典政治经济学中关于城乡发展的论述

亚当·斯密是英国古典政治经济学的最杰出代表人物之一，他于1776年公开发表的《国民财富的性质和原因的研究》（以下简称《国富论》）一书距今已有240余年。然而，在如此漫长的时间里，这部堪称古典政治经济学奠基之作的巨著在学术影响力方面一直经久不衰。纵观全书，亚当·斯密反对政府干预商业和自由市场，倡导降低关税和自由贸易，这些主张奠定了资本主义自由经济的理论基础，“不仅对推动当时英国乃至整个欧洲经济的发展起了很大作用，也对后来人类经济思想发展产生了莫大影响，从而他的名字也就成为经济学说史上难以逾越的丰碑”②。因此，人们对亚当·斯密的认识通常也是较为集中地体现在对其经济理论和政策主张的认识上，却较少有人去关注亚当·斯密关于城乡发展问题的有关论述，而这一部分思想主要体现在《国富论》第三篇的内容之中。

《国富论》第三篇题为“诸国民之富的进步”，共由四章内容组成，分别是“论富之自然的进步”“论罗马帝国崩溃后欧洲旧状态下农业的衰

① 屈婷、樊红敏：《“自然的”乡村何以社会化——论马克思对黑格尔城乡差别观点的超越》，《山西财经大学学报》2015年第S1期。

② 尹伯成：《亚当·斯密经济思想在中国的价值——纪念〈国富论〉发表240周年》，《江海学刊》2016年第6期。

微”“论罗马帝国崩溃后都市的勃兴与进步”以及“都市商业对于农业改良之贡献”。在这里，亚当·斯密提出了“自然顺序说”：“按照自然的顺序，进步社会的资本，首先是大部分投在农业上，次之，投在制造业上，最后，投在外国贸易上。这种顺序是极自然的；我相信，在各个有领土的社会上，都可以多少看见。在大都市成立以前，一定先开垦了一些土地；在有人愿投身于外国贸易以前，都市上，一定先有了些粗糙的制造业。”① 由此可见，亚当·斯密的“自然顺序说”既体现在产业发展的顺序上，也体现在城乡发展的顺序上。从产业发展的自然顺序来看，农业要先于工业，工业又先于商业；从城乡发展的自然顺序来看，农村先于城市，城市又为世界贸易开拓市场。在亚当·斯密看来，如果政府不对其进行干预，这样的发展顺序便会是一种极为自然的必然现象。

那么，亚当·斯密关于城乡发展的“自然顺序说”究竟何以成立？又应该怎样理解呢？首先，城乡发展的自然顺序是由城市和农村两者不同的社会功能决定的，而两者不同的社会功能又取决于城市和农村各自所拥有的不同之物。在这里，城市和农村的不同社会功能亦可理解为城市和农村的不同分工。也就是说，城市和农村在现实生活中扮演了不同的角色。“一切都市的生活资料与工业原料，全都仰给于农村。……都市年年由农村输进食品原料，又年年以制造品及其他物品输往农村。”② 农村拥有大量能够满足人类生活最基本需要的生活资料，从而只有当农村的最基本需要得到满足之后，农村的剩余物才能转而去满足城市的生活需要。而城市制造的产品相对于农村提供的生活资料和工业原料而言，则显得更为高级。显然，只有在获得农村提供的生活资料和工业原料的前提下，城市才能发展工业。因此，亚当·斯密指出：“按照事物的本性，生活资料既必先于

---

① ［英］亚当·斯密：《国富论》（上），郭大力、王亚南译，译林出版社 2011 年版，第 328 页。

② ［英］亚当·斯密：《国富论》（上），郭大力、王亚南译，译林出版社 2011 年版，第 112 页。

方便品、奢侈品，所以，获取前者的产业，亦必先于获取后者的产业。提供生活资料的农村耕种改良视野，必先于只提供奢侈品、方便品的都市的增设。乡村居民须先维持住了自身，才以剩余产物维持都市的居民。所以，要先增加农村产物的剩余，才谈得上增加都市。"① 从这个意义上讲，农村产物的剩余是城市得以增设的必要条件，农村必先于城市，农业必先于工业，从而此时的农村、农业在经济发展中的地位要优于城市、工业，因为农村和农业是作为城市和工业发展的基础而存在。没有农村和农业，城市和工业的发展也就无从谈起。其次，城乡双方之所以在基于不同社会功能而自然产生之后还能够继续得到发展，是因为城市和农村之间存在商业交往的行为，而这种商业交往的载体就是自由市场。"文明社会的重要商业，就是都市居民与农村居民通商。……农村供都市以生活资料及制造材料，都市则报农村居民以一部分制造品。……他们有相互的利害关系。分工的结果，于两方从事各种职业的居民，全有利益。"② 在亚当·斯密看来，城市与农村分工不同，因此为了满足各自的需求，就必须建立起商业交往的关系。而城乡双方在商业交往过程中通过自由市场的交易则能够达到互利互惠的结果。因为城市为农村的剩余物打开了市场，同时农村也成为城市销售其制造品的市场，因此，双方在交易过程中都能获得收益。最后，城市的发展得益于农村的发展，而且两者的进步程度是成比例的，这在没有政府干预的情况下本身亦是一种自然规律。亚当·斯密分析道："乡民因要以原生产物交换制造品，继续视市镇为市场。然亦就依着这种交换，都市居民才取得了工作材料和生活资料的供给。他们售给乡村居民的熟货量，支配他们所购得的材料及食料的数量。他们的材料及食料的增加，只能按照比例于乡民对熟货的需要的增进。但这种需要的增进，又只

① ［英］亚当·斯密：《国富论》（上），郭大力、王亚南译，译林出版社 2011 年版，第 326 页。

② ［英］亚当·斯密：《国富论》（上），郭大力、王亚南译，译林出版社 2011 年版，第 325 页。

能按照比例于耕作及改良事业的进展。假若人为制度不扰乱自然倾向，那就无论在什么政治社会，都市的富益与发达，都是乡村耕作改良事业进步的结果，且须按照比例于乡村耕作改良事业的进步。"[①] 显然，在亚当·斯密看来，如果乡村耕作改良事业没有进步，也就是说如果农业没有剩余、农村没有发展，那么都市也就无法发展起来。

综上所述，亚当·斯密关于城乡发展的"自然顺序说"实际上为研究城乡发展问题提供了若干有益线索：第一，城市与乡村的差别源于不同的分工，而且乡村产物的剩余为城市的增设创造条件；第二，城市和乡村在自由市场中开展平等的商业交往活动，因而两者是能够实现共同发展的；第三，想要发展城市，必先发展乡村。

三　空想社会主义者关于城乡发展的论述

从16世纪初到19世纪三四十年代，在这三百多年的时间里，空想社会主义思潮在整个欧洲得到广泛传播。直到19世纪40年代中后期，马克思、恩格斯在批判和吸收空想社会主义者的相关思想的基础上创立了科学社会主义理论，这才使得空想社会主义思潮的影响力逐渐消退。空想社会主义思潮盛行时期，由于当时的资本主义还很不发达，加之无产阶级也尚不成熟，因此，这样的历史条件决定了空想社会主义的理论同样也是不成熟的，而这种不成熟在当时表现为只能是落后的、保守的、脱离实际的幻想。但是，对社会主义理论的发展而言，空想社会主义者对资本主义制度的谴责和对理想社会的憧憬却是有益的探索。在他们的探索中，城乡发展的问题自然也是理想社会制度构建的重要内容之一。回顾社会主义发展史，从16世纪早期空想社会主义时期托马斯·莫尔的"乌托邦岛"到19世纪初批判的空想社会主义时期昂利·圣西门的"实业制度"、沙尔·傅

① ［英］亚当·斯密：《国富论》（上），郭大力、王亚南译，译林出版社2011年版，第327页。

立叶的“法郎吉”以及罗伯特·欧文的“新和谐公社”，欧洲空想社会主义思潮的代表人物在批判资本主义制度的基础上，纷纷对城市与乡村应如何发展的问题在社会制度层面进行了构想与设计。

托马斯·莫尔是欧洲文艺复兴时期英国杰出的思想家，也是早期空想社会主义的创始人。他所处的时代正是大航海时代，资本主义在当时正处于刚刚起步的阶段，英国“圈地运动”形象地反映了资本原始积累血淋淋的事实，这一现象无疑给广大劳苦群众造成了深重灾难。于是，托马斯·莫尔在1516年写成的《乌托邦》中，通过一位航海家的口述勾勒出了一个乌托邦岛，这是一个财产公有、人人劳动、按需分配、没有剥削、道德高尚的理想社会。托马斯·莫尔认为，一切社会罪恶的根源在于财产私有。“任何地方私有制存在，所有的人凭现金价值衡量所有的事物，那么，一个国家就难以有正义却繁荣。”① 从这个意义上讲，“如不彻底废除私有制，产品不可能公平分配，人类不可能获得幸福”②。因此，托马斯·莫尔主张必须彻底废除私有制。基于对私有制的批判，托马斯·莫尔在《乌托邦》的第二部分内容中展现了理想社会的状态。在那里，农业劳动是一种义务劳动，在城市居住的市民需轮流搬到农村中居住，而且必须在农村住满两年才能返回城市。在农村居住就意味着要从事农业生产劳动，他们的职责就是“耕田，喂牲口，砍伐木材，或经陆路或经水路将木材运到城市”③。显然，市民轮流到农村开展农业生产劳动是为城市生活提供必要的生活资料。此外，乌托邦岛上的城市规模是受严格控制的。托马斯·莫尔强调：“为使城市人口不过稀也不过密，规定每家成年人不得少于十名，也不得多于十六名。每一个城市须有六千个这样的户，郊区除外。……如果全城各户人口都已足额，凡有超出数字的成年人可迁移出来，帮助充实其他人口不足的城市。如全岛人口超出规定的数量，他们就从每一个城市

---

① ［英］托马斯·莫尔：《乌托邦》，戴镏龄译，商务印书馆1982年版，第43页。
② ［英］托马斯·莫尔：《乌托邦》，戴镏龄译，商务印书馆1982年版，第44页。
③ ［英］托马斯·莫尔：《乌托邦》，戴镏龄译，商务印书馆1982年版，第51页。

登记公民，按照乌托邦法律，在邻近大陆无人的荒地上建立殖民地。”① 由此可见，托马斯·莫尔在《乌托邦》中已经注意到了城乡发展的问题，认识到了城市与乡村的差别以及城乡之间要建立互为支持的关系的必要性，同时，托马斯·莫尔也认识到了城市发展必须控制在合理规模范围之内的重要性。

法国思想家昂利·圣西门、沙尔·傅立叶以及英国思想家罗伯特·欧文是19世纪初空想社会主义的代表人物。昂利·圣西门对未来理想社会制度的构想是“实业制度”。在昂利·圣西门的著述中虽未对城乡发展的问题做出明确讨论，但他所提出的“实业制度”体现的是一种社会平等的价值观。在这个制度设计中，一切人将得到最大限度的自由，而且人人劳动，没有人能够不劳而获。在昂利·圣西门看来，“实业家是从事生产或向各种社会成员提供一种或数种物质财富以满足他们的需要或生活爱好的人”②。所以，农民是实业家，手工业者是实业家，商人也是实业家。这些实业家是靠亲身劳动而生存的，并且他们不是孤立存在的，而是需要联合起来“从事生产或向全体社会成员提供各种物质财富以满足他们的需要或生活爱好”③。由此推论可知，在昂利·圣西门的“实业制度”中，城乡之间不仅是平等的，并且还需要合作。

沙尔·傅立叶对未来理想社会制度的构想是“和谐制度”（或称“协作制度”）。沙尔·傅立叶认为，“协作制度是我们命里注定要有的制度，只要它在一个郡里建成，那就会自发地在全国范围内群起仿效，原因是这个制度不分贫富，保证人人都能得到无限的利益和无穷的享受，这就是它唯一的诱饵”④。沙尔·傅立叶把与和谐制度相对应的社会叫作“法郎吉”，每一个法郎吉都是由若干个工作小组即谢利叶组成的。按照沙尔·傅立叶的说法，人的情欲的总策源地（或称“情欲主干”）是统一欲（或称“和谐

① ［英］托马斯·莫尔：《乌托邦》，戴镏龄译，商务印书馆1982年版，第60—61页。

② 《圣西门选集》第二卷，董果良译，商务印书馆1982年，第51页。

③ 《圣西门选集》第二卷，董果良译，商务印书馆1982年，第51页。

④ 《傅立叶选集》第一卷，赵俊欣、吴模信、徐知勉、汪文漪译，商务印书馆1979年版，第11页。

欲”），它包括三种首要情欲，即奢侈欲、合群欲和谢利叶欲。由于这三种首要情欲又分别包含五种感官情欲、四种爱恋情欲和三种分配性情欲，因此，它们事实上总共包含十二种次要情欲。沙尔·傅立叶主张用和谐制度替代文明制度，并且认为人类只有在这种新的社会制度下才能拥有完美的幸福，这是因为新的社会制度能保证人的所有次要情欲得到充分发展，从而保证统一欲也得到充分发展。在沙尔·傅立叶看来，情欲在协作制度内产生协作与富裕。因此，法郎吉必然是一个劳动协作的社会。在那里，家务劳动、农业劳动、工业劳动、商业劳动、教育劳动、科学的研究和应用、艺术的研究和应用这七种劳动是联合起来的。其中，就农业和工业的关系来看，“协作制度把工业生产只看成是对农业的补充，看成是漫长的冬闲季节和赤道大雨时期避免发生情欲冷却的一种手段”①。因此，尽管所有的法郎吉中都有工业劳动，但农业劳动才是主要的。工业生产与农业生产相比，只能位居第二位。尽管“工业生产在近代人的政治体系中备受赞美，与农业处于同等地位。而在协作制度下，则只被认为是农业体系的一种附带业务和补充，是服从农业需要的业务”②，但农业生产与工业生产在地位上的不同并不意味着新的社会制度不重视工业生产。相反，沙尔·傅立叶认为，“要在工业生产和农业生产之间建立互相适应的关系，从而使这两种劳动互相促进”③。由此可见，沙尔·傅立叶已经注意到了在法郎吉中工农协调发展的问题。

罗伯特·欧文对未来理想社会制度的构想是建立“新和谐公社”，其实质就是一种共产主义公社，财产公有是它的一个重要原则。在罗伯特·欧文的著述中，方形村、新村等概念与新和谐公社是相同的。“这种公社以联合劳动和联合消费为原则，以农业为基础；在公社中大家的利益是一

① 《傅立叶选集》第一卷，赵俊欣、吴模信、徐知勉、汪文漪译，商务印书馆 1979 年版，第 258 页。

② 《傅立叶选集》第一卷，赵俊欣、吴模信、徐知勉、汪文漪译，商务印书馆 1979 年版，第 244 页。

③ 《傅立叶选集》第一卷，赵俊欣、吴模信、徐知勉、汪文漪译，商务印书馆 1979 年版，第 244 页。

致的和共同的。”① 罗伯特·欧文指出：“我们完全知道工业体系中的居民陷入了怎样的痛苦和罪恶的境地，我们也知道农业劳工的愚昧和堕落，唯有把社会上这一部分人像这样重新加以安排才能消除这些严重的祸害。”② 在这里，所谓的“像这样重新加以安排”实际上就是指建立工农业相结合的新村、贫民工艺社、郡立或地方劳动贫民生产组织或任何其他名称的机构。打破旧有的分工体系，建立工业和农业相结合的新村，这是罗伯特·欧文关于城乡发展问题的重要思想。为了使作为协作社的新村能够产生最大效益，给个人和整个社会带来最大利益，罗伯特·欧文对新村的规模作了限定。在他看来，新村的规模直接影响着人们的生活质量，规模过大或过小都不利于体现城乡住宅各自的优点，同样也都不利于规避城乡住宅各自的缺点。所以，只有适度的规模才能体现出这个新村与原有的城市住宅以及乡村主宰的差别和优越性。而从产业来看，“在一定地区内全部人口如果都从事农业而以工业为副业，这样做比农业和工业人口分开所能供养的人要多得多，人们的生活享受也要高得多”③。由此可见，罗伯特·欧文一方面是反对城市与乡村的对立、工业与农业的对立的；另一方面他所描绘的工农业相结合的新村实际上更加注重农业生产。罗伯特·欧文还将工农业相结合的新村图景与工业城市的现状进行了比较，结果是从各个方面来看，新村都要比工业城市优越得多。概括起来一句话：“工业城市是贫穷、邪恶、犯罪和苦难的渊薮；而所筹划的新村将是富裕、睿智、善行和幸福的园地。”④ 此外，在发展农业方面，罗伯特·欧文认为要利用科学技

① 《欧文选集》第一卷，柯象峰、何光来、秦果显译，商务印书馆 1979 年版，第 202 页。

② 《欧文选集》第一卷，柯象峰、何光来、秦果显译，商务印书馆 1979 年版，第 209 页。

③ 《欧文选集》第一卷，柯象峰、何光来、秦果显译，商务印书馆 1979 年版，第 330 页。

④ 《欧文选集》第一卷，柯象峰、何光来、秦果显译，商务印书馆 1979 年版，第 234 页。

术提高劳动生产率。“农业不能像过去和现在这样成为简单的农民职业，这些农民的头脑就像他们的土地一样缺少栽培。到那时，农业将成为这样一类人的愉快工作：他们经过教育养成了最优良的习惯和性情，熟悉科学技术中最有用的办法，他们的头脑充满了最有价值的知识和最广泛的常识——能够对农业、各行业、商业和工业方面统筹兼顾，定出措施，并领导执行；这些措施将比以往一向分散经营的这些部门中曾经有过的任何措施都好得多。”①

综上所述，德国古典哲学、英国古典政治经济学、欧洲空想社会主义思潮对城乡发展问题的探讨是具有重要历史意义的。然而，黑格尔关于城乡发展的思想虽然用社会性和自然性区分了城市与乡村的差异性，却带有明显的乡村宿命论特点；亚当·斯密关于城乡发展的思想虽然提出了城乡差别的原因、城乡商业交往的必要性、优先发展乡村的重要性，却没有从社会制度的根源上触及城乡发展的问题；托马斯·莫尔、昂利·圣西门、沙尔·傅立叶、罗伯特·欧文等人关于城乡发展的思想虽然对理想社会制度做出了创造性的美好构想，但他们仅仅认识到了私有制、社会分工造成畸形发展的后果，却始终没有提出如何付诸实践来改变现状的具体方案，因而终究只能停留在空想之中。

① 《欧文选集》第一卷，柯象峰、何光来、秦果显译，商务印书馆1979年版，第319页。

第二章　马克思恩格斯关于城乡发展的理论

在古典哲学、古典政治经济学、空想社会主义思想家之后，马克思、恩格斯以世界历史眼光和批判的视角对城乡发展问题进行了深刻审视，他们虽然未曾对城乡关系做过专门系统性的论述，但其相关思想散见于《德意志意识形态》《哲学的贫困》《共产主义原理》《共产党宣言》《论住宅问题》《资本论》《反杜林论》等重要文本，其中形成了分析批判资产阶级社会的一个重要视角。从具体内容来看，马克思、恩格斯关于城乡发展的理论集中体现在以下方面。

一　城市的产生及其意义

城市究竟是如何产生和发展的？马克思主义认为，在整个人类社会发展的漫长历史进程中，生产力始终是促进人类社会向前发展的最终决定性因素。城市的产生与发展当然也不例外，它得益于生产力的发展以及由此带来的不断深化的社会分工。从现实情况来看，社会分工源自生产力的发展，社会分工的发展程度也正体现了生产力的发展水平。关于这一点，马克思、恩格斯在《德意志意识形态》中做过明确的论述，即“一个民族的生产力发展的水平，最明显地表现于该民族分工的发展程度。任何新的生产力，只要它不是迄今已知的生产力单纯的量的扩大（例如，开垦土地），都会引起分工的进一步发展”①。所以，如果说分工是城市产生的直接原因，那么生产力的发展则是城市产生的根本原因。社会分工之所以能够引起城市的产生，是因为“一个民族内部的分工，首先引起工商业劳动同农业劳动的分离，从而也引起城乡的分离和城乡利益的对立”②。因此，从这个意义上讲，工商业劳动是从农业劳动中分离出来的。同理，城市是从乡村中分离出来的。而且“物质劳动和精神劳动的最大的一次分工，就是城市和乡村的分离”③。

城市和乡村分离开来之后，两者的差异就开始呈现了。从外形上来看，最初出现的城市通常是由石墙、城楼、雉堞围绕着石造或砖造房屋而建起来的。因此，伴随着城市产生的是“圈围现象”。而“圈围现象”首先让城市与乡村的形态产生了差异性。也正是由于这样的“圈围现象”的出现，城市才能够成为部落或部落联盟的中心。恩格斯在《家庭、私有制和国家的起源》中把这种情况看成“建筑艺术上的巨大进步”④。但与此同时，之所以要用石墙、城楼、雉堞把房屋圈围起来，这事实上也是出于安全的考虑。因为圈围起来的城市无疑能够更好地抵御外来者的入侵。之所以这样的抵御系统是必要的，是因为城市较为普遍地存在外来入侵的风险。因此，恩格斯同时又把城市看成“危险增加和防卫需要增加的标志”⑤。其次，“圈围现象”事实上也正是一种多方面因素集中的体现。正如马克思、恩格斯所言：“城市已经表明了人口、生产工具、资本、享受和需求的集中这个事实；而在乡村则是完全相反的情况：隔绝和分散。”⑥而人口、生产工具、资本、享受和需求的集中就是城市化的鲜明特点。这个集中的过程不仅仅会促进经济的发展，还会促进政治的发展。因为“随

① 《马克思恩格斯文集》第一卷，人民出版社 2009 年版，第 520 页。
② 《马克思恩格斯文集》第一卷，人民出版社 2009 年版，第 520 页。
③ 《马克思恩格斯文集》第一卷，人民出版社 2009 年版，第 556 页。
④ 《马克思恩格斯文集》第四卷，人民出版社 2009 年版，第 182 页。
⑤ 《马克思恩格斯文集》第四卷，人民出版社 2009 年版，第 182 页。
⑥ 《马克思恩格斯文集》第一卷，人民出版社 2009 年版，第 556 页。

着城市的出现，必然要有行政机关、警察、赋税等等，一句话，必然要有公共机构，从而也就必然要有一般政治。在这里，居民第一次划分为两大阶级，这种划分直接以分工和生产工具为基础”①。由此可见，城市的产生以及城市产生以后实际上都伴随着一系列社会现象，例如社会分工、安全需要、风险增加、城市化、政治发展等。所以，不能把城市的产生看成一种简单的从乡村这个母体中分离演化出来的自然现象。相反，城市的产生实际上是一种复杂的社会现象。

既然城市的产生是一种社会现象，那么它必然会给整个社会带来极为深远的影响。在马克思、恩格斯看来，“城市的建造是一大进步”②。这不仅表现为城市本身就意味着社会生产力发展到一定程度的结果，而且还表现在其他更深层次的方面。马克思在《政治经济学批判（1857—1858 年手稿）》中指出：“在再生产的行为本身中，不但客观条件改变着，例如乡村变为城市，荒野变为开垦地等等，而且生产者也改变着，他炼出新的品质，通过生产而发展和改造着自身，造成新的力量和新的观念，造成新的交往方式，新的需要和新的语言。”③ 另外，恩格斯在《英国工人阶级状况》中指出：“人口的集中对有产阶级起了鼓舞的和促进发展的作用，同时也以更快的速度促进了工人的发展。工人们开始感到自己是一个整体，是一个阶级；他们已经意识到，虽然他们分散时是软弱的，但联合在一起就是一种力量。这促进了他们和资产阶级的分离，促进了工人所特有的、也是在他们的生活条件下所应该有的那些观点和思想的形成，他们意识到自己的受压迫的地位，他们开始在社会上和政治上发生影响和作用。”④ 从这个意义上讲，城市“使很大一部分居民脱离了农村生活的愚昧状态”⑤。此外，在城市中出现的人口、生产工具、资本、享受和需求的集中现象，

① 《马克思恩格斯文集》第一卷，人民出版社 2009 年版，第 556 页。
② 《马克思恩格斯文集》第一卷，人民出版社 2009 年版，第 568 页。
③ 《马克思恩格斯文集》第八卷，人民出版社 2009 年版，第 145 页。
④ 《马克思恩格斯文集》第一卷，人民出版社 2009 年版，第 435—436 页。
⑤ 《马克思恩格斯文集》第一卷，人民出版社 2009 年版，第 36 页。

毫无疑问地还为大工业的发展创造了极为有利的条件。因为城市化过程中出现的这种集中现象既能为大工业发展提供大量的劳动力和生产资料，又能在这个基础上顺利完成资本原始积累，还能面向日益集中的享受和需求创造出市场。如果没有市场，那么城市工业所生产的产品将无法出售，这样一来，大工业的发展显然也必然会受到限制。所以，马克思在《资本论》中强调："城市工业本身一旦和农业分离，它的产品会从一开始就是商品，因而它的产品的出售就需要有商业作为中介，这是理所当然的。因此，商业依赖于城市的发展，而城市的发展也要以商业为条件，这是不言而喻的。"① 而随着城市工业的发展，商业也会得到进一步发展，这个时候城市之间就会建立频繁的交往关系，"新的劳动工具从一个城市运往另一个城市，生产和交往之间的分工随即引起了各城市之间在生产上的新的分工，不久每一个城市都设立一个占优势的工业部门。最初的地域局限性开始逐渐消失"②。所以，分工导致城市的产生，而城市的发展反过来又促进了分工的进一步发展。

二　城市病与城乡对立的由来

从人类社会发展的历史来看，城市的产生与发展固然有其积极的意义。但是，现代城市发展的"两面性"特点是普遍存在的。城市创造了财富与繁华，同时也创造了贫穷与饥饿；城市创造了更加美好的生活，同时也创造了更加糟糕的环境；城市使很大一部分人离开了乡村，同时也使很大一部分人受困于乡村。这是一个在现阶段的历史条件及发展水平下难以避免的事实。

恩格斯在《英国工人阶级状况》中指出："大城市人口集中这件事本

① 《马克思恩格斯文集》第七卷，人民出版社2009年版，第370页。

② 《马克思恩格斯文集》第一卷，人民出版社2009年版，第559页。

身就已经引起了不良后果。”[①] 这种不良后果首先表现为对自然环境的破坏，尤其是对空气质量和水环境造成了极为恶劣的影响，从而也对居住条件、卫生健康状况产生了负面影响。“城市人口本来就过于稠密，而穷人还被迫挤在一个狭小的空间。”[②] 在这种情况下，穷人的生活条件简直糟糕透顶，甚至严重影响到穷人的生活态度和社会心态，比如这种恶劣的环境很容易引发穷人情绪上的激动、内心的恐慌以及对生活的绝望等，这些都是不可避免的。面对这样的情况，恩格斯又进一步指出：“城市中条件最差的地区的工人住宅，和这个阶级的其他生活条件结合起来，成了百病丛生的根源。”[③] 由此可见，资产阶级创造了城市，但它并没有使所有人的生活变得更加美好，反而使穷人的生活变得更加糟糕。工人阶级的居住状况是马克思、恩格斯在论述城乡发展有关问题时特别重视的一个问题。马克思在《资本论》中同样指出了城市发展过程中人口、资本、劳动的大量流动给工人阶级居住状况带来的严重后果。“一个工业城市或商业城市的资本积累得越快，可供剥削的人身材料的流入也就越快，为工人安排的临时住所也就越坏。”[④] 而且城市的居住状况还会随着资本和劳动的大量流动而发生变化，即便“今天还勉强过得去，明天就会变得恶劣不堪”[⑤]。除居住状况的恶化之外，住宅短缺现象同样是不可避免的，恩格斯把这种现象看成“资产阶级社会形式的必然产物”[⑥]。也就是说，只要这是一个资产阶级社会，那么住宅短缺现象就必然存在。所以，解决住宅短缺现象的前提条件就是要对社会进行改造。这就是恩格斯所说的“由于资本主义生产方式的废除，才同时使得解决住宅问题成为可能”[⑦]。由此可见，问题的根

① 《马克思恩格斯文集》第一卷，人民出版社2009年版，第409页。
② 《马克思恩格斯文集》第一卷，人民出版社2009年版，第410页。
③ 《马克思恩格斯文集》第一卷，人民出版社2009年版，第411页。
④ 《马克思恩格斯文集》第五卷，人民出版社2009年版，第762页。
⑤ 《马克思恩格斯文集》第五卷，人民出版社2009年版，第762—763页。
⑥ 《马克思恩格斯文集》第三卷，人民出版社2009年版，第275页。
⑦ 《马克思恩格斯文集》第三卷，人民出版社2009年版，第283页。

源在于资本主义生产方式。

如果跳出城市看城市，那么，城市的发展在更大范围内同样也会导致更为普遍的一个现象，即城乡对立。城市从乡村中分离出来，这是城乡发展的开端。尽管城市的发展带来了诸多现代城市病，但城乡分离本身的积极意义是不容否认的。马克思在《资本论》中指出："一切发达的、以商品交换为中介的分工的基础，都是城乡的分离。可以说，社会的全部经济史，都概括为这种对立的运动。"[①] 而且"城乡之间的对立是随着野蛮向文明的过渡、部落制度向国家的过渡、地域局限性向民族的过渡而开始的，它贯穿着文明的全部历史直至现在（反谷物法同盟）"[②]。由此可见，在马克思看来，城乡分离引发城乡对立运动，而且这样的对立运动是长期存在的。那么，究竟应该如何理解"城乡对立"？从《资本论》和《德意志意识形态》中的这两句话来看，"对立"首先表现为城乡发展的矛盾运动。因此，城乡对立的第一层含义应理解为作为"矛盾运动"的城乡对立。城市和乡村是整个社会的两个方面，当城市从乡村分离出来以后，城市与乡村的差别就开始形成，从而城市与乡村在发展过程中的差别也就开始逐渐表现出来了。这样的矛盾运动现象自从城市产生之后就一直存在，从整个人类社会历史发展来看，它显然促进了这个社会的发展。但从城市和乡村各自的发展情况来看，它们的发展并不是处于同一水平的。城市由于集中了大量的人口、生产工具、资本等有利条件，它的发展要明显快于乡村，城市在发展的同时也开始逐渐扩张。在资本主义大工业发展的过程中，大量机器的使用，使得工业发展优于农业发展，于是工业比重上升，农业比重下降，从而使得农村让位于城市、屈服于城市、从属于城市。在这种情况下，城乡对立的第二层含义开始显现，即作为"利益冲突"的城乡对立开始形成。此时，"城乡之间的对立是个人屈从于分工、屈从于他

---

① 《马克思恩格斯文集》第五卷，人民出版社 2009 年版，第 408 页。

② 《马克思恩格斯文集》第一卷，人民出版社 2009 年版，第 556 页。

被迫从事的某种活动的最鲜明的反映”①。所以，城乡对立在造成利益冲突的同时也必然会导致人的片面发展，这是毫无疑问的。

三　消灭城乡对立与实现城乡融合发展

生产力的发展必然导致城乡之间的差别，这种差别同时又通过城乡之间的生产力发展水平的差异得以呈现。然而，当城乡之间的差别达到一定程度后，则会产生城乡差距，甚至出现城乡对立的现象。而城乡对立的格局一旦形成，整个社会的发展将陷入畸形状态。所以，马克思、恩格斯十分重视城乡关系问题，他们不仅把城乡关系纳入整个社会发展的整体框架中予以讨论，并且还把城乡关系视为影响整个社会发展的重要因素。马克思、恩格斯在《德意志意识形态》中指出：“消灭城乡之间的对立，是共同体的首要条件之一。”② 在后来的《哲学的贫困》中，马克思又强调“城乡关系一改变，整个社会也跟着改变”③。由此可见，消灭城乡对立从而改变城乡关系，最终才能实现对这个社会的改造。

城乡对立为何能够被消灭？这是马克思、恩格斯在论述城乡关系问题时关注的一个重要问题。恩格斯在《论住宅问题》《反杜林论》中就反复强调，消灭城乡对立并不是空想。如前所述，随着生产力的发展，城市从乡村中分离出来，而在后来的发展中，城市发展要快于乡村发展，工业发展同样也要快于农业发展。工业发展给城市带来了诸多现代城市病，农业生产使乡村成为落后的代名词，它的发展及其公共服务、卫生事业方面远远跟不上城市。然而，这种不平衡发展的现象在马克思、恩格斯看来是资产阶级生产方式所固有的。马克思认为：“这是历史的差别，是会消失的。”④ 而

① 《马克思恩格斯文集》第一卷，人民出版社2009年版，第556页。

② 《马克思恩格斯文集》第一卷，人民出版社2009年版，第557页。

③ 《马克思恩格斯文集》第一卷，人民出版社2009年版，第618页。

④ 《马克思恩格斯全集》第三十四卷，人民出版社2008年版，第100页。

且“乡村农业人口的分散和大城市工业人口的集中，仅仅适应于工农业发展水平还不够高的阶段，这种状态是一切进一步发展的障碍”①。从这个意义上讲，工农业发展的不充分是城乡发展不平衡的直接原因。所以，马克思、恩格斯在《共产党宣言》中提出，“把农业和工业结合起来，促使城乡对立逐步消灭”② 是最先进的国家几乎都可以采取的重要措施之一。当然，马克思、恩格斯的这一思想不是站在资产阶级生产方式的条件下去论述的，因为资产阶级生产方式是不可能消灭城乡对立的。

在资产阶级生产方式的条件下，无产阶级和资产阶级的对立、农民阶级和工人阶级的对立是不可避免的。但是，“根据共产主义原则组织起来的社会一方面不容许阶级继续存在，另一方面这个社会的建立本身为消灭阶级差别提供了手段”③。既然在这样的社会中阶级将不复存在，那么阶级差别自然无从谈起，城市和乡村之间的对立也就不存在了。在这样的社会中，“从事农业和工业的将是同一些人，而不再是两个不同的阶级”④，恩格斯认为：“单从纯粹物质方面的原因来看，这也是共产主义联合体的必要条件。”⑤ 这个条件显然是建立在废除资本主义私有制的基础之上的。恩格斯在《共产主义原理》中进一步指出：“由社会全体成员组成的共同联合体来共同地和有计划地利用生产力；把生产发展到能够满足所有人的需要的规模；结束牺牲一些人的利益来满足另一些人的需要的状况；彻底消灭阶级和阶级对立，通过消除旧的分工，通过产业教育、变换工种、所有人共同享受大家创造出来的福利，通过城乡的融合，使社会全体成员的才能得到全面发展，——这就是废除私有制的主要结果。”⑥ 在这里，恩格斯已经提出了城乡融合的命题。在马克思、恩格斯看来，城乡对立是一个历

① 《马克思恩格斯文集》第一卷，人民出版社 2009 年版，第 689 页。
② 《马克思恩格斯文集》第二卷，人民出版社 2009 年版，第 52 页。
③ 《马克思恩格斯文集》第一卷，人民出版社 2009 年版，第 689 页。
④ 《马克思恩格斯文集》第一卷，人民出版社 2009 年版，第 689 页
⑤ 《马克思恩格斯文集》第一卷，人民出版社 2009 年版，第 689 页。
⑥ 《马克思恩格斯文集》第一卷，人民出版社 2009 年版，第 689 页。

史范畴，而城乡融合则是一个历史趋势。在他们的构想中，由社会全体成员组成的共同联合体实行的是“以共同使用全部生产工具和按照共同的协议来分配全部产品，即所谓财产公有”①。这就意味着私有制必须被废除，这是实现城乡融合发展首要的前提条件。在这个前提条件之下，既要让城市和乡村实现充分发展，又要将城市和乡村各自的优点结合起来。因此，进一步发展生产力就成了城乡融合发展的必然要求。由于在这个由社会全体成员组成的共同联合体中不再有剥削、压迫和阶级对立，旧的分工体系被打破，农民和工人是同一批人，并且每个人之间是彼此平等的，因此，每个社会成员都能够享受到这个联合体所创造的一切成果，并且通过全面的实践活动使自己得到全面发展也就成为可能。

由此可见，在马克思、恩格斯那里，消灭城乡对立、实现城乡融合的客观条件可以归纳为两个主要方面：一是废除私有制，这是前提条件；二是发展生产力，这是必要条件。在马克思、恩格斯看来，乡村的落后与资本主义私有制是密切相关的，资本主义私有制只会让城乡对立的问题越来越尖锐。马克思在《论土地国有化》中强调：“社会的经济发展，人口的增长和集中，迫使资本主义农场主在农业中采用集体的和有组织的劳动以及利用机器和其他发明的种种情况，将使土地国有化越来越成为一种‘社会必然’。”② 他主张应当在农业中广泛应用一切现代方法，而且这些现代科学技术和方法只有在大规模耕作的情况下方可显示出对发展生产力的推动作用，才能更好地满足日益增长的生产需要。同理，恩格斯在《论住宅问题》中指出：“现存的大地产将给我们提供一个良好的机会，让联合的劳动者来经营大规模的农业，只有在这种巨大规模下，才能应用一切现代工具、机器等等，从而使小农明显地看到通过联合进行大规模经营的优越性。”③ 由此可见，马克思、恩格斯都认为，农业的规模化经营方式对实现

① 《马克思恩格斯文集》第一卷，人民出版社 2009 年版，第 683 页。

② 《马克思恩格斯文集》第三卷，人民出版社 2009 年版，第 230 页。

③ 《马克思恩格斯文集》第三卷，人民出版社 2009 年版，第 331 页。

农业现代化来说是具有重要意义的。要实现农业现代化，农业就不能长期以小农经营为主，而应该要实现农业的规模化经营。只有规模化经营，现代化的器械和工具才能在农业中得到更好的应用，农业也才能实现更大的经济效益，农业规模化经营也才能体现出优越性。所以，农业规模化经营不仅跟农业的规模相关，还跟农业生产力的发展密切相关。农业规模化经营实际上也是农业生产力发展的具体表现，同时，农业规模化经营也能够促进农业生产力的进一步发展。所以，农业规模化经营在农业生产领域尤其在农业转型升级的时期是非常关键的。具体而言，农业规模化经营的主体力量就是联合的劳动者，他们以集体的和有组织的劳动取代了小农势单力薄的劳动，而承载这种集体的和有组织的劳动的组织就是合作社。

第三章　列宁—斯大林关于城乡发展的理论

马克思、恩格斯在创立科学社会主义理论之时，原本是把社会主义革命胜利的希望寄托在西欧发达资本主义国家之上，但事实上无产阶级却在当时最不发达的俄国首先取得政权。20 世纪初，列宁把马克思主义基本原理同俄国革命的具体实际相结合，领导十月革命取得了成功，建立了世界上第一个社会主义国家，从而使得社会主义从理论迈向了实践、从文本走到了现实。作为苏联社会主义的领导人，列宁、斯大林在对苏联如何建设社会主义进行探索实践的过程中，相继对苏联社会主义的城乡发展问题做出了一系列论述。

一　列宁关于城乡发展理论的主要观点

列宁关于城乡发展的理论是对马克思恩格斯城乡发展思想的继承和发展，是把马克思主义基本原理与俄国社会城乡发展具体实际相结合的产物。列宁对城乡发展问题的关注和思考可追溯到 19 世纪末 20 世纪初，当时的俄国在资本主义制度下城乡矛盾问题和城乡对立现象已有所表现，这在列宁看来也正是一切资本主义国家的共同宿命。他在《评经济浪漫主义》中指出："城乡分离、城乡对立、城市剥削乡村（这些是发展着的资本主义到处都有的旅伴）是'商业财富'（西斯蒙第的用语）比'土地财富'（农业财富）占优势的必然产物。因此，城市比乡村占优势（无论在经济、政治、精神以及其他一切方面）是有了商品生产和资本主义的一切国家（包括俄国在内）的共同的必然的现象。”① 而城市比乡村占优势就会导致农业发展落后于工业的现象，这同样也是不可避免的。所以，考察城乡发展问题就必然考察工业和农业的发展问题。

纵观列宁在领导俄国十月革命和社会主义建设的探索实践中对俄国城乡发展问题的考察历程，不难发现农业和工业始终是其中一对基本范畴，这也被视为社会主义经济的基本问题。列宁在《关于农业中资本主义发展规律的新材料》中指出：“农业的发展落后于工业，这是一切资本主义国家所固有的现象，是国民经济各部门间的比例遭到破坏、发生危机和物价高涨的最深刻的原因之一。”② 那么，想要改变农业的发展落后于工业的现象，就必须以一种更加高级的社会形态来取代资本主义。列宁在《俄共（布）纲领草案》中把消灭这种导致农村经济和文化落后的最深刻的原因之一的城乡对立看成共产主义建设的根本任务之一，后又在《关于生产宣传的提纲》中把社会主义的任务归结为“使工业和农业接近并且统一起来”③。在列宁看来，工业和农业相统一的目标只有在比资本主义更高级形态的社会中才能实现，而资本主义只能造成工业和农业之间更加严重的对立，使农业远远落后于工业，使国民经济遭到严重破坏，它不能实现工业和农业相统一的目标，从而也不能避免和消除城乡对立现象。当在《农业中的资本主义》中论及关于城市对农村的地力剥削时，列宁指出：“考茨基同意马克思和恩格斯的理论在这方面的一个基本原理，即城乡的对立破坏了工农业间必要的适应和相互依存关系，因此随着资本主义转化为更高的形态，这种对立将会消失。”④ 他随即又在注释中补充说明：“在生产者联合起来的社会中城乡对立必然消灭。”⑤ 在这里，“生产者联合起来的社

① 《列宁全集》第二卷，人民出版社 1984 年版，第 196—197 页。

② 《列宁全集》第二十七卷，人民出版社 1990 年版，第 230 页。

③ 《列宁全集》第四十卷，人民出版社 1986 年版，第 17 页。

④ 《列宁全集》第四卷，人民出版社 1984 年版，第 125 页。

⑤ 《列宁全集》第四卷，人民出版社 1984 年版，第 125 页。

会”不是资本主义社会，而是比资本主义更高形态的社会主义社会。从资本主义向社会主义的转变，这是列宁时期俄国面临的一个重大的理论和实践问题。这一重大转变的实现，也将意味着城乡对立的必然消灭。

然而，从资本主义向社会主义转变，就涉及一个基本问题，即如何看待资本主义的问题。列宁在《俄国资本主义的发展》中对俄国资本主义的全部发展过程以及俄国经济和社会阶级结构进行了全面分析与考察。他指出，俄国资本主义既具有历史进步作用，也具有历史暂时性，它为社会主义革命创造了必要的物质前提。就城乡对立现象而言，资本主义本身虽然无法避免和消除这一固有现象，但资本主义的发展有历史进步意义，它为工业和农业的统一创造有利条件，从而为消除城乡对立现象创造有利条件，这就是资本主义发展的“双重性”特征。正如列宁在《卡尔·马克思》中“社会主义”部分所言：“资本主义彻底破坏了农业同工业的联系，但同时又以自己的高度发展准备新的因素来建立这种联系，使工业同农业在自觉运用科学和合理组织集体劳动的基础上，在重新分布人口（既消除农村的荒僻、与世隔绝和不开化状态，也消除大量人口集中在大城市的反常现象）的基础上结合起来。”① 所以，不能彻底否定资本主义制度，特别是不能否定它的历史进步意义，重要的是要充分利用资本主义的发展，让资本主义能够有效地为消除城乡对立服务。一方面，资本主义由于其先进的生产力，的确促进了科学的发展以及科学技术在农业中的广泛应用，从而改变农业生产方式，这是不可否认的；另一方面，资本主义还促进农业和非农业人口之间的流动和交流，“如果城市必然使自己处于特权地位，使乡村处于从属的、不发达的、无助的、闭塞的状态，那么，只有农村居民流入城市，只有农业人口和非农业人口混合和融合起来，才能使农村居民摆脱孤立无援的地位”②。

总之，在列宁看来，工业和农业的接近乃至统一、城市和乡村的交流

① 《列宁全集》第二十六卷，人民出版社1990年版，第74页。

② 《列宁全集》第二卷，人民出版社1984年版，第197页。

乃至融合，是解决城乡片面发展的必要条件。而实现这些必要条件的基本前提就是发展资本主义，也就是要充分利用资本主义所具有的历史进步意义的方面，为工业和农业接近并且统一起来创造有利条件，同时也为消除城乡对立现象创造有利条件。当然，尽管发展资本主义是必要的，但最终要从资本主义过渡到社会主义的目标也是明确的。正如列宁在《土地问题和"马克思的批评家"》所言："完全肯定资本主义社会大城市的进步性，丝毫不妨碍我们把消灭城乡对立当作我们的理想。"① 继续发展资本主义中的有利方面，完全肯定资本主义社会大城市的进步性，这些做法的目的都在于消灭城乡对立，从而"消灭千百万农村人口同文化隔绝的现象，即消灭马克思所正确指出的'乡村生活的愚昧状态'"②，这在列宁看来是完全必要的。

消灭城乡对立又涉及一个重要的实践问题，即如何实现的问题。十月革命后，列宁在继承马克思、恩格斯的思想的基础之上，又结合苏联社会主义的具体实践，形成了一系列缩小城乡差距乃至消灭城乡对立的主张。首先，消灭城乡对立就必须废除资本主义私有制。资本主义私有制条件下的商品经济造就了城市与乡村的对立，导致了城市与乡村之间不平等的事实。按照马克思、恩格斯的观点，从资本主义到更高级形态的社会主义，城乡对立也必然消失。而社会主义与资本主义的本质区别在于生产资料所有制的问题。那么，消灭城乡对立就必然要改变生产资料所有制；而废除资本主义私有制的目的就在于消灭阶级，这也正是社会主义革命的目的。列宁在《伟大的创举》《无产阶级专政时代的经济和政治》《全俄苏维埃第七次代表大会闭幕词》《〈论粮食自由贸易〉一文提纲》等重要文献中反复强调了"社会主义就是消灭阶级"的思想。列宁指出："为了完全消灭阶级，不仅要推翻剥削者即地主和资本家，不仅要废除他们的所有制，而且要废除任何生产资料私有制，要消灭城乡之间、体力劳动者和脑力劳

① 《列宁全集》第五卷，人民出版社1986年版，第132页。

② 《列宁全集》第五卷，人民出版社1986年版，第132页。

动者之间的差别。这是很长时期才能实现的事业。要完成这一事业，必须大大发展生产力。”① 由此可见，在列宁看来，消灭阶级必将是一个长期的过程，消灭城乡差别自然也是一个长期过程。而在这个过程中，必须大力发展生产力。在这一方面，列宁提出了电气化计划、合作社计划等重要举措。列宁在《在第七届全俄中央执行委员会第一次会议上的报告》中指出：“我们必须让农民看到，在现代最高技术的基础上，在把城乡连接起来的电气化的基础上组织工业生产，就能消除城乡对立，提高农村的文化水平，甚至消除穷乡僻壤那种落后、愚昧、粗野、贫困、疾病丛生的状态。”② 全俄苏维埃第八次代表大会《全俄中央执行委员会和人民委员会关于对外对内政策的报告》中又明确提出了“共产主义就是苏维埃政权加全国电气化”的思想。可见，在列宁看来，电气化计划是实现共产主义（它的第一阶段是社会主义）的重要手段。因此，电气化代表着共产主义社会的先进生产力，它是消除城乡对立的必要途径。另外，在发展生产力方面，列宁十分重视发挥广大劳动者的主动性，在马克思、恩格斯思想的基础上提出了合作社计划。他主张把全体居民联合起来，让苏维埃共和国变成劳动者的大合作社。合作社的形式被看成是从资本主义向社会主义过渡的最好形式，是符合农民人口占绝大多数且经济文化相对落后的国家建设社会主义的需要的。再次，在列宁看来，消灭城乡对立就必须发挥国家作用，统筹城乡、工农的发展。发挥国家作用是社会主义国家的一大优势。俄共（布）第八次代表大会《关于对中农的态度的决议》强调：“社会主义国家应当大力帮助农民，主要是供给中农城市工业品，特别是改良农具、种子和各种物资，以提高农业经营水平，保证农民的劳动和生活。”③ 另外，列宁在《论粮食税》中又强调：“要会用各种办法振兴农

① 《列宁全集》第三十七卷，人民出版社 1986 年版，第 13 页。

② 《列宁全集》第三十八卷，人民出版社 1986 年版，第 117 页。

③ 《列宁全集》第三十六卷，人民出版社 1985 年版，第 198 页。

业，振兴工业，发展农业和工业间的流转。”① 农业和工业之间的流转必然会带来乡村与城市之间的交流和融合，这对消灭城乡对立是极为有利的。这与列宁在《评浪漫经济主义》中提出的有关让农业人口和非农业人口的生活条件接近的思想是一致的。

二　斯大林关于城乡发展理论的主要观点

列宁逝世以后，斯大林逐渐成为苏联的最高领导人。面对苏联这个落后的农业国，斯大林开始领导苏联人民进行社会主义建设。从他的执政经历来看，工业化是其领导苏联进行社会主义建设十分重要的思想。在他看来，只有加快实现工业化，才能为社会主义奠定坚实的物质基础。而为了实现工业化，就必须解决资本积累的问题。在当时，斯大林提出的农业全盘集体化思想就是为工业化积累资本的重要手段。在工业化思想和农业集体化思想的共同作用下，苏联的城乡发展状况有了较大改善，苏联的社会主义改造和建设也取得了重要成就。所以，斯大林关于城乡发展的理论一方面是在继承了马克思、恩格斯和列宁的有关理论的基础之上形成的；另一方面又是在苏联探索社会主义工业化和农业集体化的过程中发展起来的。

斯大林领导苏联进行社会主义建设时期的整个世界并非处于和平年代，而是处于充满资本主义体系和社会主义体系矛盾冲突的斗争年代。于是，斯大林一开始便意识到，要摆脱资本主义的包围，就必须让苏联成为独立自主的工业国。因此，他在联共（布）第十四次党代会上正式提出了社会主义工业化的总路线，并把这条总路线视为坚决摒弃把苏联变成世界资本主义体系附属品的重要政策。但是，当时的苏联仍然还是一个以小农经济为主、工业基础薄弱的尚未建立完整的工业体系的落后农业国。这

① 《列宁全集》第四十一卷，人民出版社 1986 年版，第 232 页。

也是当时苏联国内最大的现实问题。面对这种情况，斯大林提出了工业是主导、农业是基础，而且必须使工业和农业密切结合、工人阶级和农民密切结合的重要思想。在这个问题上，斯大林与列宁的观点是一致的，他们都把农业看成建设工业、建立社会主义经济的基础，都把工业和农业的关系看成建成社会主义经济的基本问题，同时还都把工农联盟看成是建成社会主义经济的重要力量。使工业和农业密切结合、工人阶级和农民密切结合，实际上就是为了发挥农业的优势作用，从而为经济十分落后的国家实现工业化提供必要的资本积累。斯大林在《关于俄共（布）第十三次代表大会的总结》对“结合”一词做出了判断，他强调：“结合就是城市和乡村之间、我们的工业和农业经济之间、我们的工业品和农民经济的粮食与原料之间的经常联系，经常交换。……我国社会主义工业所赖以生存的是国内市场，首先是农民市场，即农民经济。因此，结合问题是我国工业的生存问题，是无产阶级本身的生存问题，是我们共和国的存亡问题，是我国社会主义的胜利问题。”① 后来，他又在《论国家工业化和联共（布）党内的右倾》中强调：“如果说工业是主脑，那末农业就是工业发展的基础。”② 这个基础地位就体现在，农业不仅为工业提供粮食和生产资料，同时农业领域实际上还为工业产品打开了市场，是工业产品的重要去向。所以，农业的基础地位是不容忽视的，也正因为农业是工业发展的基础，而且工业必须同农业紧密相结合，因此，斯大林把工业和农业的正确结合视为组成一个统一的国民经济的整体。在斯大林看来，如果工业和农业不能形成一个统一整体，那么社会主义也将不能实现。从这个意义上讲，工业和农业正确结合的问题就是建成社会主义经济的关键问题。

那么，在当时这个以小农经济为主的经济落后大国，究竟应该如何通过农业为发展工业提供资本积累？对于这个问题，苏联一方面采取了工农产品“剪刀差”的政策；另一方面实行了农业全盘集体化。斯大林在《论

① 《斯大林全集》第六卷，人民出版社 1956 年版，第 211 页。

② 《斯大林全集》第十一卷，人民出版社 1955 年版，第 218 页。

联共（布）党内的右倾》中指出，1929 年 2 月召开的政治局和中央监察委员会主席团联席会议关于“剪刀差”问题的著名决议说的就是：“农民除了向国家缴纳普通税即直接税和间接税以外，还要缴纳一种超额税，即在购买工业品时多付一些钱，而在出卖农产品时少得一些钱。”① 简单地说，“剪刀差”政策实际上就是通过让农民缴纳超额税的制度安排使资金从农业“流入”工业。斯大林很明确地承认农民缴纳的这种超额税是实际存在的，然而，在当时经济发展还十分落后的情况下，这是推进工业发展的必要做法，但它只是暂时的措施，因而当条件具备时就应当立即取消这个政策。“剪刀差”政策在当时的联共（布）党内引起了不同看法，有人认为这种让农民缴纳超额税的做法实质上是对农民的一种剥削。对此，斯大林明确表示，苏维埃政权的本质不容许国家对农民有任何剥削，而对农民征收超额税并不是出于本愿，而是由于需要。这种需要具体表现为两个方面：一是工业在经济社会发展中必须尽快发展起来并且保持一定的发展速度，这是经济社会发展的现实需要；二是当工业发展起来以后，工业实际上还为农业生产提供必要的生产工具和生产资料，比如农业生产所需的拖拉机、农机以及各种用于农业种植的肥料。如果说前者是工业发展本身的需要，或者说是经济社会发展整个大环境对工业发展提出的要求；那么，后者就是农业生产和发展的需要，或者说是农业生产和发展对工业迅速发展提出的要求。也就是说，在这种情况下的工业发展将同时满足农业经济的生产需要。除了对工农产品实行“剪刀差”政策外，苏联还实行了农业集体化以发展农业经济，改变小农经济“最没有保障、最原始、最不发达、出产商品最少”② 的状况，为推动工业发展提供大量资本。实行农业集体化就是要“逐步地然而一往直前地不用强迫手段而用示范和说服的方法把小的以至最小的农户联合为以公共的互助的集体的耕种制为基础、利用农

① 《斯大林全集》第十二卷，人民出版社 1955 年版，第 45 页。

② 《斯大林全集》第十一卷，人民出版社 1955 年版，第 36 页。

业机器和拖拉机、采用集约耕作的科学方法的大农庄”①，斯大林把这看作加快农业发展和提高农民物质福利的唯一出路。与小农经济相比，大农庄的特点就在于“它有可能采用机器，利用科学成就，使用肥料，提高劳动生产率，因而生产的商品粮食最多”②。很明显，随着工业化的不断推进，城市的发展、工业区的增多必然会带来粮食需求和工业原料需求的不断增长，如果不以这样的方式加快发展农业，那么小农经济将无法适应这样的需求增长速度，结果就会产生城市和乡村之间、工业和农业之间关系破裂的危险。斯大林还在《论苏联土地政策的几个问题》中指出：“如果集体农庄运动以现有的速度发展下去，‘剪刀差’在最近期间就会消失。由此应当得出结论说：城乡之间的关系问题已经建立在新的基础上，城乡之间的对立将加速消除。”③ 尽管斯大林对当时的集体农庄运动表现出一种过于自信乐观的态度，但很明显的是，在他看来，实行农业集体化亦是避免城乡关系破裂和消除城乡对立的重要手段。

当然，从根本上说，斯大林认为最终能够让城乡对立消失的是社会主义制度。他在《苏联社会主义经济问题》中明确强调：“随着资本主义和剥削制度的消灭，随着社会主义制度的巩固，城市和乡村之间、工业和农业之间利益上的对立也必定消失。结果也正是这样。”④ 因为在斯大林看来，社会主义制度既有助于建立工农联盟并让工人阶级和农民由衷地认同这样的联盟，也能发挥国家的作用为农业发展提供先进生产工具的援助，从而能够使乡村和城市之间建立起相互信任的关系，让乡村对城市不再存在憎恨，两者之间形成了坚固的友谊关系和共同的利益追求，这与资本主义城市和乡村的关系有着本质区别。因此，斯大林认为，社会主义制度消灭了城市与乡村之间、工业与农业之间的对立的基础。但需要注意的是，

① 《斯大林全集》第十卷，人民出版社 1954 年版，第 261 页。

② 《斯大林全集》第十一卷，人民出版社 1955 年版，第 73 页。

③ 《斯大林全集》第十二卷，人民出版社 1955 年版，第 141 页。

④ 《斯大林选集》下卷，人民出版社 1979 年版，第 557 页。

城乡对立与城乡差别是两个不同概念。斯大林在《苏联社会主义经济问题》中把城乡之间（或者说是工农之间）、体力劳动和脑力劳动之间的差别消失的问题以及城乡之间（或者说是工农之间）、体力劳动和脑力劳动之间的对立消失的问题作了明确区分，他把这两者看成完全两种性质的问题。斯大林认为，马克思主义经典作家只是提出了后一问题，而前一问题则是苏联社会主义建设实践所提出的新问题。斯大林关于这两个问题的不同性质的看法是值得肯定的。城市（工业）和乡村（农业）之间、体力劳动和脑力劳动之间的差别又可以分为本质差别和非本质差别。按照斯大林的观点，工业和农业之间的本质差别是由所有制的不同决定的，而体力劳动和脑力劳动的本质差别是由文化技术水平的悬殊决定的。然而，由于工业和农业中的工作条件或者领导人员和工人的工作条件的差别而造成的工业和农业之间或者体力劳动和脑力劳动之间的那些不可避免的某种差别则是属于非本质差别。本质差别的消灭对社会主义建设是有着重要意义的，并且也只有在社会主义制度条件下才能消灭；而非本质差别非但不能消灭，还将会保存下来。由此可以得到启示，城市与乡村不论如何发展，两者非本质的差别是必然存在的。尽管城市与乡村可以追求同等的生活条件，但它们始终都会存在非本质的差别。

第二篇

实践反思

第四章　中国城乡关系的发展历程

从马克思、恩格斯到列宁、斯大林，马克思主义城乡发展思想经历了从理论到实践的丰富和发展，这些思想为中国共产党在领导中国人民进行社会主义建设的实践探索过程中认识和处理城乡关系问题提供了坚实的理论基础。当然，城市和乡村的发展始终是一个极其复杂的问题。因此，推进城乡及其关系的发展从总体上来说必然是一个理论与实践不断创新、政策与制度不断反思的过程。政策与制度的不断反思亦是政策与制度的变迁过程，这个实践探索过程虽然是曲折的，但也必定是不断向前的。没有政策与制度的不断反思，就不会有理论与实践的不断创新。

一　中国城乡关系发展的历史演变

中华人民共和国成立以来，中国共产党把马克思主义城乡发展思想与中国城乡关系发展的实际相结合，不断推进马克思主义城乡发展思想中国化。纵观中华人民共和国成立以来的历史，如果从城市与乡村、工业与农业之间的互动方式与程度加以考察，那么，中国城乡关系发展总体上经历了以下四个阶段。

（一）中华人民共和国成立到改革开放前：从城乡兼顾到乡村支持城市

早在新民主主义革命时期，以毛泽东同志为代表的中国共产党人把马克思主义与中国革命的实际相结合，探索出了一条“农村包围城市、武装夺取政权”的革命道路。这条道路是对马克思列宁主义关于武装夺取政权思想的创造性发展，也是对当时中国城乡关系正确认识和探索的结果，它摆脱了“城市中心论”的教条主义，明确把乡村作为党的工作的重要阵地，把农民作为党的工作的重要对象。随着新民主主义革命取得胜利，党的工作重心便开始由乡村转向城市。在 1949 年 3 月召开的七届二中全会上，毛泽东同志对此非常明确地表示：“从现在起，开始了由城市到乡村并由城市领导乡村的时期。”① 这实际上也给随后成立的中华人民共和国的城乡关系调整指明了方向。

中华人民共和国成立之初，仍然是一个一穷二白、百废待兴的落后农业国。面对这样的基本国情，中国共产党面临着两个重要的历史任务，即巩固政权和建设国家。一方面，中华人民共和国成立初期，乡村人口占了中国总人口的绝大多数。作为一个名副其实的农业大国，国家政权的基础无疑是在乡村。另一方面，作为一个刚刚结束战争的新中国，建设国家的首要任务就是尽快恢复国民经济，也就是要尽快恢复工农业生产。因此，乡村建设和城市建设、农业发展和工业发展必须同时推进。对此，毛泽东同志在中华人民共和国成立之前就早有认识，党的工作重心由乡村转向城市并不意味着舍弃乡村而单纯地发展城市。相反，“城乡必须兼顾，必须使城市工作和乡村工作，使工人和农民，使工业和农业，紧密地联系起来。决不可以丢掉乡村，仅顾城市，如果这样想，那是完全错误的”②。中华人民共和国成立之后，中国共产党在认识和处理城乡关系的问题上反复强调了城乡兼顾的重要性。除此之外，在国民经济恢复时期，中国共产党人还提出了农业是工业发展的基础、城市领导乡村等重要思想，这些思想实质上仍然是在坚持贯彻落实城乡兼顾的思想。比如，周恩来同志在 1949 年 12 月对参加全国农业会议、钢铁会议、航务会议人员的讲话中强调：

① 《毛泽东选集》第四卷，人民出版社 1991 年版，第 1427 页。

② 《毛泽东选集》第四卷，人民出版社 1991 年版，第 1427 页。

“在谁领导谁的问题上，今天我们确定了城市领导乡村、工业领导农业的方针。……我们强调城市领导乡村、工业领导农业，决不是忽视广大的农业生产对发展工业的作用。如果没有广大农业的发展，工业发展是不可能的。”① 这个时候，国家对城市与乡村、工业与农业之间关系问题的态度是非常明确的，虽然强调领导与被领导的关系，但是这并不是意味着乡村不重要，更不是意味着可以忽视或者放弃乡村。相反，城乡之间、工农之间彼此内部都存在辩证关系。所谓辩证关系，就是两个方面必然要同时存在，并且是一体两面的关系。所以，城市和乡村、工业和农业不能按照一高一低、一优一劣的方式发展，两者必须兼顾起来，虽然是领导与被领导的关系，但是从重要性来讲应该是一样的。在城乡兼顾思想的正确引领下，到1952年年底，随着国民经济的恢复和发展，中华人民共和国的工农业生产取得了重大突破，甚至超过了中国历史上最高水平，城市和乡村也随之得到了较大发展。

从1953年到1978年改革开放之前，这一时期的中国共产党不仅完成了社会主义改造，而且还对社会主义建设道路进行了初步探索。1953年，中国开始实施第一个五年计划（1953年到1957年），并且提出了“优先发展重工业”的工业化战略。这一战略的提出，既是出于应对当时复杂国际环境而时刻要做好备战准备的需要，也是学习当时苏联社会主义建设基本做法的必要选择，同时还是一个落后农业国开展现代化建设的现实要求。但总体上来说，这个阶段“优先发展重工业”的工业化战略并没有否定城乡兼顾、工农并举的做法和农业是工业发展的基础的思想。1956年，毛泽东同志在《论十大关系》中指出：“重工业是我国建设的重点。必须优先发展生产资料的生产，这是已经定了的。但是决不可以因此忽视生活资料尤其是粮食的生产。”② 粮食生产以及其他生活资料的生产事实上就是农业和轻工业两个部门的主要职责。粮食也好，其他生活资料也好，都是

① 《周恩来选集》下卷，人民出版社1984年版，第8页。

② 《毛泽东文集》第七卷，人民出版社1999年版，第24页。

维系人们日常生活的必需品，谁都离不开这些东西。如果没有足够的粮食、没有足够的生活资料，人们的日常生活也就难以维持下来，人们也就无法生存。一旦连人的生存都出现危机，那么整个社会不仅会乱，而且必将停滞发展甚至倒退。因为人是整个经济社会发展必不可缺的资源。所以，重工业的发展离不开农业和轻工业的支持，这是毫无疑问的。然而，这个阶段采取的一些具体政策，比如1953年通过的统购统销政策以及农业合作化道路、1956年实施的限制农民入城政策和鼓励市民上山下乡政策等，都给后来的中国城乡关系的变迁埋下了重要的伏笔，同时自然也成为城乡二元结构体制形成的基础。1956年9月召开的党的八大对中国阶级关系和国内主要矛盾的变化进行了分析，并提出把党和国家的工作重心转移到社会主义建设上来。在社会主义建设道路的初步探索过程中，尽管理论上仍然强调工农必须并举，但在实践探索中却出现了一些偏差。乡村承担了过多的支持城市和工业发展的重要责任，城乡二元对立的格局也便自然形成。

（二）改革开放到党的十六大以前：从城乡改革到城乡分化分离

1978年12月召开的党的十一届三中全会是一次在中国共产党历史上具有重大转折意义的会议。经历过“文化大革命”十年浩劫后，这次会议又重新确立了解放思想、实事求是的思想路线，并把党的工作重心转移到了经济建设上来，同时还拉开了中国改革开放的序幕。中国的改革是渐进式的，它起步于农村。在这之前形成的城乡二元对立的格局已经阻碍了农村和严重农业的发展，因此，此时的农村经济体制改革实际上是中国共产党对农村和农业政策的一次及时且重大的调整。从改革的内容来看，家庭联产承包责任制是中国农村经济体制改革的最主要内容，它是农民智慧的伟大创举，突破了“一大二公”的人民公社化旧体制。当这一制度从安徽凤阳的小岗村向全国各地成功推广之后，整体上改变了人民公社化运动以来形成的平均主义分配格局，从而极大程度上调动了广大农民从事农业生产的积极性，让此前长期困扰中国的温饱问题得到有效解决，农民生活得到改善，农村、农业得到发展。

完全可以说，家庭联产承包责任制的实施让当时的农村面貌发生了一系列重要变化。其中，农村剩余劳动力的出现就是一种新现象。农村剩余劳动力是一个必须引起高度重视的群体，原因主要有两个方面：一方面是这个群体与其他从事农业生产的农民以及从事工业生产的工人一样，都是社会主义现代化建设可利用的重要人力资源；另一方面是这个群体的大量出现事实上会给整个社会的安全稳定带来潜在影响，如果任由其大量分散地存在，那么将会成为一大安全隐患。所以，如何积极应对这种新现象就成为当时的中国共产党需要面对的一个现实问题。对此，邓小平同志总结出了一条重要经验，即通过发展乡镇企业来吸收农村剩余劳动力。他在1987年8月会见意大利共产党领导人时指出："长期以来，我们百分之七十至八十的农村劳动力被束缚在土地上，农村每人平均只有一两亩土地，多数人连温饱都谈不上。一搞改革和开放，一搞承包责任制，经营农业的人就减少了。剩下的人怎么办？十年的经验证明，只要调动基层和农民的积极性，发展多种经营，发展新型的乡镇企业，这个问题就能解决。"① 此外，邓小平同志在1987年6月会见南斯拉夫共产主义者联盟有关领导人时也曾表示："乡镇企业的发展，主要是工业，还包括其他行业，解决了占农村剩余劳动力百分之五十的人的出路问题。"② 乡镇企业顾名思义就是要在乡镇建设。所以，首先是大批的乡镇建设起来，然后是大批的乡镇企业建设起来。这些乡镇有一个明显特点，就是离农村非常近或者就是在农村的基础上建设起来的。在这样一个地方建设乡镇企业，一方面能够解决大量农村剩余劳动力的就业问题，另一方面，这些在乡镇企业就业的农村剩余劳动力并不用再跑到城市当中去寻找就业机会，也就减少了进城就业失败的风险以及降低了进城就业的成本。所以，快速发展起来的大批乡镇企业不仅对农村剩余劳动力"离土不离乡"地就地转移起到了十分重要的作

① 《邓小平文选》第三卷，人民出版社1993年版，第251—252页。

② 《邓小平文选》第三卷，人民出版社1993年版，第238页。

用，还有利于促进工业和农业的结合以及工业对农业的支援。

如果说党的十一届三中全会的重点在农村改革，那么 1984 年 10 月召开的党的十二届三中全会的重点就已经转到城市改革了。党的十二届三中全会通过了《中共中央关于经济体制改革的决定》，而在这之后的经济体制改革的重点就放在了城市。从内容上看，城市改革的内容包括工业、商业和其他行业的改革。从时间上看，城市改革的启动要晚于农村改革，这也为农村改革启动后加快农村发展，从而适当缩小城乡差距赢得了一定的时间。当然，城市改革的启动并不意味着农村改革的停止。相反，在推动城市改革的同时继续推进农村改革，两者共同形成了全面改革的基本格局。换句话说，在这个全面改革的基本格局中，农村、农业问题仍然是不能忽视的。1987 年召开的党的十三大把农业问题看作关系建设和改革全局的极端重要的问题，同时在城乡发展问题上提出了“要注意城乡改革的配套，处理好城乡矛盾，巩固工农联盟”① 的思想。在这一历史时期，随着一些具体政策的调整，城乡之间封锁已久的大门被打开了，城乡要素在一定程度上开始有了流动，城乡经济在一定程度上也开始有了互动。比如，在农产品市场流通方面，国家取消了实行三十年之久的农产品统购统销政策，逐步放开了大多数农产品的经营渠道，并且大多数农产品也都实行了市场定价；在户籍制度改革方面，国务院颁布了《关于农民进入集镇落户问题的通知》，这意味着实行了二十年左右时间的严格限制农民入城的制度开始松动，农民可以自理口粮进集镇落户，并同集镇居民一样享有同等权利、履行同等义务。这些政策的调整对农村发展和城市发展都有着极为重要的意义。

20 世纪 90 年代初，中国经济体制开始由计划经济体制向社会主义市场经济体制转变，经济发展活力随之开始得到释放。在社会主义市场经济条件下，城市发展活力显得更加强劲，大量农村剩余劳动力开始异地流动

① 赵紫阳：《沿着有中国特色的社会主义道路前进——在中国共产党第十三次全国代表大会上的报告》，《人民日报》1987 年 11 月 4 日第 2 版。

进入城市，这与20世纪80年代大量农村剩余劳动力“离土不离乡”地进入乡镇企业的流动方式有所不同。农村剩余劳动力的大规模异地流动直接形成了一个庞大的社会群体，即农民工。这是城市快速发展和巨大繁荣造成的必然结果，是城乡关系发展总体进程中的一大进步。这一阶段也是中国城市化和工业化开始快速发展的时期，大批新的城镇应运而生，特别是大批小城镇得到了快速发展。但正因如此，此时的乡村发展与城市发展却也形成了鲜明对比，乡村发展的速度远远不及城市，农民收入增长速度十分缓慢，而且大量农民从农村向城市流动却始终难以融入城市，城乡二元对立的格局并没有得到根本性改变，城乡差距还因城乡发展速度不同而急剧扩大。这些问题让“三农”问题更加凸显了出来，成为中国社会主义现代化建设过程中不可回避的重大问题。

（三）党的十六大到党的十八大以前：从统筹城乡发展到城乡一体化

进入21世纪，人民生活总体上达到了小康水平，城乡居民生活质量较之以往在一定程度上得到了提高。但是，城乡关系问题、“三农”问题非但没有得到根本性破解，反而还出现了一些新情况新问题，成为全面建设小康社会的制约因素。2002年11月，江泽民同志在党的十六大报告中明确提出：“统筹城乡经济社会发展，建设现代农业，发展农村经济，增加农民收入，是全面建设小康社会的重大任务。”① 由此可见，此时的中国共产党人已经开始把“三农”问题纳入城乡经济社会发展的整体框架中去把握，而不再是局限在“三农”的框架中看待“三农”问题。在这个新的逻辑关系中，解决“三农”问题的目的性更加明确，通过统筹城乡经济社会发展来解决“三农”问题的要求更加突出。在党的十六大以后，“三农”问题和统筹城乡发展问题得到持续重视。针对当时经济社会发展存在的诸多问题，2003年10月召开的党的十六届三中全会又进一步提出了

---

① 《江泽民文选》第三卷，人民出版社2006年版，第546页。

“五个统筹”，即统筹城乡发展、统筹区域发展、统筹经济社会发展、统筹人与自然和谐发展、统筹国内发展和对外开放。其中，统筹城乡发展处于“五个统筹”中的首要位置。统筹城乡发展概念的提出，无疑对于妥善解决“三农”问题和持续推进城乡同步发展有着十分重要的意义。在统筹城乡发展思想的积极推动下，2004 年开始的“中央一号”文件连年聚焦“三农”问题，对解决“三农”问题、推动整个经济社会发展提出了一系列重要的决策部署，从而在一定程度上对弱化城乡二元结构起到了积极作用。

统筹城乡发展事实上仍然涉及两个基本问题，即工业和农业的关系问题以及城市和乡村的关系问题。2004 年 9 月，胡锦涛同志在党的十六届四中全会上提出了“两个趋向”，即“综观一些工业化国家的发展历程，在工业化初始阶段，农业支持工业、为工业提供积累是带有普遍性的趋向；但在工业化达到相当程度以后，工业反哺农业、城市支持农村，实现工业与农业、城市与农村协调发展，也是带有普遍性的趋向”①。这是在总结工业化国家发展历程的基础上，对工农之间的关系以及城乡之间的关系做出的新的重要判断。“两个趋向”的重要论断把工业化进程中的工农关系以及城乡关系拆分为两个不同阶段来看待。在工业化水平较低的阶段，为了完成工业发展的资本积累，农业要普遍支持工业，从而农村也要普遍支持城市。但在工业化进入较高水平的阶段后，由于城市发展要普遍快于农村发展，工业发展要普遍好于农业发展，因此，工业要反哺农业，城市要支持农村，并且工业与农业、城市与农村发展的最终目标是要改变不平衡发展的现状，从而实现协调发展。由此可见，与以往对工农关系以及城乡关系的认识相比，“两个趋向”的重要论断显然更加具有科学性，同时也更加具有完整性，对现实生活中的工业化进程、城镇化进程、现代化进程的推进具有更强的指导性作用。这样的认识和论断是具有重要的历史进步意义的。对照中国工业化发展水平和城乡发展的实际情况，2004 年 12 月召

① 《胡锦涛文选》第二卷，人民出版社 2016 年版，第 247 页。

开的中央经济工作会议做出了相应的判断，指出“我国现在总体上已到了以工促农、以城带乡的发展阶段”①。这既是对当时城乡发展所处阶段的一次重要定位，也是对当时工农关系、城乡关系的一次科学把握。

在“以工促农、以城带乡”的发展阶段，实现农业、农村的快速发展仍然是一个根本性问题。农业不发展，农村不发展，就无法改变工业化进程中城乡差距不断扩大的事实。而农业要发展，农村要发展，从工业化国家的实践经验来看，其普遍方法就是“以工促农、以城带乡”。因此，为了解决农业、农村的发展问题，2005 年 10 月召开的党的十六届五中全会从生产、生活、乡风、村容、管理五个方面提出了社会主义新农村建设的具体要求，其目的就是从根本上改变农村各个方面普遍落后的面貌和农村经济社会发展严重滞后的局面。此后，《中共中央 国务院关于推进社会主义新农村建设的若干意见》的出台，对大力推进社会主义新农村建设做出了一系列重要决策部署，明确把统筹城乡经济社会发展、促进农村经济社会全面进步作为构建社会主义和谐社会的重要内容。因此，社会主义新农村建设虽然在其根本目标上是促进农村经济社会全面进步，但事实上它并非仅就农村谈农村，也非仅就农业谈农业，而是在统筹城乡发展的整体框架中提出的。一方面，社会主义新农村建设是统筹城乡发展的必然要求。如果没有社会主义新农村建设，农村依旧保持落后面貌和滞后发展的局面，那么，城乡之间的不平衡发展只会越来越严重，而统筹城乡发展也就无从说起。另一方面，统筹城乡发展同样也是社会主义新农村建设的必然要求。社会主义新农村建设无法在农村这个单一主体的努力下实现，它必须借助于工业的发展和城市的发展，因此就必然要求通过统筹城乡发展来推进。所以，社会主义新农村建设是中国共产党人在中国工业化发展进入“以工促农、以城带乡”的阶段后，在统筹城乡发展的战略思想的指引下针对解决“三农”问题做出的一项重大战略创新。

2007 年 10 月，胡锦涛同志在党的十七大报告中进一步提出：“要加强

---

① 《中央经济工作会议在北京召开》，《人民日报》2004 年 12 月 6 日第 1 版。

农业基础地位，走中国特色农业现代化道路，建立以工促农、以城带乡长效机制，形成城乡经济社会发展一体化新格局。”① 2008 年 10 月，党的十七届三中全会审议通过的《中共中央关于推进农村改革发展若干重大问题的决定》中又明确强调，要“把建设社会主义新农村作为战略任务，把走中国特色农业现代化道路作为基本方向，把加快形成城乡经济社会发展一体化新格局作为根本要求”②。在这个历史时期，城乡经济社会发展一体化已经作为一个新的发展目标被提出。但这个新的发展目标事实上仍然是统筹城乡发展战略思想的延续和升华。具体而言，城乡经济社会发展一体化的内容涉及城乡规划、产业布局、基础设施建设、公共服务、就业市场、医疗卫生、社会保障、社会管理等诸多领域，而实现城乡经济社会发展一体化目标的方法就是统筹城乡发展，即统筹城乡经济社会发展的各个领域，建立起城乡之间各要素广泛且平等地流动，从而使城乡二元经济结构能够得到实质性的突破。

（四）党的十八大以来：从“四化”同步到城乡融合发展

2012 年 11 月，党的十八大报告提出坚持走中国特色新型工业化、信息化、城镇化、农业现代化道路，强调“推动信息化和工业化深度融合、工业化和城镇化良性互动、城镇化和农业现代化相互协调，促进工业化、信息化、城镇化、农业现代化同步发展”③，并强调“城乡发展一体化是解决‘三农’问题的根本途径”④，要“促进城乡要素平等交换和公共资源均衡配置，形成以工促农、以城带乡、工农互惠、城乡一体的新型工农、城乡关系”⑤。在这里，城乡关系的发展仍然坚持着党的十七大报告所提出的城乡发展一体化的目标，这也是中国城乡关系发展的战略目标。但

① 《胡锦涛文选》第二卷，人民出版社 2016 年版，第 630 页。
② 《十七大以来重要文献选编》（上），中央文献出版社 2009 年版，第 671—672 页。
③ 《胡锦涛文选》第三卷，人民出版社 2016 年版，第 628 页。
④ 《胡锦涛文选》第三卷，人民出版社 2016 年版，第 631 页。
⑤ 《胡锦涛文选》第三卷，人民出版社 2016 年版，第 631 页。

是，与以往的政策相比，党的十八大提出的主张在新型工农、城乡关系的表现方面更加突出地强调了工农互惠、城乡一体的关系，在形成新型工农、城乡关系的方式上则是更加突出地强调了“四化”同步发展。

事实证明，“以工促农、以城带乡”是在城镇化进程中提高农业农村发展水平的现实需要，也是统筹城乡发展的必然选择。然而，在这样的发展格局之下，农业农村对城市经济社会发展的依赖性会变得越来越强。于是，城市经济社会发展情况将会直接影响着农业农村的发展。“工农互惠、城乡一体”的城乡关系就明确了城乡之间事实上是一个共同体的关系。因此，在党的十八大提出的新型工农、城乡关系中，城乡发展是一个互惠共同体，然而在这个共同体中，工业和城市仍然要发挥优势作用，促进农业和农村的发展，而农业和农村发展起来后又将更有利于工业和城市的进一步发展。2020 年 10 月，党的十九届五中全会对新型工农城乡关系的内涵作了调整，强调要“强化以工补农、以城带乡，推动形成工农互促、城乡互补、协调发展、共同繁荣的新型工农城乡关系”①，从这个意义上讲，在新型工农、城乡关系中，农业农村将不再是落后生产力的代表。相反，农业农村同样也可以给工业和城市的繁荣发展带来更多机遇和有利条件。此外，“四化”同步发展战略的提出，又给构建新型工农、城乡关系提供了遵循。这是中国共产党从现阶段的基本国情出发，立足当前时代特征，着眼未来经济社会发展趋势而做出的重大理论创新。在“四化”同步发展战略中，工业化、信息化、城镇化和农业现代化又形成了一个有机整体，它的本质就是强调工业化、信息化、城镇化和农业现代化在互动关系的基础上实现同步发展、叠加发展，而不是相互孤立地依次发展、顺序发展。但是，与工业和城市的发展相比，当前我国农业农村发展整体上仍然存在很大差距；在工业化、信息化、城镇化、农业现代化中，农业现代化仍然是最大的短板；城乡要素平等交换和公共资源均衡配置的机制仍然还没有完全建立；城乡二元结构仍然还没有完全得到破解……所有这些也都是当前一个时期农业农村发展

① 《中共十九届五中全会在京举行》，《人民日报》2020 年 10 月 30 日第 2 版。

所面临的现实问题，归结起来即城乡之间的发展仍不平衡不协调。

2013年12月，习近平总书记在中央城镇化工作会议上的讲话中强调，“城镇化是城乡协调发展的过程。没有农村发展，城镇化就会缺乏根基”①。由此可见，城市和乡村是城镇化发展过程中的两大并列主体，它们在现实中承担着不同的主体功能，两者应当是协调发展的关系，让不同的主体功能形成互补互动。同时，就中国而言，城镇化的根基在于农村。要实现城乡协调发展，就必须解决好“三农”问题。2013年12月，习近平总书记在中央农村工作会议上的讲话中再次强调：“我们必须坚持把解决好‘三农’问题作为全党工作重中之重，坚持工业反哺农业、城市支持农村和多予少取放活方针，不断加大强农惠农富农政策力度，始终把‘三农’工作牢牢抓住、紧紧抓好。”② 从中国城镇化进程中城乡关系发展的现实逻辑来看，解决好“三农”问题的目的在于努力缩小城乡发展差距，不断促进城乡协调发展，从而实现城乡发展一体化。换句话说，城乡发展一体化所要破解的问题是城乡二元结构体制，其外在表现就是城乡之间发展不平衡不协调，而这个问题的根子则是“三农”问题尚未得到有效解决。所以，解决城乡不平衡不协调发展的问题，关键要从“三农”问题着手，要让农业、农村、农民发展起来。就当前经济社会发展情况来看，城市和工业发展显然已经有了较好的基础，而乡村和农业发展基础始终较为薄弱。那么如何发挥城市和工业的作用，让它们能够带动乡村和农业发展起来，是一个现实问题。而在带动发展的过程中，乡村和农业与城市和工业必然是并列的关系，这种并列关系就表现为相互之间形成了一个有机整体，彼此都在发展，并且彼此都在相互影响，这个相互影响的过程其实就是融合发展的过程。只有融合发展，才能让城乡之间的要素流动起来，才能让城乡置于经济社会一体化的发展格局中，才能让农民获得均等化的发展权益，才能让农业发展获得更大的动力。

---

① 《十八大以来重要文献选编》（上），中央文献出版社2014年版，第605页。

② 《十八大以来重要文献选编》（上），中央文献出版社2014年版，第658页。

可以说，建立城乡融合的体制机制的提出，也是经济社会发展水平提高到一定程度后的必然结果。“在经济发展水平落后的情况下，一段时间的主要任务是要跑得快，但跑过一定路程后，就要注意调整关系，注重发展的整体效能，否则‘木桶效应’就会愈加显现，一系列社会矛盾会不断加深。”① 从我国改革开放的历程来看也不难发现，社会生产力的发展大致可以分为两个阶段：第一个阶段是依靠城镇化、工业化发展社会生产力。这一阶段社会生产力的发展起点较低，各种生产要素在城镇、工业领域集聚，促进了城市的繁荣乃至整个社会的进步与发展。与此同时，乡村就成为落后生产力的汇聚地，城乡之间发展不平衡不协调就不可避免。第二个阶段是依靠工业化、信息化、城镇化、农业现代化“四化”同步发展社会生产力。当前，社会生产力水平已经达到前所未有的高度，这一阶段社会生产力的进一步发展不仅需要依靠城镇化和工业化，还要依靠信息化和农业现代化。总的来说，“四化”同步既着眼于城市和乡村，同时还着眼于第一、二、三产业的共同发展，它最终将推动社会生产力实现跨越式发展，为城乡融合发展创造有利条件。2017 年 10 月，党的十九大报告提出了“实施乡村振兴战略”，强调“要坚持农业农村优先发展，按照产业兴旺、生态宜居、乡风文明、治理有效、生活富裕的总要求，建立健全城乡融合发展体制机制和政策体系，加快推进农业农村现代化”②。这是中国共产党第一次将城乡融合发展写进党的工作报告，并强调要建立健全城乡融合发展机制体制和政策体系。2022 年 10 月，党的二十大报告再次强调，要“坚持农业农村优先发展，坚持城乡融合发展，畅通城乡要素流动”③。城乡融合发展体制机制和政策体系归根到底是城乡融合发展的制度安排。

① 《习近平谈治国理政》第二卷，外文出版社 2017 年版，第 198 页。

② 《中国共产党第十九次全国代表大会文件汇编》，人民出版社 2017 年版，第 25—26 页。

③ 习近平：《高举中国特色社会主义伟大旗帜 为全面建设社会主义现代化国家而团结奋斗——在中国共产党第二十次全国代表大会上的报告》，人民出版社 2022 年版，第 31 页。

所以，它实际上是为推进农业农村现代化建设提供重要的制度保障。而建立健全城乡融合发展体制机制和政策体系必须回答好“融合什么”“怎样融合”这些关键问题。总的来说，城乡融合发展的关键在于把城乡发展作为一个整体，推进城乡生产要素双向合理流动、市场化资源配置的体制机制创新，让城乡要素平等交换、公共资源均衡配置，让城乡及其人民享有共同的发展权利，从而重塑城乡关系。

二 中国城乡关系发展的经验启示

中华人民共和国成立以来，经过长期努力，中国常住人口城镇化率由1949年的10.64%提高到了2022年的65.22%①。从这个结果来看，可以说中国城镇化发展总体上是成功的。然而，从中华人民共和国成立以来的历史来看，我国城乡关系发展的道路是充满波折和坎坷的。这给中国城镇化带来了必要的反思与有益的启示，尤其在政府与市场的关系、城市与乡村的关系、城镇化与现代化的关系等问题上需进一步澄清，才能更好地理解中国城乡关系发展的逻辑为何要转向新型城镇化实践，进而提出坚持城乡融合发展。

(一) 立足现实，正确认识政府与市场之间的关系

政府与市场的关系是反映城镇化道路与模式的重要因素。“不同地区、不同时期的城镇化发展在规模速度、空间布局、产业基础等方面存在着显著的差异，其背后的根源在于政府与市场的关系及其动态演变。”② 因此，反思中国城乡关系发展的历史演变，有必要从中华人民共和国成立以来政

① 《中华人民共和国2022年国民经济和社会发展统计公报》，中国政府网2023年2月28日，https://www.gov.cn/xinwen/2023-02/28/content_5743623.htm，2023年6月2日。

② 胡拥军：《新型城镇化条件下政府与市场关系再解构：观照国际经验》，《改革》2014年第2期。

府与市场关系演变的历史中加以考察。政府这只“看得见的手”和市场这只“看不见的手”在经济活动中的作用就是要实现有限资源的有效配置。政府与市场这“两只手”谁强谁弱直接决定了一个国家或地区的城镇化是如何发生与发展的这一关键问题。

中华人民共和国成立以来，中国经济体制经历了从计划经济体制向社会主义市场经济体制的转变。回顾历史，计划经济是中华人民共和国成立初期一穷二白历史条件下的必然选择，也是相对而言的最优选择，它对于当时国民经济恢复和建立完整的工业体系有着不可磨灭的贡献。在计划经济体制作用下，经济活动由政府进行计划调节，经济活动要服从于指令性计划。在这个过程中，政府通常表现为“全能型政府”的形象，经济活动通常表现为“指令性经济”的形式。“全能型政府”和“指令性经济”的最大特点和优势就是能够把极为有限的资源最大程度地集中起来，在这个过程中，又通过包括统购统销政策、农业合作化政策、限制农民入城政策、鼓励市民上山下乡政策、城乡二元户籍制度、优先发展重工业等在内的一系列政策举措来保证这种特殊形式的集中。在经济基础十分落后的历史条件下，“全能型政府”和“指令性经济”对于一个亟须建立完整的工业体系和国防体系的大国来讲是必要的。但是，在这种情况下，乡村的发展与城市的发展必然是相分离的，并且农业的发展要让位于工业的发展。

改革开放以后，中国开始从单一的计划经济向公有制基础上有计划的商品经济过渡。在这个过程中，政府与市场之间的关系得到了一次调整，城镇化开始出现了新的动力。这个动力来自因推行实施家庭联产承包责任制、鼓励发展乡镇企业、在沿海地区设立经济特区等重要政策举措而产生的市场活力。这意味着与单一的计划经济时期相比，在向有计划的商品经济过渡的阶段，政府开始在一定程度上松绑，而市场开始在一定程度上登场。这种转变最直接的结果就是农民在一定条件下可以进入城市，城乡之间的人口要素开始在一定程度上流动，这是城镇化发展的必要条件之一。1992 年，党的十四大提出了我国经济体制改革的目标是建立社会主义市场经济体制。自此以后，市场活力进一步激发，城镇化速度明显加快。但是城镇化的新问题产生了，即城乡之间的差距明显拉大，农民“入城易，融城难”的问题越来越显化，城乡二元结构仍然没有改变。面对这一系列问题，城镇化进程中的政府与市场的关系需要重新得到审视。一方面，要依靠市场为城镇化注入动力和活力；另一方面，还要依托政府为城镇化把好方向、做好调控。所以，在统筹城乡发展、推动城乡一体化建设的过程中，政府与市场的关系调整为“政府调控，市场调节”，并且“调控”的力度要大于“调节”，目的就在于解决此前一个阶段快速城镇化过程中出现的城乡分化分离的问题。2013 年，党的十八届三中全会提出“使市场在资源配置中起决定性作用和更好发挥政府作用”① 的重要论断，这为中国城镇化进程中政府与市场关系的调整提供了重要理论依据。也就是说，政府和市场这“两只手”必须联合起来，通过“有为的政府”和“有效的市场”相互配合的方式实现资源最优化配置。

总的来说，中华人民共和国成立以来我国城乡关系发展的历程较为明显地说明了政府与市场的关系决定着城镇化发展的走向，两种力量都在推动城镇化向前发展。但是，从历史上来看，政府与市场这两种力量并不是均衡的。在党的十八大以前的城镇化过程中，政府全面主导的色彩非常明显，政府的力量非常强势，这是明显的特点。而当政府力量过于强势，对城镇化带来的约束性过大时，市场就应该及时出场。总体上来看，虽然在当时的历史条件下，城镇化过程中的市场力量发挥得还非常有限，但也已经说明了当城镇化出现新的问题时，政府与市场的关系就应当随之进行阶段性的调适。当然，每个历史阶段都有各自的阶段性特征，政府与市场关系的调整既不能超越也不能滞后于城镇化发展的历史阶段，而必须立足于现实。

---

① 《中共中央关于全面深化改革若干重大问题的决定》，《人民日报》2013 年 11 月 16 日第 1 版。

（二）放眼全局，正确认识城市与乡村之间的关系

城市与乡村构成了一个社会的整体，但在这个整体之中又彼此关联。这种关联表现为城市和乡村在人口、资本、商品、文化等要素方面的彼此紧密联系、相互流动，以及城市和乡村在功能上的相互补充、相互耦合。所以，在城镇化过程中，城市与乡村的关系必然是一对基本关系，这对关系的演化始终贯穿着城镇化的过程。从这个意义上讲，在中华人民共和国成立以来的历史中，通过考察城市与乡村之间的关系从而考察城镇化的历程，这是有着重要意义的。

中华人民共和国成立初期，中国共产党人提出的城乡兼顾思想，表现出来的是城市与乡村之间应当是平等且共同发展的关系。其中，平等发展体现在乡村发展同城市发展同样重要，不能只顾城市发展而忽视乡村发展，城市与乡村就发展权来讲是平等的；共同发展体现在农业是工业的基础、城市要领导乡村的发展，实际上就是农业要为工业发展创造条件、城市要为乡村发展带来效益，城市与乡村就其发展来讲是相辅相成的。但是，在后来优先发展重工业、乡村支持城市等理念的影响下，乡村和农业的发展开始处于“被剥夺”的弱势状态，城市和工业的发展开始处于强势状态。在这个阶段，城市与乡村之间的关系从平等且共同发展的关系转向了“剥夺者”和“被剥夺者”的畸形关系。但这种畸形关系在当时的存在也有其一定的合理性。因为在城市与乡村发展普遍比较落后的阶段，要使一个大国走向现代化，就需要集中资源、集中力量优先发展一些重点领域。然而，这样的城乡关系直接导致中国城乡二元结构的形成。改革开放以后，随着城市与乡村之间的要素在一定程度上开始流动，各种要素从乡村向城市的单向度流动变得越来越普遍。尤其是在建立社会主义市场经济体制之后，城市的“虹吸效应”更为明显地表现了出来，城市与乡村之间的关系也随之从“剥夺者”和“被剥夺者”的关系转向了“先进”和“落后”的对立关系。这种对立关系加剧了城乡二元结构矛盾的固化，它实质上是割裂了城市与乡村之间的互相依赖的共生关系，使得城市与乡村

不仅变成了两个相互区别的主体，更变成了两个完全对立的主体。在这两个对立的主体中，市民和农民还享受着不同的权利和机遇。面对这种情况，就需要放眼全局，也就是从城市和乡村发展的全局中调整城乡关系。

无论是从理论还是实践的角度来理解，城市与乡村之间都不应该是相互对立、相互否定的关系，而应该是相互区别但又相互依赖的共生关系。城市与乡村之间的差异性正是构成了城市与乡村之间互补关系的前提。进入21世纪后，中国共产党人提出的统筹城乡发展、推动城乡一体化发展等重要理念，最根本的就是要把乡村发展的短板补起来，要实现乡村与城市的共同发展。在这个追求城乡共同发展的系统中，提出“以工促农、以城带乡”的工作机制，这显然具有重要的方法论意义。在这里，城市与乡村之间的关系从“先进”和“落后”的对立关系转向了“带动”和“被带动”的关系。“带动”和“被带动”的关系实质上维护了城市与乡村两个主体的平等关系，但在这对关系中更加突出强调了城市的“先发优势”。党的十八大提出的“以工促农、以城带乡、工农互惠、城乡一体”的新型工农、城乡关系则是在城市与乡村之间“带动”和“被带动”的关系上更进一步，因为这种新型工农、城乡关系更加突出强调了城市与乡村之间互惠、一体的关系。党的十九大提出“实施乡村振兴战略”，这意味着将工农关系、城乡关系放到了全局和战略的高度来看待。2020年10月，党的十九届五中全会强调，要“强化以工补农、以城带乡，推动形成工农互促、城乡互补、协调发展、共同繁荣的新型工农城乡关系”①。2021年6月开始施行的《中华人民共和国乡村振兴促进法》在强调“建立健全城乡融合发展的体制机制和政策体系，推动城乡要素有序流动、平等交换和公共资源均衡配置”② 的基础上，再次强调了推动形成新型工农城乡关系。2021年11月，国务院印发的《“十四五”推进农业农村现代化规划》又进一步强调，要“加快形成工农互促、城乡互补、协调发展、共同繁荣的

① 《中共十九届五中全会在京举行》，《人民日报》2020年10月30日第2版。

② 《中华人民共和国乡村振兴促进法》，《人民日报》2021年5月20日第16版。

新型工农城乡关系，促进农业高质高效、乡村宜居宜业、农民富裕富足，为全面建设社会主义现代化国家提供有力支撑”①。由此可见，新型工农城乡关系把工农城乡发展看成一个共同体，彼此相互关联并统一于一个整体之中。

综上所述，从中华人民共和国成立以来的历史来看，中国城镇化进程中城市与乡村之间的关系在不同时期进行了多次阶段性调适。可以说，城市与乡村的发展构成了整个社会发展的全局，城市与乡村之间的关系是关系到整个社会发展全局的重要问题。当前所倡导的工农互促、城乡互补、协调发展、共同繁荣的新型工农城乡关系，体现了城市与乡村是平等互惠的共同体关系，是新时代城乡融合发展的重要理论依据。

（三）面向未来，正确认识城镇化与现代化之间的关系

“城镇化是现代化的必由之路。”② 农业农村要走向现代化，也必须依靠城镇化。城镇化对整个经济社会发展（无论是城市还是农村）来说，都是非常重要的。在城镇化的过程中，产业结构、产业形态、产业布局都会发生系列变化，这些变化都体现出经济社会的发展，具体而言就是从传统向现代的发展、从分散向集中的发展、从低级向高级的发展。所以，从这个意义上讲，城镇化也是推进现代化的重要力量。城镇化的核心问题是提高生产效率，按照常住人口城镇化率的计算方式来考量，城镇化意味着劳动力从农村向城市转移、从生产效率较低的第一产业向生效率较高的第二、第三产业转移。所以，在城镇化的过程中，一部分农业、农村、农民问题会随着劳动力的转移而在一定程度上得到改变，尽管在这个转移过程中又会不可避免地出现新的问题。而现代化则是意味着从传统农业社会向现代工业社会的转型。从这个意义上讲，城镇化是完全符合现代化进路的。

---

① 《关于印发“十四五”推进农业农村现代化规划的通知》，国务院 2022 年 2 月 11 日，http://www.gov.cn/zhengce/zhengceku/2022-02/11/content_5673082.htm，2022 年 2 月 24 日。

② 《十八大以来重要文献选编》（上），中央文献出版社 2014 年版，第 589 页。

但是，必须明确强调的是，尽管城镇化是通往现代化的必由之路，现代化的进程中决不能仅有城镇化。众所周知，现代化是一个高度综合性的概念，它所体现的是多领域多层次变革的复杂过程。从现代化的具体领域来看，农业农村现代化是现代化的题中之义。因此，农业农村本身的发展也是现代化的关键。仅有城镇化的现代化极易异化为只关注城市发展的现代化或优先发展城市的现代化。这样的现代化，一方面将不可避免地导致农村的衰落，比如伴随农村衰落而产生的农村劳动力“空心化”、农村土地“荒废化”、农村文化“荒漠化”等现象层出不穷；另一方面将会导致城市人口膨胀、交通堵塞、环境恶化、住房拥挤、房价高企等一系列城市问题，再加上城乡社会保障制度的二元结构影响，农民市民化难上加上。中华人民共和国成立以来尤其是改革开放以来的城镇化进程中，这些现象在不同时期不同阶段都有所表现。反思这些现象，人们不难发现，仅有城镇化的现代化最终所导致的是“人的现代化”被“物的现代化”所掩盖，因此，人的发展在这样的城镇化进程中事实上是受限的。2012 年，党的十八大报告提出了走中国特色新型城镇化道路。新型城镇化的核心就是“以人为本”，其根本价值指向是人的发展。换言之，在中国特色新型城镇化道路的内涵中，人的发展是核心问题，它是“既见物又见人”的城镇化，而不是“只见物不见人”的城镇化。2017 年，党的十九大报告又提出了乡村振兴战略。也就是说，中国特色新型城镇化不仅仅有城市发展的问题，同时也包含乡村发展的问题，它是城乡协调发展、互促共进的城镇化。所以，乡村发展特别是农业农村的现代化也是中国特色新型城镇化道路的题中之义。通过这样“一条道路”和“一个战略”的配合作用、同步推进、双轮驱动，中国式现代化将进入一个新的发展历史阶段，即从空间领域来看是城市和乡村共同走向现代化的发展阶段，因为全体人民共同富裕是中国式现代化的重要特征之一，也是社会主义的本质要求。

总的来说，城镇化是通向经济社会现代化的必由之路，而这个经济社会的现代化水平反过来又可以通过城镇化的程度来体现。因此，高度城镇化是世界各国经济社会现代化过程中共同追求的目标。但是，就中国而言，如果忽视农业农村本身的发展，这样的现代化注定是片面的、不可持续的。所以，立足中国国情，放眼中国式现代化的未来发展，必须同时实施乡村振兴战略，确保在新型城镇化的过程中实现城乡协调发展、人城和谐发展，从而确保走向以高度城镇化为特点、以人的发展为核心的现代化。

党的十九大报告提出，要建立健全城乡融合发展机制体制和政策体系，党的二十大报告仍然强调要畅通城乡要素流动。如果立足现实、放眼全局、面向未来，分别从政府与市场之间的关系、城市与乡村之间的关系、城镇化与现代化之间的关系角度加以思考，那么，中华人民共和国成立以来的我国城乡关系发展历程给我们带来一个重要启示：推进新时代城乡融合发展必须激活市场、加强调控，振兴乡村、补齐短板，破除对立、城乡协调，进而形成一个工农互促、城乡互补的繁荣发展的共同体。

第五章　党的十八大以前城镇化道路的利弊分析

从传统农业社会向现代工业社会转型，从乡村社会向城市社会转型，这是世界各国城镇化的共同特点。然而，从具体实践来看，每个国家又因各自不同的国情而走出了不同的城镇化道路。即便是同一个国家，在不同阶段也会因不同的发展条件而选择不同的城镇化道路。这在中国城镇化的具体实践中已显而易见。党的十八大报告提出要“坚持走中国特色新型工业化、信息化、城镇化、农业现代化道路”①，其中，“新型”二字对党的十八大前后所选择的城镇化道路作了区分。“新型”意味着对旧有相关制度安排的转型和发展。那么，旧有相关制度安排为何在历史上可以存在，而现在为何又需要转型？

一　实施城镇化战略的现实基础

在我国，城镇化现象始终伴随着工业化、现代化的进程，城镇化水平和推进力度在不同发展阶段差异性较大。尽管在中华人民共和国成立以后的很长一段时间里，官方并没有正式提出城镇化战略，但在推进工业化发展的进程中，城镇化现象是客观存在的。一直到进入21世纪以后，2000

① 《胡锦涛文选》第三卷，人民出版社2016年版，第628页。

年10月召开的党的十五届五中全会首次正式提出了实施城镇化战略，开始全面推动我国城镇化进程。那么，进入21世纪以后，我国为何会明确提出城镇化战略？在这之前，我国经济社会发展又已经具备了怎样的基础？这就需要从前一个历史阶段的发展中去寻找答案。

（一）物质基础：社队企业到乡镇企业的蓬勃发展

总体来看，城镇化是在传统农业社会向现代工业社会转型的过程中，农业从业人员不断向工业、服务业领域转移的过程。对于我国这样一个人口众多的农业大国来说，在中华人民共和国成立之后要迅速实现农业国向工业国的转型，就必须在农村大力发展工业。这是由中国的基本国情决定的。对此，毛泽东同志强调在搞好农业的基础上大力发展工业，具体的方式就是通过农村工业化让农民就地实现身份转变。也就是说，在农村大力兴办工业，农民可以不离开农村而通过从业内容的改变而顺利实现从农民变成工人的身份转变。然而，在农村兴办工业同样需要一定的物质生产条件，没有社会生产力的发展，农村工业化是难以推进的。回顾历史，在中华人民共和国成立后不久，我国便进入了社会主义改造的阶段。其中，农业社会主义改造采取的是农业合作化道路，在农业互助组到初级农业社再到高级农业合作社的发展基础上，1958年全国第一个农村人民公社应运而生。从农业生产的角度来看，人民公社实质上就是一种合作化和集体化并存的农业生产组织形式。当然，除了农业生产的功能外，人民公社还具有特殊的政治功能，即它同时还是基层政权的组织形式。在当时看来，依托人民公社这个农业生产组织形式，“在农业集体化的基础上，实行农业的机械化、电气化，实行农业的技术改革，是巩固人民公社集体经济、巩固工农联盟的物质基础，也是促进整个国民经济向前发展的中心环节”①。所以，农村人民公社事实上是为农村工业化发展提供了可能性。通过农村人民公社这个农业生产的组织形式，不仅能够把工业顺利地引入农业生产领域中

---

① 《建国以来重要文献选编》第十五册，中央文献出版社1997年版，第754—755页。

去，通过农业技术改革，提高农业的工业化程度，同时还能够把工业和农业有效结合起来，大力推动工业发展。这样的形式对于一个经济社会发展水平较为落后的农业大国而言，显然是一种充满希望的选择。1958 年 12 月，中国共产党第八届中央委员会第六次全体会议通过的《关于人民公社若干问题的决议》就明确强调，要“广泛地实现国家工业化、公社工业化”①。其中，公社工业化显然就是农村工业化的具体形式。

具体而言，公社工业化就是以人民公社为依托，通过合作化和集体化的方式在人民公社制度的基础上发展工业。在这个过程中，由于国家大力推动工业化建设，人民公社大兴工业，在生产队、生产大队以及农村人民公社等组织上发展起来的集体所有制企业也越来越多，于是就产生了大量的社队企业。社队企业的大量出现，当然也同时推动了机械化的生产设备在农业农村中的广泛应用。而机械化生产设备在农村无论是被广泛应用于工业领域还是农业领域，都必然引发工农之间要素的交流，这无疑是具有进步意义的。但总体来说，公社工业化的劲头在此时远远超过了农业机械化的劲头，人民公社兴办企业成为当时一种新的社会现象。1958 年以后，社队企业的发展是迅速且广泛的。但是，20 世纪 50 年代末，我国经济社会发展很快就进入了严重经济困难时期，这个时候出现了全国性的粮食和副食品短缺危机，人们陷入了普遍的饥饿状态。可以说，这种大面积危机现象的出现，与人民公社大兴工业而忽视农业生产的重要基础地位有着直接关联。所以，社队企业在此时也出现过短暂的曲折发展。1962 年 9 月，党的八届十中全会通过的《农村人民公社工作条例修正草案》中明确规定：“公社管理委员会，在今后若干年内，一般地不办企业。”② 这对公社工业化而言是一次重要的政策调整，目的就在于尽快解决全国性的粮食短缺危机问题，尽快解决人民温饱问题，尽快恢复国民经济。因此，一直到国民经济基本恢复以后，社队企业又开始有了新的发展。也就是到了 20 世纪

① 《建国以来重要文献选编》第十一册，中央文献出版社 1995 年版，第 599 页。

② 《建国以来重要文献选编》第十五册，中央文献出版社 1997 年版，第 526 页。

六七十年代，社队企业重新迎来了发展机遇。有关研究成果显示："1965 年至 1976 年期间，按不变价格计算，全国社办工业产值由 5.3 亿元增长到 123.9 亿元，在全国工业产值中的比重由 0.4% 上升到 3.8%。到 1976 年底，全国社队企业发展到 111.5 万个，工业总产值 243.5 亿元，其中社办工业产值比 1971 年增长 216.8%。"① 从这些数据中可见，社队企业对国民经济发展产生了巨大作用，为整个经济社会发展创造了前所未有的物质条件。

20 世纪 70 年代末，我国开始了社会主义改革的伟大事业。农村家庭联产承包责任制的实施，对维持了近二十年之久的人民公社制度产生了极大的冲击和瓦解。1983 年 10 月，在总结各地试点经验基础上，中共中央、国务院联合发出《关于实行政社分开，建立乡政府的通知》，要求各地在 1984 年年底完成建立乡政府工作。这就意味着人民公社"社政合一""政经合一"的体制将要变成历史。随着乡政府的普遍建立，人民公社制度也最终被废除。此时，随着人民公社的解体和乡政府的建立，原有的社队企业同样也需要实现转型发展。而以原有公社的管辖范围为基础建立乡政府的政策举措，事实上也保证了原有社队企业的平稳转型，即由社队企业转为了乡镇企业。改革开放以后，我国乡镇企业之所以能够雨后春笋般地蓬勃发展，事实上离不开 20 世纪六七十年代社队企业为其所创造的重要发展基础，尤其是社队企业为乡镇企业的继续发展提供了丰富的管理经验、技术积累、人才支持，这些因素的重要意义是不容忽视的。总的来说，从社队企业到乡镇企业的蓬勃发展，为我国经济社会发展奠定了重要的物质基础，它不仅就地解决了大量农村剩余劳动力的就业问题，同时还大大提高了农村工业产值的比例，极大程度上改变了农村产业结构。"根据国家统计局数据，1978 年乡镇企业产值占农村社会总产值的比重不到 1/4，到 1987 年首次超过了农业总产值。"② 由此可见，乡镇企业在调整产业结构、

① 王曙光：《中国经济体制变迁的历史脉络与内在逻辑》，《长白学刊》2017 年第 2 期。

② 《农村改革开放 40 年成就辉煌——改革铺展乡村振兴之路》，《人民日报》2018 年 12 月 29 日第 10 版。

促进城镇化进程中的重要作用是非常明显的。

（二）体制基础：计划经济向社会主义市场经济的顺利转型

众所周知，计划和市场是实现资源配置的两种主要形式。计划经济本质上来讲是一种指令性的经济体制，这种经济体制具有高度集中的特点，一切经济行为均由政府的行政手段进行决策、由政府的行政指令进行干预，而且这种干预具有全面性的特点。从具体实践来看，行政指令通常是建立在主体间上下级关系之上的。也就是说，只有主体间存在上下级关系，行政指令才能发挥出它的作用。倘若主体间只存在平行关系，行政指令是难以发挥作用的。所以，计划经济体制需要一种自上而下的垂直行政体制与之匹配。在这样的体制中，政府是起关键性作用的。尽管如此，政府与计划也还是不能等同的。计划经济体制中的“计划”只是表达了对社会有限资源进行配置的一种具体方式，这是政府诸多职能中的一项具体内容，而不是政府职能中的全部内容。所以，从这个意义上讲，政府的实际作用还要远远大于计划的作用。政府通过行政化的手段全面干预并主导乃至决定整个社会的经济发展，这在我国工业化起步发展阶段是非常有效的。但是在后来的实践过程中，人们把计划经济天然地与社会主义画上等号，把市场经济天然地与资本主义画上等号，从而把计划与市场、社会主义与资本主义对立起来，这是由对社会主义本质理解的机械性和片面性导致的。在经济建设的具体实践中，又具体表现为把公有制与社会主义简单地画上等号，同时把非公有制与资本主义简单地画上等号。于是，在我国社会主义经济建设过程中，对非公有制经济采取限制、取消等方式，单一地发展公有制经济。这样的结果直接导致了我国经济发展是严重缺乏活力的，社会生产力的发展也是受到严重束缚的，从而从整体上暴露出了计划经济体制的弊端。

1992 年，党的十四大报告把体制改革作为重要议题，提出经济体制改革的目标是“在坚持公有制和按劳分配为主体、其他经济成分和分配方式为补充的基础上，建立和完善社会主义市场经济体制”①。社会主义市场经济体制从本质上来讲是一种把社会主义基本制度和市场经济体制紧密结合起来的经济体制。所以，社会主义市场经济体制的提出是具有制度创新的重大意义的。在这里，应当清楚地看到，从所有制结构上来说，公有制与其他经济成分之间是主体与补充的关系，公有制的主体地位决定了社会主义社会的性质属性，生产力落后的事实决定了发展其他经济成分的现实之需，而且“社会主义和市场经济的结合不会改变社会主义的性质，社会主义和市场经济的结合能够更好适应社会化大生产发展的要求，更有利于社会生产力的发展”②。社会主义市场经济体制的建立和完善，无疑为经济社会充满活力地发展创造了十分重要的条件。1997 年，党的十五大报告又进一步强调，在社会主义条件下发展市场经济，不断解放和发展生产力，就是要“坚持和完善社会主义公有制为主体、多种所有制经济共同发展的基本经济制度”③。这是首次明确了我国社会主义初级阶段的基本经济制度，从理论上对社会主义所有制做出了具有重大突破性意义的论断。“公有制为主体、多种所有制经济共同发展”就意味着除公有制经济成分外，还有非公有制经济成分的存在，并且这部分经济成分与公有制经济是共同发展的关系，而不是对立的关系。当然，在共同发展的关系中，公有制经济成分是主体，这是明确的，它与非公有制经济成分之间的主体与非主体关系是不能混淆的。可以说，党的十五大报告提出的这一基本经济制度，从理论上彻底改变了社会主义制度只能发展单一公有制经济的错误认识。

社会主义市场经济体制的建立和完善以及社会主义基本经济制度的确立，为整个经济社会发展的具体实践带来了新的动能。20 世纪 90 年代，非公有制经济得到迅速发展，其中民营经济作为非公有制经济的重要组成

① 《江泽民文选》第一卷，人民出版社 2006 年版，第 219 页。

② 顾钰民：《从传统计划经济到中国特色社会主义市场经济》，《高校马克思主义理论研究》2019 年第 3 期。

③ 《江泽民文选》第二卷，人民出版社 2006 年版，第 17 页。

部分，也随着社会主义市场经济的不断发展而得到快速发展。从具体构成来看，民营经济包含了个体经济和私营经济。根据统计数据显示，从1991年到2001年期间，我国登记注册的个体工商户从1416.8万户增加到2433万户，增幅为71.73%；个体工商户从业人员从2258万人增加到4760.3万人，增幅为110.82%；个体工商户注册资金从488.2亿元增加到3435.8亿元，增幅为603.77%；个体工商户营业额从1798.2亿元增加到1.96万亿元，增幅为989.98%。同期，全国登记注册的私营企业从10.8万户增加到202.9万户，增幅为1778.7%；私营企业从业人员从183.9万人增加到2713.9万人，增幅为1375.75%；私营企业注册资金从123.2亿元增加到2.82万亿元，增幅为22789.61%；私营企业营业额从68亿元增加到1.34万亿元，增幅为19605.88%。这些统计数据充分表明，在短短十年左右的时间里，我国民营经济无论从登记注册的数量、从业人员的数量、注册资金的数量还是从营业额的总量来看，其体量都有了显著增长。民营经济在社会主义市场经济的发展中充满生机活力，是社会主义市场经济的重要组成部分。民营经济的发展无疑夯实了城镇化的物质基础。但也必须看到，民营经济蓬勃发展的背后实际上是经济体制的改革，这是促进城镇化的重要体制基础。

（三）制度基础：户籍制度的适度放开

20世纪80年代中期，我国经济体制改革的重心开始由农村转向城市，城市以及城市中的国有企业被作为改革的重点领域。总的来说，这个重要转向主要有三个方面的原因：一是城市是国有企业的集聚地，从而也自然是整个国家经济发展的重地，城市以及城市中国有企业的体制改革要与国家经济体制转型相匹配；二是随着农村改革不断深化，农村改革可以说逐渐进入了正轨，从社会发展的角度来看，城市改革也势在必行；三是从农村社队企业到乡镇企业的蓬勃发展，已经充分体现了工业在解决农村剩余劳动力就业方面发挥出来的重要作用，同样道理，从就业角度来看，以工业和服务业为主的城市如何发展也直接关系到农村剩余劳动力的生活出路问题。当然，经济体制改革重心的转移说明了我国改革事业的范围从农村扩大到了城市，形成了包括城市和农村在内的全域性的经济体制改革的格局。此后，1992 年春邓小平同志的南方谈话以及 1992 年 10 月党的十四大提出建立和完善社会主义市场经济体制，都加快了城市改革的速度、加大了城市改革的力度。事实上，南方谈话和党的十四大提出建立和完善社会主义市场经济体制这两者之间有着密切关联。众所周知，南方谈话是继党的十一届三中全会以后又一次思想解放的大动员，它对困扰和束缚人们已久的思想认识问题做出了明确回应，对社会主义的本质问题等做出了科学回答。社会主义同样可以发展市场经济，发展市场经济也并不必然意味着搞资本主义。而在具体实践中，发展社会主义市场经济就必须提高我国经济的开放度。从这个意义上来说，20 世纪 80 年代我国经济体制改革的重心由农村转向城市，对于后来建立和完善社会主义市场经济体制、提高我国经济发展的开放度而言是具有积极意义的。

当然，改革由农村扩展到城市，城市发展将产生新的动能。在社会主义市场经济的大潮中，城市发展需要更多劳动力，这就必然需要形成人口在城乡之间的流动机制。然而，在我国，人口流动机制是由户籍制度决定的。20 世纪 50 年代中后期，为适应计划经济体制的要求，加强对农民的管控力度，防止其盲目外流进入城市而导致农业劳动力短缺问题，我国建立起城乡户籍登记制度。1958 年出台的《中华人民共和国户口登记条例》就对公民由农村迁往城市的条件做出了严格规定，只有获得了城市劳动部门的录用证明、学校的录用证明或城市户口登记机关的准入证明，才能申请迁出。这一规定在很大程度上限制了农业劳动力向城市的转移。与此同时，国家又对城市人口规模进行了严格控制，防止城市劳动力规模盲目扩张，并且明令禁止城市中的企事业单位、机关单位招聘录用由农村进入城市的农民。这一系列依托户籍制度严格控制城乡人口流动的措施一直持续到了改革开放前后。在这个阶段，公民的身份就已经被城乡二元的户籍制度区分为“农业户口”和“非农业户口”两个大类，而这两大类人员由于受到户籍制度的严格约束，在空间流动上是极其困难的。党的十一届三中全会以后，我国农村实行家庭联产承包责任制，这从体制机制上改变了农业生产经营管理模式。这一场深刻影响中国农民、农村、农业发展的制度创新，在极大程度上调动了农民的积极性，解放了农村的生产力，提高了农业的生产效率。在这个过程中，农村大量剩余劳动力也被释放出来了。与此同时，随着城市经济体制改革的启动和不断深化，城市经济发展在劳动力需求方面产生了新变化，城市工业发展需要大量劳动力的支持，仅仅依靠城市居民是远远不够的。于是，农村改革发展释放大量富余劳动力和城市改革发展需要大量新的劳动力，这两种情况都要求在城乡之间尽快建立起人口合理流动的机制，这是社会发展的现实之需。

1984年1月，中共中央发布《关于1984年农村工作的通知》，允许务工、经商、办服务业的农民自理口粮到集镇工作。同年10月，国务院发布《关于农民进入集镇落户问题的通知》，允许到集镇务工、经商、办服务业的农民和家属只要具备一定条件就可以在集镇落户，发给《自理口粮户口簿》，并统计为“非农业人口”。1992年8月，公安部发布《关于实行当地有效城镇居民户口制度的通知》，对在城镇有稳定住所和职业，并要求在城镇定居的农村人口，允许他们以“蓝印户口”的形式在城镇入户，并统计为“非农业人口”，享受与城镇常住户口同等的待遇。这些相关的具体政策事实上反映了为适应社会发展的需要，原本相互分隔的农业户口与非农业户口在满足一定条件的基础上可以从农业户口转变为非农业户口。也就是说，原本严格控制的户籍制度在这个时候已经有了一定程度上的松动。户籍制度的适度放开，让人口从农村流向城市成为可能。20世纪90年代，随着社会主义市场经济体制的不断发展，城乡劳动力市场也得到了迅速发展，我国社会出现了一个庞大的新群体，即“农民工”。可以说，如果没有户籍制度的适度放开，“农民工”这个庞大的社会群体是无法形成的，因为户籍制度不放开，农民就无法从农村大规模地流向城市。而人口跨城乡、跨区域的异地流动和集中也正是城镇化的必要条件。

二　党的十八大以前城镇化道路的实践探索

党的十五届五中全会提出实施城镇化战略，这事实上是对前一阶段城镇化发展做出战略调整的重大决策。如果把党的十八大提出“坚持走中国特色新型工业化、信息化、城镇化、农业现代化道路”① 作为分界点，那么，党的十八大以前我国城镇化发展的道路与党的十八以后的城镇化道路是有明显区别的。

需要强调的是，在党的十八大以前的城镇化道路发展的历程中，又以党的十五届五中全会提出实施城镇化战略为重要分界点，可以将其进一步分为前后两个阶段：第一阶段是指中华人民共和国成立以来到党的十五届五中全会这个历史时期，可视为工农互动发展道路，也就是农村工业化的发展道路，典型的例子就是社队企业及后来的乡镇企业的发展；第二阶段是指党的十五届五中全会提出实施城镇化战略到党的十八大以前这个历史时期，此时官方不仅正式提出了实施城镇化战略，而且还提出走中国特色的城镇化道路，开始强调工农互动发展、城乡互动发展的关系以及城乡一体化发展的目标，但在这一阶段的具体实践过程中仍然存在理想与现实之间的矛盾，没有彻底解决城乡二元结构体制问题。但是，这里的第二阶段对党的十八大以来的城镇化发展尤其是中国特色新型城镇化道路的提出而言，是具有重要意义的，我们可以把它看成原来的城镇化道路向新型城镇化道路转型的过渡阶段。因此，分析党的十八大以前城镇化道路的利弊问题就应当从中华人民共和国成立以来到党的十八大这段历史的全过程加以考察，而不是就其中某一个历史阶段来分析。

客观地看，在中华人民共和国成立以来漫长的城镇化发展历程中，尽管城镇化道路的实践探索最终使城市与乡村发展形成了城乡二元结构体

---

① 《胡锦涛文选》第三卷，人民出版社 2016 年版，第 628 页。

制，在很大程度上制约着乡村的发展，但事实上从中国经济社会发展的整体来看，这个历史时期的城镇化道路还是有其积极意义的，这种积极意义主要体现在：它为中国的工业化注入了强大动力、为广大的农民提供了重要的土地保障、为整个社会稳定发展创造了有利条件。因此，党的十八大以前城镇化道路的实践探索是具有一定合理性的。

（一）城镇化道路为工业化注入强大动力

从人类社会发展的规律来看，工业革命以来人类社会现代化发展的历程隐含着一条较为普遍的线索，即现代化——工业化——城镇化。这三者之间究竟构成什么样的关系是值得探讨的。根据经典现代化理论的观点，广义上的现代化是指“人类社会从工业革命以来所经历的一场急剧变革，这一变革以工业化为推动力，导致传统的农业社会向现代工业社会的全球性的大转变过程，它使工业主义渗透到经济、政治、文化、思想各个领域，引起深刻的相应变化”①。由此可见，现代化对人类社会发展而言，是一种起到推动作用的力量，而这种力量来自工业化。也就是说，有了工业化，才会有现代化，并且现代化离不开工业化的支撑，它是伴随着工业化进程而发展起来的全球性的现象。而工业化的过程本身又具体表现为工业生产力的发展过程。因此，从这个意义上讲，现代工业生产力的发展为一个国家或地区的现代化提供了根本动力。在现代化过程中，在工业化的推动之下，传统农业社会向现代工业社会转变的过程必然会引发城乡社会结构的变化，因为这个转变过程是建立在生产方式发生变化的基础之上的，生产方式的变化又会引发产业发生调整与变化。可以说，生产方式的转变、产业的调整以及城乡社会结构的变化……这一系列变化都是交织在一起的，对整个城乡社会面貌带来深刻影响和改变，而这种影响和改变就表现为城镇化。所以，从世界各国的发展情况来看，城镇化一般来说都是工

① 罗荣渠：《现代化新论——世界与中国的现代化进程》（增订本），商务印书馆2014年版，第17页。

业化发展的结果。但中国的城镇化与工业化之间的关系相比之下显得有些特殊。这种特殊性就体现在，中国在工业化水平相当落后的情况下就开始了城镇化，并且工业化与城镇化始终是并行的。不仅如此，中国还通过一条特殊的城镇化道路为工业化提供强大动力，这条特殊的城镇化道路就是指党的十八大以前的城镇化道路，即以政府为主要推动力，以农业补贴工业为主要方式，以城市或城镇为建设主战场的城镇化道路。

毫无疑问，党的十八大以前城镇化道路在很大程度上直接推动了中国工业化的进程。政府作为主要推动力，是通过公共政策制定和实施来影响城镇化发展的方向，从而影响工业化进程的。在中华人民共和国成立初期，我国经过农业、手工业和资本主义工商业的社会主义改造后，初步建立起了一个相对独立的社会主义工业体系。但是，此时的工业化水平仍然还十分落后，中国的发展面临着应该如何尽快提高工业化水平、走上现代化道路，从而赶上发达资本主义国家发展水平的现实问题。显然，这个问题在当时看来是一项既紧迫又艰巨的重大任务。因此，摆在眼前的一个关键问题就是国民经济快速发展的原始资本积累应该从何而来，这个问题必须从基本国情出发予以解答。而中国是一个十分落后的农业大国，这是当时中国最大的国情。虽然农业生产以小农为主，水平低下，但分布比较广、规模比较大，这是一个明显的资源优势。于是，在计划经济体制的配合之下，以农业补贴工业的方式就成了自然选择，也就是从农业中获取工业化发展的原始资本积累。具体而言，主要表现在三个方面：第一，从城乡关系的角度来看，就是通过工农产品“剪刀差”的交换制度、“统购统销”的经营制度和“人民公社”的组织制度的共同作用，将农业剩余转移到工业领域。第二，从人地关系的角度来看，就是通过“农转非”的形式将农村集体土地予以征收，使之变成非农用地，从而使得土地资本价值得到明显增加。在这个过程中，被征收土地之后的农民身份因失地而同样变成“农转非”。第三，从劳资关系的角度来看，农村剩余劳动力为大规模开展工业化提供了充分的人力支持，但是进城务工人员的劳动力价格是廉价的，然而也正是这样廉价劳动力成本才更加容易让城市在工业化进城中创造了越来越多的财富。工业化发展原始资本积累的以上三种主要方式，集中反映了党的十八大以前城镇化道路的特点。从结果来看，这样的城镇化道路确实为中国工业化进程尤其是社会主义市场经济体制建立起来以后的中国工业化进程注入了强大动力，推动了中国工业化、现代化的进程。

（二）城镇化道路为农民提供土地保障

在城镇化进程中，土地管理方面始终坚持城乡二元结构体制，即城市土地实行国家所有制和农村土地实行集体所有制。城乡土地所有制的二元结构是伴随着城镇化道路的一种重要体制。这种二元结构体制就规定了城市土地和农村土地的不同性质。集体所有的农村土地的承包权能且只能属于该集体中的农户家庭，这样的土地制度实际上就是把农民与土地捆绑在了一起。这一捆绑制度不仅使农民拥有了最重要的土地资本，还让农民依托土地能够得到长期稳定的收益。可以说，土地是农民社会财富的重要来源，也是农民最大的社会保障。从传统概念来看，农民之所以被称作农民，是因为农民所从事的是农业生产活动，而农业生产活动需要在土地上进行。因此，土地就是农民之所以为农民的最基本的生产资料。没有土地，农业生产无从谈起。在土地革命时期，中国共产党领导中国人民进行革命，其中最主要的一项任务就是让农民获得土地，实现“耕者有其田”，在这个基础上让农民翻身成为主人。此时，土地首先表现出来的作用就是为农民生活提供最基础的粮食供应，也就是提供生活中最基本的物质保障。土地的物质保障功能至今仍然如此，所以中共中央三令五申“18 亿亩耕地红线”不能跌破，否则就会直接影响到全国粮食供应的安全问题、战略问题。

除物质保障功能外，土地的社会保障功能同样也是不可忽视的。改革开放以后，大量农村剩余劳动力从土地生产中释放出来，大量农民外出进城务工，并且务工收入远远超过农业生产收入。因此，不免会有人思考这样一个问题：土地究竟是为农民增加了收入，还是限制了农民增收？所谓土地为农民增加收入，是指农民依托土地资源能够获得经济收入，与没有土地的年代相比，显然是增加了农民收入，这一点是毫无疑问的。但是，对于土地是否限制了农民增收的冷思考，实际上反映出来的是一种在家务农不如进城务工的现实心态。当然，改革开放以后，尤其是随着社会主义市场经济体制的建立和完善，城市比农村拥有更多获取财富的机会，进城务工的收入远远超过在家务农的收入，这是事实。但是，人们必须同时看到一种现象，即进城务工的农民，人们把这个群体称作“农民工”，事实上面对城市生活的巨大压力，再加上建立在城乡二元户籍制度之上的二元社会福利及保障制度，使得农民工在城市中难以立足安家。于是，当面临经济不景气或是城市生活难以为继时，农民工可以选择退回农村当中，因为在农村还有土地作为生活保障。可以说，此时的土地就实实在在地成为这些农民工“躲避市场风险的重要依靠”[①]。这就是土地社会保障功能的具体表现形式，与其他形式的社会保障一样，土地社会保障功能最主要的作用就是为人们应对风险、谋求发展提供基本保障，只不过这里的“人们”特指农民，因为农民家庭是农村土地唯一的法定承包者，这个承包权就是农民财产归属的前提条件。从人的城镇化角度来看，城镇化的一个总体趋势就是农民变市民。但事实上城镇化道路并没有使农民大量变成市民，这一方面是因为农民变成市民需要很大的成本；另一方面实际上也是因为要充分考虑农民变市民之后的社会保障问题。没有使大量农民变成市民，恰恰让农民继续拥有土地的社会保障功能成为可能，因此也可以说，对农民而言这是一种保护型的政策，尽管这个历史时期因受限于现实发展条件，城镇化的确存在不充分的事实，这个事实尤其明显地表现为户籍人口城镇化率远低于常住人口城镇化率。

（三）城镇化道路为社会稳定创造有利条件

城镇化进程中最终形成了城乡二元结构体制，这是有目共睹的事实，而城乡二元结构体制又进一步带来了城乡差距的问题。人们通常认为，城

---

① 贺书霞：《土地保障与农民社会保障：冲突与协调》，《中州学刊》2013 年第 2 期。

乡差距的不断拉大会给经济社会发展带来不稳定的影响。然而，纵观中华人民共和国成立以来我国城镇化的发展历程，城镇化道路尽管拉开了城乡之间的差距，甚至出现城乡二元对立的发展局面，但从我国整个社会发展角度来看仍然是稳定的。当然，这并不是说城镇化道路就完全没有给社会稳定发展产生风险挑战。值得肯定的是，我国的城镇化道路在一些重要方面确实较好地规避了社会风险，因此才能让整个经济社会发展长期处于较稳定的状态。

首先，以政府主导为主作为党的十八大以前我国城镇化道路的典型特征，能够确保政府在推动城镇化的过程中的方向和重点都是十分明确的。特别是 1994 年分税制改革以后，中央政府和地方政府的税收分配制度及税收结构发生了重大调整，它把城市土地有偿使用收入、土地增值税、房产税全部划归地方政府。于是，土地开发就自然成了地方政府的“摇钱树”。在这种情况下，地方政府通过土地市场化交易的行为推动地方经济社会发展就变得寻常，因此也就强有力地推动了地方的城镇化建设，尤其在以土地为主要内容的城镇化建设方面取得了明显的成就，同时在明确发展方向和重点的前提下还保证了城镇化的速度。可以说，政府主导为主是当时的历史条件下我国城镇化过程中的一项制度优势，在中国特色社会主义制度的总体框架中，这一制度优势能够保证经济社会发展不出现颠覆性错误。在城镇化过程中，当经济社会发展出现较大波动时，党和政府能够通过政策的调整予以及时纠偏。

其次，党的十八大以前城镇化道路把工业化作为发展主线，能够在经济基础还十分薄弱的情况下较快地改变社会面貌。经济发展是社会稳定的最基础性条件；而经济发展势必需要通过产业发展来带动。从产业角度来看，城镇化的过程就是从传统的农业转向现代工业、服务业的发展。这一历史时期城镇化道路始终聚焦工业化发展，并且通过以农补工、以农促工的方式来发展工业，促成了产业结构的调整，农业比重明显下降，工业比重明显上升，传统农业社会逐渐向现代工业社会转变，而这个过程实际上就是创造大量社会财富的过程。在这种情况下，随着国民经济的持续快速发展，城乡居民的生活质量也会整体提高。

再次，城镇化进程中农村剩余劳动力的转移，能够使更多的农民获得增收的机会。党的十八大以前城镇化道路把发展的重点放在城市或城镇，城市的建设和发展需要大量的劳动力，尤其是在规模不断扩张的城市，其劳动力从何而来？这显然是一个很现实的问题。与此同时，从政策实施的角度来看，这一历史时期的城镇化道路又具有明显的“城市偏向”的政策倾向，城市集中了现代社会绝大多数优质资源，于是城市也越来越变得更具吸引力。在这种情况下，城市自然就成了农村剩余劳动力再就业的广阔天地。更为重要的是，进城务工的收入明显高于在家务农，农民收入增加、生活水平提高成了现实可能。

最后，这一历史时期城镇化道路中的涉农政策为广大农民减轻了负担。对于中国这样一个农业大国而言，农村稳定是国家稳定的重要基础，农民生活有保障是国家稳定发展的前提条件，因为农民始终是一个庞大群体，并且还是国家建设和发展的重要力量。所以，对农业农村农民的重视就是涉及国家稳定发展的大事。国家通过财政转移支付的形式为农民发放农业补贴，后来还全面取消农业税，为农业生产提供各种惠农政策。显然，城镇化过程中的所有这些涉农政策都让农民实实在在地获得了好处。

然而，由于受到当时的经济社会发展水平等现实条件的限制，我国城镇化道路的实践探索过程中也出现了一些值得关注的现象和问题。

第一，在驱动方式方面，这一历史时期的城镇化道路总体表现为以廉价劳动力和土地为主的要素驱动。“发达资本主义国家的城市化大都起因于工业化，是工业进步作用于农业生产、促使农业生产力大幅提高并向工业和服务业自然溢出的过程。……我国的城镇化却不是工业化的结果，而是人多耕地少、农耕无法满足全部农业人口生存需要、剩余农业人口被迫从农业生产中被排挤出来的不得已的过程。”① 如此对照，便可发现中国城

① 许伟：《新中国成立 70 年来的城镇化建设及其未来应然走向》，《武汉大学学报》（哲学社会科学版）2019 年第 4 期。

镇化与发达资本主义国家的城镇化所走的道路是不同的。在发达资本主义国家，城镇化通常是工业化的结果，农业生产力的提高以及产业的转型升级依靠的是工业化力量。但是，中国城镇化却表现出了农村剩余劳动力为了谋生而不得不从落后的农业生产中逃离出来的无奈一面。如前所述，这种情况恰恰为工业化注入了必要的力量。所以，中国城镇化并非工业化的结果，而是与工业化并存的。在我国城镇化发展过程中，大量农村剩余劳动力向城市转移，但这些原本从事农业生产的劳动力，进入城市后并没有全部变成市民，其中大部分都是以流动人口或农民工的角色遍布在城市中。他们与城市居民享受的是有差别的社会保障制度，同时他们的薪资水平也往往比较低，因此成为城镇化过程中的廉价人力资源。另外，中国土地国有或集体所有的制度安排，使得政府在利用土地时成本相对较低，而在出让土地使用权时价格相对较高，这便给城镇化带来便利与资金收益。因此，廉价劳动力和土地这两个极为重要的生产要素共同为当时城镇化的快速发展提供了有利条件。

第二，在发展方式方面，这一历史时期的城镇化道路主要表现为以高投入、高能耗为特点的粗放型经济发展方式。改革开放以来，尤其是20世纪90年代初建立社会主义市场经济体制以后，经济发展活力得到释放，经济发展速度迅速加快，我国城镇化也同步进入了快速发展的阶段。根据国家统计局公布的数据显示，从1978年到2012年，我国常住人口城镇化率由17.92%提高到了52.57%，平均每年大约提高1.02个百分点。尤其是进入21世纪以后，随着“以小为主”的城镇化转向“以大为主”城市化发展阶段，我国城镇化发展速度更快，从2000年到2012年期间，平均每年提高1.36个百分点。2011年12月，中国社会科学院发布《城乡一体化蓝皮书：中国城乡一体化发展报告（2011）》明确指出，自2003年以来我国的城镇化进入了高速发展期。

大开发、大建设成为推进城镇化高速发展的重要特征。这不仅造成城市规划建设规模不断扩大、土地资源有效利用率降低、大量人口涌向城市等问题，而且还对能源消费产生更大的依赖。当然，经济发展对能源消费的依赖性也跟基本国情密切相关，我国仍处于并将长期处于社会主义初级阶段的基本国情没有变，我国是世界最大发展中国家的国际地位没有变。经济对煤炭、石油等能源的依赖程度高是不可避免的发展阶段。所以，当我国工业化和城镇化进入高速发展阶段后，能源消费特别是化石能源消费必然不断增长，并且化石能源消费在我国能源消费结构中占据了主导地位。同时，又由于“富煤、少气、缺油”的资源禀赋问题，长期以来我国能源结构都是以煤炭为主。然而，问题还在于，我国能源效率一直以来都是较低的。按照平均每千克石油当量的能源消耗所产生的按购买力平价计算 GDP（即单位能源 GDP 产值），中国落后于美国、日本、德国、英国、法国等发达资本主义国家（如图 5－1 所示）。这些数据都充分表明，这一历史时期城镇化进程中的高投入、高能耗问题亟须改变。

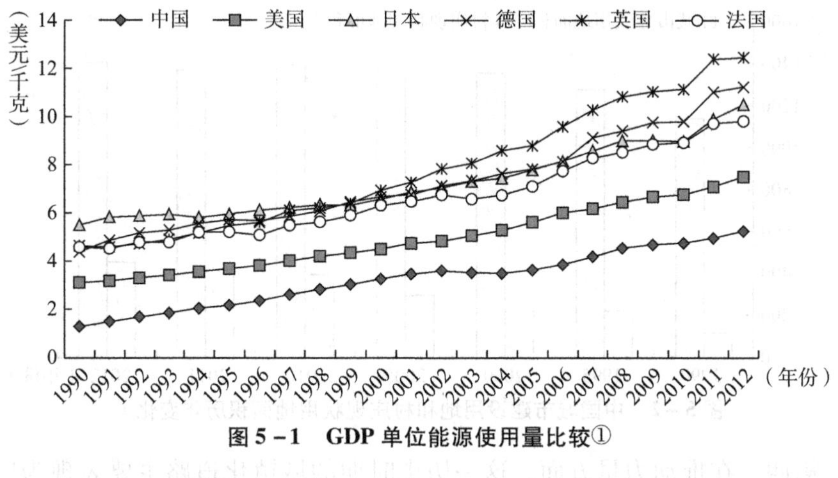

图 5－1　GDP 单位能源使用量比较①

第三，在城建模式方面，这一历史时期的城镇化道路主要表现为城市规模扩张并且雷同建设的特点。所谓雷同建设就是指城市建设出现了较为普遍的千篇一律、千城一面的现象。与此同时，乡村的多元价值与特色长期被忽视。在这一历史时期的城镇化过程中，中国城镇和城市面貌发生了翻天覆地的变化，城镇化正日益推动着城镇和城市走向现代化。大拆大

① 数据来源：国际能源机构和世界银行的 PPP 数据。

整、扩建改建、高楼崛起、房地产快速发展……伴随着这些现象的还有城市建设用地面积的持续扩大（如图5－2所示）。1990年我国城市建设用地面积为116.083万公顷，到2000年则达到了221.137万公顷，十年间城市建设用地面积翻了近一倍；2012年，城市建设用地面积已达457.507万公顷，是1990年我国城市建设用地面积的3.94倍。长期以来，村庄现状用地面积却无显著性变化。在快速城镇化过程中，城市和城镇的楼房建得越来越密、越来越高，道路修得越来越多、越来越宽，但许多城市和城镇建设却同时出现了有高楼但缺少文化、有规模但缺少品质、有建筑但缺少特色等一系列问题，建筑、产业、模式的雷同化程度以及城市、城镇面貌的趋同化程度相当高。与此同时，城镇化在一些地方被片面地理解为将乡村变成城镇的过程，乡村在城镇化过程中出现衰落甚至消失的现象。

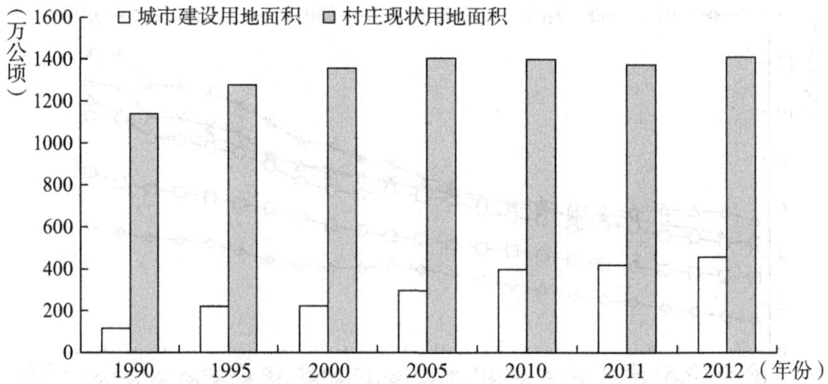

图5－2　中国城市建设用地和村庄现状用地面积历年变化①

第四，在推动力量方面，这一历史时期的城镇化道路主要表现为以地方政府强势并且全面推动为主，市场发挥的力量还远远不够。我国城镇化的启动是缓慢且滞后的，但是城镇化的发展却是快速的，并且我国在几十年的时间里走过了西方发达资本主义国家几百年要走的路，城镇化所取得的伟大成就是毋庸置疑的。在改革开放以来的几十年时间里，中国城镇化

① 中华人民共和国住房和城乡建设部编：《中国城乡建设统计年鉴》（2016），中国计划出版社2017年版，第4、140页。

何以迅速发展？它的强劲动力来自哪里？为什么能够产生如此强劲的动力？这些问题的背后必然涉及一个关键主体，即地方政府。“改革开放后，特别是实施分税制后，中国特有的地方官员政绩考核制度促使地方官员在地方有限的资源中最大化地实现区域经济发展目标，发展当地经济的意愿异常强烈，提高城镇化水平自然成了地方政府的重要发展目标。”① 城镇化也就成了地方政府追求经济发展、实现地方财政的重要抓手。如前所述，地方政府的强势且全面推动，有它的积极意义，即能够确保城镇化推进的方向、力度和速度。但客观地说，地方政府的强势且全面推动也会带来消极的一面，因为这样的城镇化极易导致把城镇化简单理解为一种手段，而不是目的，结果就是城镇建设出现盲目、趋同等现象，人口城镇化跟不上土地城镇化的速度。同时，地方政府凭借对土地资源的掌控和国家土地政策的支持，还极易出现土地财政、造城运动、权力腐败等各类严重的社会问题。

第五，在价值取向方面，这一历史时期的城镇化道路主要表现为以追求经济效益为目的的物化现象。不容否认，这一现象与分税制改革后出现的特有的地方政府官员政绩考核制度有着直接关联。在地方经济社会发展过程中，地方政府官员通常对追求量化的经济指标充满极高的积极性。事实表明，地方政府强势推动城镇化确实能够为地方经济社会发展带来明显的经济效益，并且能够在较短时间内迅速积累起进一步进行城市或城镇建设的资金保障。在这种情况下，城镇化更加突出地表现为城市和城镇空间扩张、规模扩大，这样的表象实际上就是突出强调城镇化过程中依靠土地资源的物质建设。结果就使得土地城镇化进程推动得非常快、效果非常明显。而人口城镇化的进程和速度要远远滞后于土地城镇化。在人口城镇化的概念中，又包括户籍人口城镇化率和常住人口城镇化率两个概念。这两个概念的统计数据相比，户籍人口城镇化率又明显低于常住人口城镇化

---

① 王志锋、张维凡、朱中华：《中国城镇化 70 年：基于地方政府治理视角的回顾和展望》，《经济问题》2019 年第 7 期。

率。国家统计局公布的数据显示，2012年中国常住人口城镇化率虽然达到了52.57%，但户籍人口城镇化率仅为35%。就近年最新数据来看，我国户籍人口城镇化率比常住人口城镇化率仍然还低17.5个百分点。可见，近年来中国人口城镇化率尽管在不断提高，但户籍人口城镇化率与常住人口城镇化率之间的差值依然不小，这意味着农业转移人口市民化还有很大空间。所以，缩小常住人口城镇化率和户籍人口城镇化率之间的差值，始终是我国城镇化进程中要重点解决的关键问题。当前，受城乡二元结构体制的长期影响，城乡居民所享受的社会福利和发展权利仍未统一，这些也正是在特定历史条件下我国城镇化长期实践以来以“物的城镇化”遮蔽“人的城镇化”所造成的结果。

三　党的十八大以前城镇化道路在发展中转型

在21世纪初期，实施城镇化战略的提出可以说是恰逢其时。在这之前，从社队企业到乡镇企业的蓬勃发展，从计划经济向社会主义市场经济体制的顺利转型，以及户籍制度的适度放开，都为21世纪实施城镇化战略奠定了重要基础。倘若这个时候还不及时地提出实施城镇化战略，那么，我国经济社会发展将会错失良机。在党的十五届五中全会提出实施城镇化战略以后，城镇化就始终都是我国经济社会发展具体实践的重要内容。2002年11月，党的十六大报告对城镇化道路的转型指明了方向，强调“要逐步提高城镇化水平，坚持大中小城市和小城镇协调发展，走中国特色的城镇化道路”①。2007年10月，党的十七大报告提出了“统筹城乡发展，推进社会主义新农村建设”②的具体任务。从这两次重大会议的有关工作部署来看，从提出走中国特色的城镇化道路到推进社会主义新农村建设，意味着进入21世纪以后，随着我国开始实施城镇化战略，事实上

---

① 《江泽民文选》第三卷，人民出版社2006年版，第546页。

② 《胡锦涛文选》第二卷，人民出版社2016年版，第630页。

开始了聚焦以往城镇化过程中出现的突出问题，开启了对城镇化道路转型发展的实践探索。

计划经济年代，我国经济社会发展在国家强有力的推动下，以大量支持工业发展的具体政策推动了工业化进程。社会企业以及后来的乡镇企业的蓬勃发展，事实上也是工业在农村中发展的具体表现。所以，在我国城乡关系发展的过程中，城市与乡村的关系在改革开放以前始终处于若即若离的状态中，但事实上，工业与农业却先于城市与乡村产生了一定程度的互动，特别是在农村工业化的进程中，工农融合互动是事实存在的。这也说明了国家在这个阶段对工业化是相当重视的，但是对城镇化的重视程度就明显不够。当然，在改革开放前我国严格控制的户籍制度本身就直接限制了城镇化的发展。这种严格控制人口流动的做法，尤其是严格控制农民流入城市的做法，虽然目的在于保障农业生产具有充足的劳动力，但实际上也是严重限制了城市尤其是大城市的发展。所以，一直到党的十五届五中全会作出要不失时机地实施城镇化战略的决策时，仍然还是面临着一个非常明显的事实，即我国经济社会发展长期以来形成了城镇化远远滞后于工业化的现实问题。城镇化滞后的表现是多方面的，首先是城市数量少、规模小，其次是农业剩余劳动力向城市转移受限，再次是整个国民经济的产业布局不合理，除此之外，城镇化滞后还表现为城乡二元结构难以改变。而且这些表现是相互关联的。比如，城市的发展与工业的发展之间是有着密切关联的，城市数量少、规模小，直接限制了工业的发展。工业的发展又与市场的发展之间存在密切关联性，工业发展受限，市场发展也将受到影响，农业剩余劳动力向城市的转移也就受到需求的影响。农业剩余劳动力不能很好地向城市转移并集中，那么就难以促进第二产业和第三产业的快速发展，产业结构也就难以得到改善，劳动力就业问题也就难以大规模地予以妥善解决。这些问题最终又表现为城乡之间持续分隔的发展状态，于是城乡二元的经济结构和社会结构也是难以改变的。所以，面对社队企业到乡镇企业蓬勃发展的物质基础、计划经济向社会主义市场经济体制顺利转型的体制基础、户籍制度适度放开的制度基础这些有利因素，党的十五届五中全会提出实施城镇化战略是必要且及时的。

党的十六大报告提出“走中国特色的城镇化道路”，事实上既与西方国家的城镇化发展道路作了区别，同时又对我国城镇化发展道路必须符合我国经济社会发展实际作了要求。在西方发达国家，城镇化与工业化基本是同步的，并且城镇化又同时表现为工业化的结果。但是，西方发达国家的城镇化在发展过程中也是付出过很大的代价，特别是出现了非常普遍的“城市病”，甚至有的出现了过度城市化的现象。而在我国城镇化发展的具体实践中，城镇化并非表现为工业化的结果。从我国城镇化的启动上来讲，它与西方发达国家有着明显差异。所以，我国城镇化发展道路的选择上必然要区别于西方发达国家，同时也要尽可能地规避西方发达国家城镇化过程中出现的矛盾问题。而在中华人民共和国成立以来的较长时间里，城镇化现象在不同发展阶段是不同程度存在的，只不过当时的城镇化主要表现为农村工业化、限制城市尤其是大城市发展、政府按照计划经济的发展思路管控城乡发展。20 世纪 90 年代，随着我国社会主义市场经济体制的建立和不断发展以及各个领域体制改革的全面展开，这样的城镇化思路已经不符合当时中国社会发展的需要。所以，进入 21 世纪以后必须及时地探索符合中国国情、具有中国特色的城镇化发展道路。这是对我国城镇化发展策略的重大调整。从这个意义上讲，党的十六大提出中国特色的城镇化道路，是对 20 世纪后半叶我国城镇化道路的转型，尽管当时官方并没有明确提出城镇化道路，但是城镇化的缓慢发展却是现实存在的。

中国特色的城镇化道路典型特征是“坚持大中小城市和小城镇协调发展”①。20 世纪 80 年代中期，伴随着乡镇企业的蓬勃发展而兴起的小城镇建设，在农村工业化和城镇化的进程中扮演着十分重要的角色。发展小城镇能够很好地就地解决农村剩余劳动力的就业问题，同时还能够有效调整农村产业结构，加快推进农村城镇化的进程。比如，当时全国闻名的“苏南模式”和“温州模式”，就是以小城镇建设为依托，以乡镇企业发展为

① 《江泽民文选》第三卷，人民出版社 2006 年版，第 546 页。

载体，推动农村工业化、农村城镇化的两种典型方案。“苏南模式”以重工业为主，以村办集体企业为主体，以城市为中心，与周边城市大工业有着密切联系；“温州模式”以轻工业为主，以家庭作坊工业为主体，具有较强的独立性，它与城市工业联系极小，但是专业市场发展得很广。这两种差异性非常明显的农村工业化模式，事实上也具有共同点，特别是都把小城镇建设作为农村工业化、农村城镇化的重要途径。乡镇企业的发展、小城镇的建设以及第二产业、第三产业的发展，三者之间密切相关。当时，费孝通先生就提出了“小城镇，大战略”的思想。小城镇一边连着农村，一边连着城市，是提升农村经济社会发展动能、促进城乡之间形成互动关系的重要纽带。1998 年 10 月，党的十五届三中全会审议通过的《中共中央关于农业和农村工作若干重大问题的决定》又进一步提出“发展小城镇，是带动农村经济和社会发展的一个大战略”①。但是，城镇化并不是只有小城镇的发展，还应当重视大中小城市的同步协调发展，并且使之形成一个城市发展的整体效应。因为只重视大中小城市的发展，就容易走向城市盲目扩张的发展道路，城市盲目扩张无论从数量上来讲还是从规模上来讲，都需要挤占更多的土地资源，所以不可避免地会导致大量耕地被占用并且用以建设城市，这是不可持续的，同时也会带来粮食安全问题。如果反过来，只重视小城镇的发展，那么经济社会发展的大格局就难以展开，特别是城市应有的集聚效应和规模效应就难以发挥出来，那么人口的流动以及市场的发展都会受到严重限制，农村剩余劳动力的异地流动转移就会成为问题。所以，坚持大中小城市和小城镇协调发展事实上也是统筹城乡经济社会发展的重要举措。

2007 年 10 月，党的十七大报告提出“统筹城乡发展，推进社会主义新农村建设”②，这是在党的十六大报告提出统筹城乡经济社会发展的基础

---

① 《中共中央关于农业和农村工作若干重大问题的决定》，《人民日报》1998 年 10 月 19 日第 1 版。

② 《胡锦涛文选》第二卷，人民出版社 2016 年版，第 630 页。

上，在对农业、农村、农民问题做出新的定位的基础上，对中国特色的城镇化道路的进一步发展。在这里，胡锦涛同志明确提出了“要加强农业基础地位，走中国特色农业现代化道路，建立以工促农、以城带乡长效机制，形成城乡经济社会发展一体化新格局”①。社会主义新农村建设与城镇化发展是相辅相成的。加快推进社会主义新农村建设，使得农业农村又好又快地发展起来，能够有力推动城镇化的进程。反过来，加快推进城镇化发展的进程，通过以工促农、以城带乡的方式，同样能够有力推动社会主义新农村的建设。所以，社会主义新农村建设的着眼点就不只是停留在农村本身，它的着眼点应当在城乡经济社会发展的全局。统筹城乡发展，推进社会主义新农村建设的目标是形成城乡经济社会发展一体化新格局。从这个意义上讲，这个目标已经与20世纪后半叶农村工业化进程中只有工农互动、鲜有城乡互动的发展格局有了本质区别。也就是说，从党的十六大提出统筹城乡经济社会发展，到党的十七大提出统筹城乡以及城乡经济社会发展一体化的目标来看，进入21世纪以后城镇化的一个重点方向就是要实现城乡之间的有效互动，并且推动城乡融合发展。

① 《胡锦涛文选》第二卷，人民出版社2016年版，第630页。

第六章　党的十八大以来新型城镇化道路的实践逻辑

2012年11月，党的十八大报告明确提出"坚持走中国特色新型工业化、信息化、城镇化、农业现代化道路"①。党的十八届三中全会又进一步强调要走中国特色新型城镇化道路。党的十九大报告提出实施乡村振兴战略，并强调要建立健全城乡融合发展体制机制和政策体系。党的二十大报告提出全面推进乡村振兴，同时强调"坚持城乡融合发展"。由此可见，党的十八大以来，以习近平同志为核心的党中央高度重视新型城镇化工作。所谓新型城镇化，实质上是以人为核心、以提高质量为导向的城镇化，这也意味着事实上是对新时代我国城镇化发展提出了提质增效的新要求。从传统城镇化道路到新型城镇化道路的转型，从提出实施乡村振兴战略到强调坚持城乡融合发展，内在包含对以往城镇化道路的扬弃以及对我国城镇化未来走向的决策部署的实践逻辑。

一　中国特色新型城镇化道路与"四化"同步发展

尽管实施城镇化战略、走中国特色的城镇化道路、推进社会主义新农村建设以及形成城乡经济社会发展一体化新格局目标的提出，对我国经济

① 《胡锦涛文选》第三卷，人民出版社2016年版，第628页。

社会发展而言是合乎时宜的，但在进入 21 世纪的第一个十年左右的时间里，整个世界经济社会发展处于前所未有的变化中，我国经济社会发展也正面临重大机遇和全新挑战，所以这个阶段的发展主要还是表现为经济上的高速增长。与此同时，以低成本推进城镇化、以高投入发展经济、以规模扩张搞城市建设、以追求经济效益为主要目标等现象并没有得到彻底改变。所以，这些问题仍然在影响着城镇化的健康持续发展。因此，必须对这样的城镇化道路再次进行转型发展。党的十八大以来，党中央既充分认识到过去城镇化出现的各种矛盾问题，同时深刻把握住进一步推动城镇化建设面临的巨大机遇，提出要“坚持走中国特色新型工业化、信息化、城镇化、农业现代化道路”①。这事实上就是对以往城镇化道路的及时纠偏和重大调整。

2013 年 11 月，党的十八届三中全会审议通过了《中共中央关于全面深化改革若干重大问题的决定》，明确提出了完善城镇化健康发展体制机制的具体任务，强调“坚持走中国特色新型城镇化道路，推进以人为核心的城镇化”②。2013 年 12 月，习近平总书记在中央城镇化工作会议上的讲话中又提出了城镇化的四条基本原则：“一是以人为本。推进以人为核心的城镇化，提高城镇人口素质和居民生活质量，把促进有能力在城镇稳定就业和生活的常住人口有序实现市民化作为首要任务。二是优化布局。根据资源环境承载能力构建科学合理的城镇化宏观布局，把城市群作为主体形态，促进大中小城市和小城镇合理分工、功能互补、协同发展。三是生态文明。着力推进绿色发展、循环发展、低碳发展，尽可能减少对自然的干扰和损害，节约集约利用土地、水、能源等资源。四是传承文化。发展有历史记忆、地域特色、民族特点的美丽城镇，不能千城一面、万楼一貌。”③ 以上

① 《胡锦涛文选》第三卷，人民出版社 2016 年版，第 628 页。

② 《中共中央关于全面深化改革若干重大问题的决定》，《人民日报》2013 年 11 月 16 日第 1 版。

③ 《十八大以来重要文献选编》（上），中央文献出版社 2014 年版，第 592 页。

四条基本原则为我国新型城镇化工作发展指明了方向、提供了基本遵循。

从新型城镇化的基本原则来看，可以将中国特色新型城镇化道路的主要特点概括为六个方面：一是新型城镇化的核心价值是以人为本。以往城镇化实践探索中难免出现以“物的城镇化”遮蔽“人的城镇化”，新型城镇化则把人的城镇化作为本质特征，意味着城镇化由偏重城市和城镇空间的扩张建设以及物质层面的建设向满足人的需求、促进人的全面发展转变。二是新型城镇化的首要任务是实现农业转移人口市民化。农业转移人口市民化一直是困扰城镇化发展的大问题，农业转移人口市民化的重要意义不仅在于身份的改变能为他们带来平等的社会保障制度和福利待遇，而且更为重要的是让这个群体稳定下来，不再处于“半市民化”状态、“两栖”状态。“如果几亿城镇常住人口长期处于不稳定状态，不仅他们潜在的消费需求难以释放、城乡双重占地问题很难解决，而且还会带来大量社会矛盾和风险。”① 三是新型城镇化的基础工作是优化布局。优化布局既包括空间布局，也包括产业布局，这是一项需要顶层设计的基础工作，也是一项涉及区域协调发展的重要工作。把城市群作为我国城镇化的主体形态，显然有着空间载体层面和产业布局层面的双重意义。四是新型城镇化的基本要求是协调发展。这其中包括大中小城市和小城镇、城镇化和新农村建设、资源环境承载能力和城镇化建设等多重维度的协调发展，以及有序推进新型工业化、信息化、城镇化、农业现代化的“四化”同步发展。五是新型城镇化的生态要求是人与自然和谐共生。生态文明是新型城镇化的内在要求。以往城镇化的具体实践暴露出高投入、高能耗的特点，直接导致经济社会发展高排放高污染的结果，新型城镇化首要解决的就是经济社会发展过程中的能源资源利用综合效益问题，而且新型城镇化还强调要让城市融入大自然，要实现人与自然的和谐共生。六是新型城镇化的灵魂是文化传承。文化传承就是要传承历史文脉，强调地方特色，保留民族特点，要在城镇化的过程中唤起文化记忆、凸显文化内涵。

---

① 《十八大以来重要文献选编》（上），中央文献出版社 2014 年版，第 593 页。

党的十八大报告在提出“坚持走中国特色新型工业化、信息化、城镇化、农业现代化道路”的基础上，又强调要“促进工业化、信息化、城镇化、农业现代化同步发展”，即“四化”同步发展。“四化”同步发展本质上是把新型工业化、信息化、城镇化、农业现代化视为一个完整的系统，在这个系统内部，四者之间形成一个互动互促的关系。“四化”同步发展的理念避免了工业化、信息化、城镇化、农业现代化各自为战的发展格局，也避免了一些领域发展快、一些领域发展慢的不平衡发展现象。从经济社会发展的整体来看，工业化、信息化、城镇化、农业现代化不仅是同时存在的，还是同时存在于城市和乡村两个部门当中的。因此，“四化”同步发展不仅为经济社会发展带来强大的发展动力，还体现了城乡共同发展、工业农业科学技术共同发展的思路。

二　实施乡村振兴战略与强调城乡融合发展

在我国现代化进程中，农业现代化始终是短板；在“四化”同步发展的格局中，农业现代化同样也是短板。可以说，农业在我国涉及的面很广，但发展基础很薄弱，发展速度也很慢，农业领域现代化水平还不高；农业发展的短板同时也直接导致广大农村发展的落后面貌。2017 年 10 月，党的十九大报告提出了“实施乡村振兴战略”。乡村振兴战略是关系农业、农村、农民发展的重大战略。在这个重大战略中，“产业兴旺、生态宜居、乡风文明、治理有效、生活富裕”的总要求为其伟大事业的发展指明了方向。从古至今，农业、农村、农民的命运总是联结在一起的。乡村振兴战略从表面上来看是乡村振兴事业，但实际上是直接关系农业、农村、农民发展的战略安排。不仅如此，党的十九大报告在提出“实施乡村振兴战略”的同时，又进一步强调要建立健全城乡融合发展体制机制和政策体系。新时代城乡融合发展的命题由此产生。从这个意义上来说，乡村振兴战略又不仅仅是关系农业、农村、农民发展的战略安排，事实上它还是关系到城乡发展问题的战略安排。因此，需要跳出“乡村”看“乡村”，跳出“三农”看“三农”，这是实施乡村振兴战略的基本视野要求。从新时代城乡融合发展的角度来看，这个命题的提出是有其必然性的。

第一，新时代城乡融合发展是在中国特色社会主义进入新时代的历史背景中提出的。党的十九大报告指出，“经过长期努力，中国特色社会主义进入了新时代，这是我国发展新的历史方位”①。这一重大政治论断一方面表明这个新时代是中国特色社会主义新时代，在这个新时代仍然要坚持和发展中国特色社会主义；另一方面也意味着这个新时代具有过去那个发展阶段所不具备的新特征，未来的发展要立足于这个新时代的新特征、新使命、新任务，因此这是我国发展新的历史方位。中国特色社会主义之所以能够进入新时代，是因为中国特色社会主义在长期努力中取得了历史性成就、党和国家事业发生了历史性变革，这是这个新时代继续往前发展的重要物质基础。放眼未来，这个新时代承担着重要的历史任务。因为在这个新时代里，全面建成小康社会的目标、全面建成社会主义现代化强国的目标将要相继实现，并且在这个新时代里，人民生活将会变得越来越美好，全体人民共同富裕的目标也会越来越近。所以，这个新时代是充满希望，也是充满人民期盼的。在这里，全面小康、共同富裕都关系到城乡人民的生活水平。面对我国发展长期以来形成的城乡二元结构体制，城乡关系得不到进一步的改善，城乡面貌就难以改变。

第二，新时代城乡融合发展是在中国经济发展进入新常态的实践逻辑中提出的。2013 年，以习近平同志为核心的党中央作出判断，“我国经济发展正处于增长速度换挡期、结构调整阵痛期、前期刺激政策消化期‘三期叠加’阶段”②。2014 年又进一步作出了我国经济发展进入新常态的重

---

① 习近平：《决胜全面建成小康社会 夺取新时代中国特色社会主义伟大胜利——在中国共产党第十九次全国代表大会上的报告》，人民出版社 2017 年版，第 10 页。

② 中共中央文献研究室编：《习近平关于社会主义经济建设论述摘编》，中央文献出版社 2017 年版，第 74 页。

大论断。在具体实践中，经济新常态表现出了以下主要特点：一是增长速度由高速增长转为中高速增长，二是经济结构由中低端产业为主转为中高端产业为主，三是驱动方式由要素驱动、投资驱动转向创新驱动，四是发展方式由高投入高能耗的粗放型转向高质量高效率的集约型，五是城乡差距随着经济社会的不断发展而逐渐缩小，六是发展成果逐渐惠及更多更广大民众。所有这些都为长期以来发展相对落后的农村带来了新的发展机遇，同时也为城乡融合发展创造了有利条件。在经济新常态中，包括城市与乡村在内的全部经济发展必然要从传统的增长点转向寻找新的增长点，同时也要从高速增长阶段转而进入高质量发展阶段。

第三，新时代城乡融合发展是在我国社会主要矛盾发生变化的深刻判断中提出的。党的十九大报告指出："中国特色社会主义进入新时代，我国社会主要矛盾已经转化为人民日益增长的美好生活需要和不平衡不充分的发展之间的矛盾。"① 在战火纷飞的革命战争年代，人们追求的是实现民族独立、人民解放；在物质困难的和平年代，人们追求的是解决温饱问题；在满足温饱的和平年代，人们追求的是更多的精神文化需要。人的需要总是在现实境遇中应运而生，同时又与个人发展密切相关。中国特色社会主义发展到今天，人民生活水平总体上已经得到提高，但是发展不平衡不充分的问题却成为经济社会发展的新问题，它集中表现为城乡之间、区域之间、群体之间、领域之间等多方面的不平衡不充分发展问题。与此同时，人民日益增长的美好生活需要具体表现为对更加优质的教育的需要、对更加优美的环境的需要、对更加安全的社会的需要、对更加完善的保障的需要、对更加先进的医疗的需要、对更加公正的秩序的需要，等等，而不同地区、不同人群之间也都更加注重追求公平正义。从这个意义上讲，城乡融合发展正是解决城乡之间不平衡不充分发展问题、满足城乡人民美好生活需要的内在要求。

---

① 习近平：《决胜全面建成小康社会 夺取新时代中国特色社会主义伟大胜利——在中国共产党第十九次全国代表大会上的报告》，人民出版社 2017 年版，第 11 页。

第四，新时代城乡融合发展是在中国特色新型城镇化的总体框架中提出的。党的十八大开启的中国特色新型城镇化道路是新时代调整城乡关系、破解城乡二元结构难题的重要发展战略。2014 年 3 月，中共中央、国务院印发了《国家新型城镇化规划（2014—2020 年）》。在这个关系中国未来城乡发展走向的重要文件中，推动城乡发展一体化是作为国家新型城镇化规划的一项重要内容呈现的。而推动城乡发展一体化就要求“把工业和农业、城市和乡村作为一个整体统筹规划，促进城乡在规划布局、要素配置、产业发展、公共服务、生态保护等方面相互融合和共同发展。着力点是通过建立城乡融合的体制机制，形成以工促农、以城带乡、工农互惠、城乡一体的新型工农城乡关系”①。2020 年 10 月，党的十九届五中全会强调，要“坚持把解决好‘三农’问题作为全党工作重中之重，走中国特色社会主义乡村振兴道路，全面实施乡村振兴战略，强化以工补农、以城带乡，推动形成工农互促、城乡互补、协调发展、共同繁荣的新型工农城乡关系，加快农业农村现代化”②。这意味着新型工农城乡关系的内涵在新型城镇化的实践发展中有了新要求和新变化。为加快形成新型工农城乡关系，近年来我国以重点任务清单的形式推动新型城镇化工作，这也成为抓新型城镇化工作的重要方法论。2019 年 3 月，国家发展改革委印发《2019 年新型城镇化建设重点任务》；2020 年 4 月，国家发展改革委印发《2020 年新型城镇化建设和城乡融合发展重点任务》；2021 年 4 月，国家发展改革委印发《2021 年新型城镇化和城乡融合发展重点任务》；2022 年 3 月，国家发展改革委印发《2022 年新型城镇化和城乡融合发展重点任务》。以上“重点任务”更加突出强调了新型城镇化和城乡融合发展之间的关联性。由此可见，新时代城乡融合发展既是推动城乡发展一体化的必然要求，也是中国特色新型城镇化的重要内容。

---

① 《习近平在中共中央政治局第二十二次集体学习时强调健全城乡发展一体化体制机制 让广大农民共享改革发展成果》，《人民日报》2015 年 5 月 2 日第 1 版。

② 《中共十九届五中全会在京举行》，《人民日报》2020 年 10 月 30 日第 2 版。

2022年10月，党的二十大报告指出，“全面建设社会主义现代化国家，最艰巨最繁重的任务仍然在农村”①，同时强调要“坚持农业农村优先发展，坚持城乡融合发展，畅通城乡要素流动。加快建设农业强国，扎实推动乡村产业、人才、文化、生态、组织振兴”②。这一重要论述再次强调了全面推进乡村振兴与实现城乡融合发展之间的重要关系。所以，新时代城乡融合发展必然要在全面推进乡村振兴中实现，而新时代全面推进乡村振兴同样也必然要在城乡融合发展中实现。

综上所述，新时代城乡融合发展命题是在中国特色社会主义进入新时代的历史背景中、中国经济发展进入新常态的实践逻辑中、我国社会主要矛盾发生变化的深刻分析中、中国特色新型城镇化的总体框架中提出来的。也就是说，新时代城乡融合发展是以以往城镇化实践探索的结果为基础，以中国特色社会主义进入新时代、中国经济发展进入新常态、我国社会主要矛盾发生新变化、中国特色新型城镇化面临新要求为现实境遇而提出的。以上这些实践探索为新时代城乡融合发展的理论建构提供了重要依据。

---

① 习近平：《高举中国特色社会主义伟大旗帜 为全面建设社会主义现代化国家而团结奋斗——在中国共产党第二十次全国代表大会上的报告》，人民出版社2022年版，第30—31页。

② 习近平：《高举中国特色社会主义伟大旗帜 为全面建设社会主义现代化国家而团结奋斗——在中国共产党第二十次全国代表大会上的报告》，人民出版社2022年版，第31页。

第三篇

理论建构

第七章　新时代城乡融合发展的内涵分析

新时代城乡融合发展命题的提出，是中国特色新型城镇化继续深化的重要一环，它是在中国特色社会主义进入新时代的大背景下，积极应对中国经济发展进入新常态的现实需要，也是解决城乡发展不平衡不充分问题的客观要求。党的十九大以来，新时代城乡融合发展也自然成为新型城镇化、乡村振兴、城乡治理等重要领域研究的热点问题。那么，究竟应该如何科学理解和把握新时代城乡融合发展的基本内涵，新时代城乡融合发展在实践过程中有着怎样的要求，它的目标指向又是什么……这一系列问题就构成了推进中国特色新型城镇化、实施乡村振兴战略、实现城乡良治的前提问题。

一　新时代城乡融合发展的基本内涵

党的十九大报告提出“城乡融合发展”的命题，并为城乡融合发展锚定了新的历史坐标，即中国特色社会主义进入新时代。从中国特色社会主义伟大事业的发展来看，新时代城乡融合发展是在决胜全面建成小康社会，进而开启全面建设社会主义现代化国家新征程的道路上提出的，如今在全面建设社会主义现代化国家、全面推进中华民族伟大复兴的新征程上仍在继续展开实践。可以说，新时代城乡融合发展直接关系到“两个一百年”奋斗目标的实现。因此，新时代城乡融合发展是一个需要引起高度关注的重大命题。而要理解这个命题，首先就要理解城乡融合发展的基本内涵。

（一）城乡融合发展的四重维度：理念、方法、过程与结果

从整体性上把握城乡融合发展的基本内涵，是科学理解新时代城乡融合发展的一个重要视角。这个整体性视角体现为：城乡融合发展既是一种理念，也是一种方法，同时还是一个过程，而最终将会表现为一个结果。所以，城乡融合发展并不是其中某一方面的简单概念，而是一个关于理念、方法、过程和结果四者有机统一的整体概念。

第一，理念维度的城乡融合发展，重点回答的是“用什么样的理念推动城镇化的转型”这一问题。理念是行动的向导，思想是行动的指南。理念的创新带来的是实践的创新。最初的城镇化道路通常表现为城市中心主义的思想，它把城市发展视为城镇化发展的重点。因此，其政策导向非常明显地表现为“城市偏向”。回顾历史，人们不难发现“自新中国成立以来，国家通过制度设计与政策实施有意识地调节城乡关系，并在整体上表现出以城市为本位的国家战略”①。在这种城市本位的国家战略作用之下，大量资源向城市集中，同时城市在城镇化过程中又大规模地扩张，传统乡土社会不可避免地成为弱势，而乡土中国向城市中国转型也就成了城镇化发展的必然逻辑。实践表明，以城市中心主义为理念的城镇化实践探索确实拉开了中国城市发展的大格局，推动了中国社会发展的大转型，创造了中国经济发展的大奇迹。但是，城市发展是否没有任何问题？乡村社会如何发展？城乡差距怎么破解？这一系列问题倒逼着人们对城镇化道路进行反思。作为理念的城乡融合发展实质上是对城市中心主义思想的纠正，同时也是对城市和乡村在整个经济社会发展中的重新定位。具体而言，城乡融合发展的理念就是把城市和乡村共同作为发展主体，并实现城乡之间共

---

① 文军、沈东：《当代中国城乡关系的演变逻辑与城市中心主义的兴起——基于国家、社会与个体的三维透视》，《探索与争鸣》2015 年第 7 期。

生发展、协调发展、互惠发展。因此，城乡融合发展不是通过弱化城市来凸显乡村，而是通过城市和乡村的“强强联合”来实现城乡共生发展、协调发展、互惠发展。

第二，方法维度的城乡融合发展，重点回答的是“城乡应该如何发展”这一问题。方法是用来解决问题的。城乡融合发展是新型城镇化的重要抓手，也是推动新型城镇化的重要方法。不仅如此，新时代城乡融合发展命题的提出，还为进一步调整新时代城乡关系提供了一种新的方法论。作为方法的城乡融合发展，它所直面的问题就是城镇化长期以来所形成的城乡二元结构体制。事实证明，城乡二元结构体制作为城镇化的结果，它所表现出来的是一种对立的城乡关系，使得城市与乡村成为相互隔离的两个基本孤立的主体，两者之间缺乏必要的互利互惠的联动，由此导致城市和乡村之间的对立关系突出地表现为“一条腿长，一条腿短”的失衡现象。而且，这种失衡现象的表现是多方面的。从大的领域来看，城乡失衡现象普遍存在于经济领域和社会领域，经济领域的失衡具体表现为城乡发展水平的差距、城乡居民收入的差距、城乡公共基础设施的差距、城乡面貌的差距等，而社会领域的失衡具体表现为城乡居民教育条件差距、城乡居民社会福利差距、城乡居民社会保障差距、城乡居民医疗卫生服务条件差距等。这些失衡现象已经成为直接影响和制约新时代城乡健康持续发展的重要因素。因此，要解决城乡之间不平衡不充分发展的问题，就必须破解城乡二元结构体制的问题，重新调整城乡关系，从而改变城乡发展失衡现象。那么，如何打破？如何调整？如何改变？这就关系到方法的问题。城乡融合发展把“融合”作为推动城乡健康持续发展的手段，它与长期以来以政府为主要力量、通过制度性的安排与框定推动城镇化的方法不同，“融合”还表现为城市和乡村的自发行为，它更加突出强调市场在资源配置中的决定性作用和更好地发挥政府作用，因此要更加注重乡村振兴内生动力的培育。

第三，过程维度的城乡融合发展，重点回答的是“城乡融合应该体现在哪些方面”这一问题。而这个问题正是推动新时代城乡融合发展的关键所在，因为它直接关系到城乡之间怎样融合、融合什么以及融合到什么程度这一系列直接决定着城乡发展未来走向的重要问题。具体看来，城乡融合发展的过程就是推动城乡共生发展、协调发展、互惠发展，并且由城乡人民共享发展成果的过程。显然，这是一个长期的、动态的、渐进的过程。党的十六大报告提出“统筹城乡经济社会发展，建设现代农业，发展农村经济，增加农民收入，是全面建设小康社会的重大任务”①。党的十七大报告提出“要加强农业基础地位，走中国特色农业现代化道路，建立以工促农、以城带乡长效机制，形成城乡经济社会发展一体化新格局”②。党的十八大报告提出“加快完善城乡发展一体化体制机制，着力在城乡规划、基础设施、公共服务等方面推进一体化，促进城乡要素平等交换和公共资源均衡配置，形成以工促农、以城带乡、工农互惠、城乡一体的新型工农、城乡关系”③。党的十九大报告提出“城乡融合发展”的命题，党的十九届五中全会提出要“强化以工补农、以城带乡，推动形成工农互促、城乡互补、协调发展、共同繁荣的新型工农城乡关系，加快农业农村现代化”④。从“统筹城乡发展”到“城乡发展一体化”再到“城乡融合发展”，这些重要提法和举措是一脉相承的。统筹体现在哪些方面？一体化体现在哪些方面？融合体现在哪些方面？这一系列问题都指向一个共同的问题，即内容。从未来发展来看，城乡融合发展的过程就是要通过以工补农、以城带乡的方式推动城乡之间在要素、人才、产业、市场、经济、社会、文化、政治、生态等重点领域的融合问题，从而形成工农互促、城乡互补、协调发展、共同繁荣的新型工农城乡关系。但是，城乡融合不是一朝一夕之事，不可能一蹴而就。

第四，结果维度的城乡融合发展，重点回答的是“实现怎样的城乡发

---

① 《江泽民文选》第三卷，人民出版社 2006 年版，第 546 页。

② 《胡锦涛文选》第二卷，人民出版社 2016 年版，第 630 页。

③ 《胡锦涛文选》第二卷，人民出版社 2016 年版，第 631 页。

④ 《中共十九届五中全会在京举行》，《人民日报》2020 年 10 月 30 日第 2 版。

展”这一问题。党的十九大报告提出“决胜全面建成小康社会，开启全面建设社会主义现代化国家新征程”①。其中很明确的是，全面建成小康社会是不分地域的，所要建成的全面小康则是城乡区域共同发展的小康；而全面建设社会主义现代化国家的最终目标是建成富强民主文明和谐美丽的社会主义现代化强国。在历史性地解决了绝对贫困问题，如期全面建成小康社会、实现第一个百年奋斗目标后，党的二十大报告提出：“从现在起，中国共产党的中心任务就是团结带领全国各族人民全面建成社会主义现代化强国、实现第二个百年奋斗目标，以中国式现代化全面推进中华民族伟大复兴。”② 从地域来讲，这个社会主义现代化强国也是不分城市和乡村的，而是包括城市的现代化和农业农村现代化在内的整体性的现代化强国。也就是说，农业农村现代化是社会主义现代化的重要组成部分，没有农业农村现代化，社会主义现代化就是不全面的。从全球来看，农业的强大是国家强大的基础和支撑。同理，在我国，农业农村现代化还是社会主义现代化的基础，农业强国则是社会主义现代化强国的根基。但是，城市和乡村从形态上来看是存在差别的，城乡融合发展既不是搞城乡一样化，也不是搞农村城市化或城市农村化，而是在全面推进乡村振兴的基础上，充分发挥城市和乡村的各自优势，使其相互之间达成优势互补、互利互惠、共生共赢，逐步实现“城乡居民基本权益平等化、城乡公共服务均等化、城乡居民收入均衡化、城乡要素配置合理化，以及城乡产业发展融合化”③ 的结果。城乡融合发展的结果，实质上体现出乡村居民和城市居民享有平等的发展权利、公平的社会保障和均等的社会福利的特点，体现出乡村和城市虽有形态差异，但实为均衡发展、协调发展、一体化发展的新格局。

---

① 习近平：《决胜全面建成小康社会 夺取新时代中国特色社会主义伟大胜利——在中国共产党第十九次全国代表大会上的报告》，人民出版社 2017 年版，第 27 页。

② 习近平：《高举中国特色社会主义伟大旗帜 为全面建设社会主义现代化国家而团结奋斗——在中国共产党第二十次全国代表大会上的报告》，人民出版社 2022 年版，第 21 页。

③ 中共中央文献研究室编：《习近平关于社会主义经济建设论述摘编》，中央文献出版社 2017 年版，第 189 页。

（二）新时代城乡融合发展的内涵构成

通常意义上说，城乡融合既是一个历史发展趋势的概念，也是一个经济社会发展表征的概念。作为历史发展趋势概念的城乡融合，是指相对于城乡对立而言的。马克思主义城乡发展理论认为，城乡融合是人类社会发展的一种必然趋势，它意味着对城乡对立的否定，从而建立新的城乡关系。而作为经济社会发展表征概念的城乡融合，则是指城市和乡村两大部门、两个主体在经济社会发展方方面面体现出来的融合，比如表现为各种要素、产业、市场等方面的融合，或表现为经济、政治、文化、社会、生态等领域的融合，等等。因此，城乡融合发展的结果也就意味着城乡一体化发展格局的形成。而在这个一体化发展格局中，城乡自然就成为一个融合体。

加拿大学者麦吉（T. G. McGee）于20世纪80年代末90年代初提出了Desakota模式。麦吉用“Desakota”一词指代“城乡融合体”，具体表现为“城市与人口密度高、受城市影响大的乡村腹地的复杂综合体”①。在这里，城市与乡村在经济社会发展中保持着密切的互动关系。然而，特别需要指出的是，麦吉的“Desakota”是一个空间区域概念，它特指在城市和乡村发展过程中所出现的既区别于城市又区别于乡村，但又同时具备一定的城市特性和乡村特性的独特区域。从这个意义上讲，麦吉的“Desakota”是一个介于城市和乡村之间的空间形态，但这个空间形态是在城乡互动关系之上形成的，它是一个城乡融合发展的系统，所以称作“城乡融合体”。然而，新时代城乡融合发展是从经济社会发展的整体出发，是城乡经济社会发展共同体意义上的城乡融合，这就有别于麦吉所提出的作为独立空间形态的Desakota模式。尽管两者概念不同，但Desakota模式中的城乡良性互动的关系却对理解和推动新时代城乡融合发展有着重要的借鉴意义。

可以说，城市与乡村在发展过程中的互动关系是城乡融合发展的关键

① Kenneth Lynch, *Rural-Urban Interaction in the Developing World*, New York: Routledge, 2005, p. 32.

问题。良性互动是有机融合的前提，有机融合是良性互动的结果。当然，良性互动的前提是城市和乡村必须开放发展，只有开放发展才能形成相互作用、相互影响的互动关系。虽然城市和乡村是整个经济社会发展的两个方面、两个主体，但在发展过程中不能将其视为两个相对封闭的独立空间隔离开来、孤立起来，因为二者是共存于整个经济社会当中的，彼此是有联系的。但是，城市和乡村由于其环境、基础、产业、结构等不同，它们的发展速度显然也是存在明显差异的；而发展速度的差异则会导致城乡之间的差距。

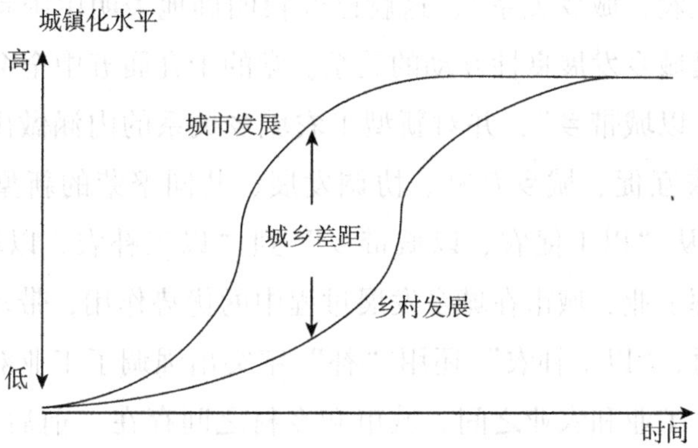

图 7－1　现代化进程中城市和乡村发展趋势①

如图 7－1 所示，在城镇化水平较低的发展阶段，城市和乡村的发展同处于较低水平，因此，城乡差距也较小。但随着城镇化水平不断提高，城市开始快速发展并远远超过乡村发展速度。此时，城市和乡村的城镇化水平出现了明显差异，城乡差距也因此明显拉大。当城乡差距到了一定程度后，为确保经济社会稳定持续发展，就必须加快乡村发展速度，提高乡村发展质量，让乡村在城乡共同发展的过程中逐步缩小与城市之间的差距，从而实现城乡融合发展，形成城乡一体化发展的格局。所以，党的十

① McGee, T. G., "The Emergence of Desakota Regions in Asia: Expanding a Hypothesis", in N. Ginsberg, B. Poppel and T. G. McGee, eds., *The Extended Metropolis*, Honolulu: University of Hawaii Press, 1991, pp. 3－25.

九大报告提出实施乡村振兴战略，正是着眼于振兴乡村，使得乡村与城市共同发展，从而推动形成工农互促、城乡互补、协调发展、共同繁荣的新型工农城乡关系，这实际上就表现为城乡经济社会发展共同体的新格局。

从现阶段发展情况来看，城市的发展在其速度、产业、结构等方面表现出来的优越性已非常明显，乡村在城乡共同发展的总体框架中是否能够充分利用城市发展的有利因素，建立起城乡发展良性互动的关系，这是实施乡村振兴战略、建立城乡融合发展体制机制和政策体系的重要内容。事实上，党的十八大报告强调“形成以工促农、以城带乡、工农互惠、城乡一体的新型工农、城乡关系”，这就已经很明确地表明中国特色新型城镇化所追求的是城乡发展良性互动的关系。党的十九届五中全会强调要“强化以工补农、以城带乡”，并对新型工农城乡关系的内涵做出调整，具体表述为“工农互促、城乡互补、协调发展、共同繁荣的新型工农城乡关系”。其中，从“以工促农、以城带乡”到“以工补农、以城带乡”，都强调了要发挥工业、城市在城乡发展过程中的优势作用，带动农业、乡村的发展，同时，“以工补农”还用“补”字突出强调了工业对农业的支持作用。因此，工业和农业之间、城市和乡村之间存在“前后关系”。在这里，所谓“前后关系”不是指领导和被领导的关系，而是指带动与被带动的关系，因为领导和被领导的关系本质上来讲是“上下关系”，从其地位上来说就是不平等的。另外，“工农互促、城乡互补”则反映了工业和农业、城市和乡村在城乡发展过程中的互动关系。因此，工业和农业之间、城市和乡村之间存在“平行关系”。在这个“平行关系”中，乡村和城市是两个并列主体，乡村在其形态上仍然保持着乡村的本色，它并没有在城镇化的过程中被城市吞噬。而“协调发展、共同繁荣”则是强调了工业和农业、城市和乡村在新型城乡关系中一体化发展的共同体意识。因此，工业和农业之间、城市和乡村之间还存在“一体关系”。所以，在新时代城乡融合发展的过程中，必须同时处理好城市和乡村之间的“前后关系”“平行关系”和“一体关系”。

那么，究竟何为“新时代城乡融合发展”？总的来说，新时代城乡融合发展就是在中国特色社会主义进入新时代的背景下，坚持把城市和乡村共同作为发展主体，发挥城市优势条件，保持乡村发展特色，通过城乡之间各要素的良性互动和各领域的有机融合，有效缩小城乡差距，建立新的城乡关系，形成城乡发展共同体的新格局，实现城乡共生发展、协调发展、互惠发展，同时让城乡人民共享发展成果。它是中国特色新型城镇化道路的具体表现。具体来看，无论是中国特色社会主义进入新时代，还是中国经济发展进入新常态，抑或是我国社会主要矛盾发生变化，再或是明确走中国特色新型城镇化道路，这些都为作为理念、方法、过程和结果的城乡融合发展赋予了新的内涵，主要体现在以下五个方面。

第一，新时代城乡融合发展意味着城镇化和逆城镇化要同时推进。“逆城镇化”是相对于“城镇化”而言的，但并不是“反城镇化”之意。从表象来看，逆城镇化是人口等要素由城镇向乡村的转移，是城镇化的反向流转。但从实质上来看，逆城镇化是城镇化发展到一定程度的结果，它具体表现为城镇化的“溢出效应”，一般具有三个基本属性：“一是乡村人口的外流出现逆转，但农耕者人数可能继续减少；二是乡村居住人口的结构发生深刻变化，绝大多数居民成为非农从业人员；三是乡村生活复兴，改变了农村凋敝和衰落的面貌。”① 可见，逆城镇化意味着乡村发展的积极变化以及对城市发展过程中出现的人口拥挤、交通拥堵、住房紧张等问题的有效缓解。而新时代城乡融合发展正是既要解决城市发展的问题，也要解决乡村发展的问题。因此，城镇化和逆城镇化共同组成了新时代城乡融合发展的题中之义。

第二，新时代城乡融合发展意味着城乡之间各要素配置要更趋合理化。合理的要素配置是保持经济持续健康发展的必要前提。改革开放以来，城乡之间各要素的流动性随着社会主义市场经济体制的建立和完善而不断增强，为经济社会发展注入了强大动力，实现了经济保持长时间的高速增长。然而，城乡之间各要素的流动主要表现为乡村劳动力从乡村到城

① 李培林：《“逆城镇化”大潮正在向中国走来》，《中国乡村发现》2017 年第 4 期。

市这个单向度上的跨部门、跨区域、跨行业流动，在流动过程中因受城乡二元户籍制度的影响而享受着与城市居民不同的社会保障和福利制度，制度性落差造成了“空间流动易，身份转变难”的现实窘境。而且从现实来看，由于乡村发展的滞后性，依靠资本、信息、技术等现代要素发展起来的城市极少向乡村进行自觉流动。新时代城乡融合发展自然要求改变城乡要素单向度流动的形式，实现城乡之间良性的双向流动，对城乡要素进行重新配置。

第三，新时代城乡融合发展意味着城乡产业发展在多样性的基础上要具备更高融合度。产业凝结着劳动力、土地、资本、信息、技术等各种生产要素，是经济社会发展的重要基石。在生产力发展水平较低的阶段，乡村通常以第一产业为主，主要分工就是为整个社会提供大量的农产品；而城市或城镇则集聚了第二产业和第三产业，主要分工就是为整个社会提供大量的工业产品和服务类产品。城市和乡村之间的分界相对明显。但是，现代社会的发展使得乡村与城市之间的流动性逐渐增强，再加上改革开放以后乡镇企业异军突起，乡村不再以纯粹生产农产品为主，而是开始生产部分工业产品。所以，城市与乡村的产业结构也逐渐发生了变化。产业多样性是乡村经济多元发展的基本条件。然而，现代社会发展的结果是经济社会发展越来越需要知识，技术也因此越来越成为经济社会发展的关键要素。无论对城市而言还是对乡村而言，新时代城乡融合发展都需要在产业多样性发展的基础上实现产业结构的转型升级。尤其对于乡村地区来说，应当在农业的基础上延伸产业链、增加产业附加值，实现第一、二、三产业融合发展，促进乡村产业兴旺发展。

第四，新时代城乡融合发展意味着要在更大程度上激发市场活力。政府和市场的关系是城乡关系演变过程始终存在的一对基本关系。尤其是建立社会主义市场经济体制以来，政府和市场的关系就成为完善和发展社会主义市场经济体制的核心问题。党的十四大提出要建立和完善社会主义市场经济体制，党的十四届三中全会又确立了市场在资源配置中起基础性作用的地位。自此以后，随着一系列相关举措的落实，城镇化得到了加速发展。但是，以计划经济制度、城乡户籍制度为基础形成的城乡二元结构的特点仍然没有得到改变，“政府的有形之手主导城镇化发展进程，市场机制在资源配置中的作用受到抑制”① 的特点也没有得到改变。在这种情况下，过度行政化造成了政府与市场关系的失衡，限制了城乡健康持续发展。党的十八届三中全会明确提出“使市场在资源配置中起决定性作用和更好发挥政府作用”②，其本意就是要“减少政府对资源的直接配置，减少政府对微观经济活动的直接干预”③，还要“让市场在所有能够发挥作用的领域都充分发挥作用，推动资源配置实现效益最大化和效率最优化”④。因此，新时代城乡融合发展需对政府和市场的关系进行重塑，特别是要在更大程度上激发市场活力，使城乡之间资源配置更加合理。

第五，新时代城乡融合发展意味着城乡发展权利要走向平等化。从宏观层面来讲，在新时代城乡融合发展的框架中，城乡发展权利平等化体现在两个方面：一是城市与乡村两个部门，具有平等的发展权利；二是农民与市民两类群体，同样也具有平等的发展权利。城镇化总体上表现为城乡发展要素由乡村向城市集聚的过程，它实质上就是聚焦于城市的发展，因此会不可避免地出现城市发展远远快于乡村、好于乡村，而乡村发展滞后于城市的现象。再加上中华人民共和国成立以来很长一段时间里，国家通过户籍制度、住宅制度、粮食供给制度、副食品与燃料供给制度、生产资料供给制度、教育制度、就业制度、医疗制度、养老保险制度、劳动保护制度、人才制度、兵役制度、婚姻制度、生育制度等一系列制度的综合实施，建立了一种具有“城市偏向”和“剥削性”双重特点的城乡二元结构体制，这一特殊结构体制的核心要义在于“农民相对于市民的不自由和

---

① 胡拥军：《新型城镇化条件下政府与市场关系再解构：观照国际经验》，《改革》2014 年第 2 期。

② 中共中央文献研究室编：《习近平关于全面深化改革论述摘编》，中央文献出版社 2014 年版，第 55 页。

③ 《习近平谈治国理政》，外文出版社 2014 年版，第 117 页。

④ 《习近平谈治国理政》，外文出版社 2014 年版，第 117 页。

不平等”①。所以，在当时特定历史条件下的城镇化实践在城乡二元结构体制的影响下表现出了城乡发展权利不平等、差异化的特点。然而，新时代城乡融合发展所强调的是城市和乡村在整个经济社会发展中双轮驱动的作用，它试图构建的是“乡村与城市一样美好，农民与市民一样幸福”的美丽图景。因此，新时代城乡融合发展必然要通过融合的方法，打破城乡发展权利的不平等、差异化，实现城乡两个部门以及城乡居民两类群体发展权利的平等化、一体化。

二　新时代城乡融合发展的基本要求

2019 年发布的《中共中央 国务院关于建立健全城乡融合发展体制机制和政策体系的意见》明确提出，要“以协调推进乡村振兴战略和新型城镇化战略为抓手，以缩小城乡发展差距和居民生活水平差距为目标，以完善产权制度和要素市场化配置为重点，坚决破除体制机制弊端，促进城乡要素自由流动、平等交换和公共资源合理配置”②。这个过程实际上就是实施乡村振兴战略、破解城乡二元结构体制、促进城乡关系调整的过程，因此，要从整体上体现乡村振兴的发展逻辑、坚持以人民为中心的发展思想、体现城乡相融共生的发展格局以及区域协调发展的发展思路。

（一）体现乡村振兴的发展逻辑

改革开放以来，我国城镇化进程不断加快，城镇化水平不断提高，这是有目共睹的事实。但是，过去较长时间里的城镇化实践探索带来的最明显问题就是农村变成了落后的代名词。农村的凋零与城市的繁荣形成鲜明

① 林辉煌、贺雪峰：《中国城乡二元结构：从“剥削型”到“保护型”》，《北京工业大学学报》（社会科学版）2016 年第 6 期。

② 《中共中央 国务院关于建立健全城乡融合发展体制机制和政策体系的意见》，人民出版社 2019 年版，第 2 页。

对比，这成了一个较为普遍的现象。如何改变农村落后的面貌，如何实现农村与城市共同发展，这是新时代城乡融合发展必须回答的时代课题。党的十九大报告提出“实施乡村振兴战略”，实际上就是聚焦我国城乡发展不平衡不充分的问题，试图通过振兴乡村发展以补齐乡村发展的短板，从而缩小城乡发展的差距。习近平总书记曾明确指出，“从城乡关系层面看，解决发展不平衡不充分问题，要求我们更加重视乡村”①，“全面建设社会主义现代化国家，最艰巨最繁重的任务仍然在农村”②。乡村不能也不应该成为我国建设富强民主文明和谐美丽的社会主义现代化国家新征程中的“绊脚石”。乡村的价值需要在实施乡村振兴战略、推进新时代城乡融合发展的过程中重新予以审视，乡村发展的潜力同样需要在这个过程中重新予以挖掘。

传统概念中的乡村通常就是指农业生产的地方、农民居住生活的地方。如果从社会学的视角来理解，“传统的中国乡村是由一个个自然村落组成的，以宗族、血缘以及地缘关系为纽带，具有高度同质性的熟人社会，其社会交往结构相对独立，社区治理也自成体系”③。这样的一个社会是相对封闭的，与外界的交往也是比较少的。因此，传统概念中的乡村价值也就主要表现为农业价值和居住价值的双重价值属性。但事实上，农业价值和居住价值并不是完全平衡的关系。农业价值表现出来的是经济价值，这是乡村的基础价值。乡村的发展需要一定的经济基础，而这个经济基础就来源于乡村的农业生产活动。居住价值表现出来的则是社会价值，这是乡村的基本价值，就像城市作为市民的居住空间一样，乡村是农民的居住空间，居住价值是城市和乡村共同的基本价值。因此，在这种情况

---

① 中共中央党史和文献研究院编：《习近平关于“三农”工作论述摘编》，中央文献出版社 2019 年版，第 9 页。

② 习近平：《高举中国特色社会主义伟大旗帜 为全面建设社会主义现代化国家而团结奋斗——在中国共产党第二十次全国代表大会上的报告》，人民出版社 2022 年版，第 30—31 页。

③ 文军：《农村社区建设：乡村结构变迁中的新治理》，《探索与争鸣》2012 年第 11 期。

下，在乡村双重价值属性中人们通常更加关注的是农业价值。农业生产作为乡村最主要的经济功能，毫无疑问是重要的。乡村的农业价值具体来说就是强调乡村重点是从事农业生产活动，且主要是为社会提供农产品。在日本、英国等发达资本主义国家，乡村的价值和功能最初同样也是如此，但这些国家在现代化的进程中较早实现了农业现代化发展。因此，像日本、英国这样的发达资本主义国家的农业生产水平较高，属于高投入、高产量的集约型农业。尤其是在第二次世界大战以后，英国政府通过政策倾斜的方式振兴农业，使英国农业在经历长期衰颓之后又走向了全面复兴；日本在农地制度改革的基础上，确立小农制经营模式，后来经过二十余年的发展，最终实现了农业现代化。在这个过程中，乡村价值表现得较为单一，往往都只单纯地强调农业生产的价值和功能，甚至把这个单一价值推向了极致。所以，这个时期被称作乡村发展的“生产主义”（productivism）时期。与“生产主义”相对的一个概念是“后生产主义”（post-productivism），这是20世纪90年代乡村地理学家普遍使用的一个新概念。“后生产主义”的提出，从本质上来说是“质疑了‘生产主义’时代乡村的一个基础性或者说中心性的功能——生产”①。这种“质疑”不是全盘否定之意，而是对当下这个时期乡村的价值和功能有了新的发现、审视甚至反思，也就是从较为单一的价值转向了多元价值，即除农业生产价值（或者说是经济价值）外，乡村还可以表现出生态价值、文化价值以及更多的社会价值（不只是居住价值）等。在“后生产主义”的逻辑中，乡村功能也必然呈现多样化。

当前，中国乡村的发展如果从乡村价值和功能的角度来审视，同样也在经历由单一价值向多元价值转变、由简单功能向多样功能转型、由“生产主义”发展思路向“后生产主义”发展思路转换的深刻变革。这场深刻变革的发展逻辑归结起来就是乡村振兴。新时代城乡融合发展要体现乡村

① 刘祖云、刘传俊：《后生产主义乡村：乡村振兴的一个理论视角》，《中国农村观察》2018年第5期。

振兴的发展逻辑，主要表现在两个方面：一方面是乡村振兴是新时代城乡融合发展的客观要求和必要手段；另一方面是新时代城乡融合发展要符合乡村振兴的目标和要求。就前者来说，如果乡村始终坚守着传统农业生产的单一价值，那么随着城市发展越来越快，城乡差距持续拉大，乡村的衰落就是必然的，农业农村现代化也就不可能实现，城乡之间各要素的自由流动自然会受到阻碍，城乡融合发展就难以实现。因此，新时代城乡融合发展必须建立在乡村振兴的基础之上，或是建立在乡村振兴的过程之中。就后者来说，新时代城乡融合发展并不是指由已经发展起来的城市“吞噬”尚未发展起来或尚未完全发展起来的乡村。相反，“城乡融合发展是助推乡村振兴、缩小城乡发展差距、实现农村高质量发展的重要安排”①。从这个意义上讲，新时代城乡融合发展的目的就是实现乡村振兴。换句话说，乡村是要在城乡融合发展的进程中实现振兴的。所以，新时代城乡融合发展与乡村振兴不是孤立存在的，而是互为因果、互相促进的关系。

（二）体现坚持以人民为中心的发展思想

一个执政党的根本性质决定了这个执政党的根本宗旨，而一个执政党的根本宗旨又决定了这个执政党所从事的事业的价值取向。在中国特色社会主义伟大事业不断前进的征程中，作为执政党的中国共产党必须回答“发展为了谁、发展依靠谁、发展成果由谁享有”这一系列关键问题，因为这些问题正体现了这个政党的根本性质、根本宗旨和价值取向。事实上，这一系列的关键问题正是强调了中国共产党要始终把人民利益放在第一位的特殊要求，这是无产阶级政党的鲜明特征，也是无产阶级政党区别于其他因利益集结起来的政党的本质所在。这个本质就是无产阶级政党固有的质的规定性，集中表现为它的阶级属性，即作为一个无产阶级政党，中国共产党所代表的是工人阶级和最广大人民的利益。换言之，无产阶级政党必须体现它的人民属性、人民立场，只有这样才能符合无产阶级政党

---

①　韩文龙：《以城乡融合发展推进农业农村现代化》，《红旗文稿》2019 年第 1 期。

固有的质的规定性。

党的十八大以来，以习近平同志为核心的党中央始终秉持无产阶级政党的人民属性，在治国理政的实践过程中又把坚持人民立场具体化为坚持以人民为中心的发展思想，明确强调"人民是历史的创造者，是决定党和国家前途命运的根本力量。必须坚持人民主体地位，坚持立党为公、执政为民，践行全心全意为人民服务的根本宗旨，把党的群众路线贯彻到治国理政全部活动之中，把人民对美好生活的向往作为奋斗目标，依靠人民创造历史伟业"①。作为新时代坚持和发展中国特色社会主义的基本方略之一，坚持以人民为中心的发展思想在实践中丰富发展了中国共产党治国理政的人民逻辑，充分体现了马克思主义政党的政治立场和鲜明品格。那么，究竟应该如何理解"坚持以人民为中心的发展思想"？在"以人民为中心"的发展思想的内涵中，"人民"究竟是一个怎样的概念？这是准确理解"以人民为中心"的发展思想所面临的一个基本问题。总的来说，人民是一个集合的概念。这个集合所指的"不是民众、平民，不是平庸的人群，不是受奴役、受剥削而是在政治上、经济上有主体地位的人，它是代表历史进步潮流的人，必须是推动社会进步的阶级与阶层的集合"②。由此可见，"人民"的概念至少包含以下三层意思：第一，人民是进步的主体，是推动社会进步的主体力量，从而它不是普通民众的概念，也不是平庸人群的概念；第二，人民是政治上经济上摆脱了被奴役被剥削状态的群体，因此，"人民"的概念在中国共产党的话语体系中必定建立在社会主义制度的基础之上；第三，"人民"的概念是包含不同阶级和阶层的。当然，阶级和阶层的社会结构在不同的历史时期是会发生变化的。从当前的社会主义中国来看，工人和农民显然是"人民"这个概念中最稳定、最庞大的群体，这个群体总体上来看就是从事物质资料生产的劳动群众。那么，坚持以人民为中

---

① 习近平：《决胜全面建成小康社会 夺取新时代中国特色社会主义伟大胜利——在中国共产党第十九次全国代表大会上的报告》，人民出版社 2017 年版，第 21 页。

② 陈培永：《重思马克思的"人民"概念》，《哲学动态》2018 年第 1 期。

心的发展思想，就意味着发展要为了包括工人和农民在内的最广大人民、发展要依靠包括工人和农民在内的最广大人民、发展成果要由包括工人和农民在内的最广大人民共同享有。

在中国共产党治国理政的具体实践中，以人民为中心的发展思想具体表现在以下方面：一是在政治立场的问题上强调坚持人民主体地位，二是在根本动力的问题上强调人民是历史的创造者，三是在社会矛盾的问题上强调满足人民日益增长的美好生活需要，四是在奋斗目标的问题上强调增进人民福祉、促进人的全面发展，五是在工作导向的问题上强调维护人民根本利益，六是在检验工作的标准上强调人民高兴不高兴、满意不满意、答应不答应。这就是理解中国共产党治国理政的人民逻辑的六个重要维度。在以往城镇化的过程中，经济社会发展的焦点在城镇化的经济效应，尤其是城市的发展，而农业农村农民的发展始终是经济社会发展的“短板”。人民对美好生活的向往，就是中国共产党的奋斗目标。随着经济社会不断发展，农民对美好生活的向往也会日益增长，而这种向往同样也是中国共产党奋斗目标的题中之义。因此，新时代城乡融合发展需要转向更加注重农业、农村、农民的发展问题。对照以人民为中心的发展思想的六个方面具体工作，在推进新时代城乡融合发展的具体实践过程中，在坚持人民主体地位方面，尤其要重视体现农民在乡村振兴中的建设主体、治理主体、受益主体地位；在强调人民是历史的创造者方面，尤其要重视激发广大农民积极性、主动性、创造性，激活乡村振兴内生动力；在解决人民日益增长的美好生活需要方面，尤其要聚焦解决城乡发展不平衡不充分的问题，重视满足城乡居民对美好生活共同而有区别的需要；在增进人民福祉、促进人的全面发展方面，尤其要坚持增进农民福祉作为农村一切工作的出发点和落脚点，通过乡村振兴、城乡融合发展实现人的全面发展；在维护人民根本利益方面，尤其要尊重广大农民意愿，不能让资本下乡侵吞农民利益；在回答“人民高兴不高兴、满意不满意、答应不答应”的问题上，尤其要重视用实际行动切实增强农民的获得感、幸福感、安全感。

（三）体现城乡相融共生的发展格局

党的十八大以前城镇化道路在要素流动方面总体上表现为由乡村向城市集聚发展的过程，乡村是城市发展所需生产要素的重要来源。一方面，大量农村剩余劳动力涌入城市，为城市建设和发展创造了有利条件，但也给城市发展和社会治理带来新的问题，比如城市人口密度增大、医疗卫生和教育等公共服务压力变大、社会安全稳定隐患增加，等等；另一方面，由于城市发展越来越快、越来越好，导致越来越多的农民转移到城市中寻找工作、谋求生活，与此同时，农村发展也出现了新的问题，比如农村劳动力缺乏、农村资金不足、农村土地抛荒现象增加、农村基础设施陈旧落后、农村产业空心化日趋严重等。从这个意义上讲，城镇化的结果是城市发展起来了，农村却衰落下去了。这是城镇化实践探索中表现出来的“病症”，而引起这个“病症”的关键源头在于城市和乡村长期处于不平等的发展状态中。国家在工业化过程中通过农产品统购统销制度、城乡二元户籍制度以及城乡差别的社会福利制度等一系列人为制定的政策和制度，有意识地把城乡分隔开来，并在实施工农业产品价格“剪刀差”政策的过程中，以比较隐蔽的方式从农民身上汲取工业化所需的大量资本。这种不平等关系形成之后，随着政策惯性的持续作用，城市和乡村的发展始终没有跳出这个不平等发展的逻辑。

新时代城乡融合发展所反映出来的实质是“追求城市与乡村的共同发展”①。具体而言，那就是城市与乡村既在相互融合的过程中共同发展，又在共同发展的过程中相互融合。城市与乡村在发展过程中互为支撑条件，在整个经济社会发展的过程中表现为双轮驱动、相融共生的关系。其中，“融合”是双向作用的过程，“共生”是彼此支撑的关系。所以，新时代城乡融合发展是把城市与乡村放置于平等的位置上。但是，从不平等关系到平等关系的转变，是社会关系的重大调整，这不是一个自然的过程，它

① 欧万彬：《“城乡融合发展”的时代特征与发展逻辑》，《北方论丛》2019 年第 4 期。

需要依托与之相匹配的公共政策来实现。公共政策的科学性与合理性又直接决定着社会关系调整的效果。从这个意义上来讲，新时代城乡融合发展体制机制和政策体系的构建是关系城乡社会关系调整、城乡发展全局的重要工作。

党的十九大报告明确提出，要实施乡村振兴战略。事实上，实施乡村振兴战略就是聚焦城乡发展不平衡不充分的问题。习近平总书记在2019年全国“两会”期间参加河南代表团审议时进一步指出，实施乡村振兴战略，“制度保障是建立健全城乡融合发展体制机制和政策体系”①。在这里，新时代城乡融合发展体制机制和政策体系作为实施乡村振兴战略的制度保障，说明新时代城乡融合发展体制机制和政策体系这一系列制度化的建构对实施乡村振兴战略来说是至关重要的，并且体现了通过制度化建构实现城乡融合发展，从而确保乡村振兴战略取得成效的发展逻辑。从这个角度来看，新时代城乡融合发展的目标就是实现乡村振兴。而乡村振兴是解决当代中国“三农”问题的关键，也是当前解决中国“三农”问题的总抓手。所以，新时代城乡融合发展不是乡村支援城市的发展，也不是城市吞噬乡村的发展，而是必须体现乡村的全面振兴发展、城市带动乡村的互促互补发展，从而体现城乡相融共生的发展格局。在这个过程中，要通过城乡融合发展的方式重点挖掘乡村发展新的经济增长点，这个新的经济增长点的关键就来源于产业转型升级的新动能。

在党的十九大提出实施乡村振兴战略后，中共中央、国务院印发的《乡村振兴战略规划（2018—2022年）》中明确指出：“乡村振兴，产业兴旺是重点。实施乡村振兴战略，深化农业供给侧结构性改革，构建现代农业产业体系、生产体系、经营体系，实现农村一二三产业深度融合发展，有利于推动农业从增产导向转向提质导向，增强我国农业创新力和竞争

① 《习近平李克强王沪宁韩正分别参加全国人大会议一些代表团审议》，《人民日报》2019年3月9日第1版。

力，为建设现代化经济体系奠定坚实基础。”① 把乡村产业的振兴作为振兴农村经济的手段，而把振兴农村经济又作为建设现代化经济体系的重要内容，这足以证明乡村产业的振兴在整个现代化经济体系建设过程中的重要意义。而且，推进农村第一、二、三产业深度融合发展，还能够为新时代城乡融合发展创造更加广阔的产业空间，尤其能够为农民就业创业开辟更多的有效渠道。只有乡村产业振兴起来，人才、资本、技术、市场等各方面的优势资源才会在城乡之间更加通畅地双向流动，城乡发展才能实现更深度的融合。但是，城乡在分工上仍然是有所区别的。也就是说，在城乡相融共生的发展格局中，乡村的核心产业仍然是农业，但从现代化的程度来看，此时的农业与以往的农业有着天壤之别，因为在新时代城乡融合发展过程中，农业也在逐步走向现代化，因此与以往的农业相比，其现代化水平明显要高。在这种情况下，以现代农业为内核，第一、二、三产业深度融合发展将会促使农业农村的经济效益发生显著变化。

（四）体现区域协调发展的发展思路

新时代城乡融合发展从空间主体的角度来看包含城市和乡村两个方面，两个不同空间主体在融合发展的过程中显然必须处理好协调发展的关系。2018 年 11 月发布的《中共中央 国务院关于建立更加有效的区域协调发展新机制的意见》明确把“促进城乡区域间要素自由流动”和“推动城乡区域间基本公共服务衔接”作为建立更加有效的区域协调发展新机制的重要内容。2019 年 10 月底，党的十九届四中全会审议通过的《中共中央关于坚持和完善中国特色社会主义制度 推进国家治理体系和治理能力现代化若干重大问题的决定》又进一步指出：“实施乡村振兴战略，完善农业农村优先发展和保障国家粮食安全的制度政策，健全城乡融合发展体制机制。构建区域协调发展新机制，形成主体功能明显、优势互补、高质量

① 《乡村振兴战略规划（2018—2022 年）》，人民出版社 2018 年版，第 4 页。

发展的区域经济布局。”① 在这里，健全城乡融合发展体制机制和构建区域协调发展新机制作为加快完善社会主义市场经济体制的重要内容，两者之间也有关联性。从实践层面来看，城乡融合发展和城乡区域协调发展是相辅相成的关系。城乡融合发展应当在城乡区域协调发展中得以实现，而城乡区域协调发展则是城乡融合发展的基本条件。与此同时，新时代城乡融合发展也有助于促进城乡区域协调发展，形成高质量发展的区域经济布局。

党的二十大报告强调："深入实施区域协调发展战略、区域重大战略、主体功能区战略、新型城镇化战略，优化重大生产力布局，构建优势互补、高质量发展的区域经济布局和国土空间体系。”② 从我国发展的实际情况来看，区域协调发展不仅涉及“东西”问题、“南北”问题，实际上还涉及“城乡”问题。这里所谓的“东西”问题、“南北”问题以及“城乡”问题，事实上就是区域协调发展重点要解决的三个方面的问题。这些问题突出地表现为“不平衡”发展的问题。在经济发展水平较为落后的发展阶段，区域不平衡发展的问题主要是由不同地区的资源禀赋决定的。在这个阶段，通常情况下资源禀赋比较好的地区能够优先发展起来，而资源禀赋比较差的地区发展会相对滞后。而这个时候通常也是市场化程度并不是太高的时候，不同地区之间各发展要素的流动也是比较有限的。因此，改革开放以后，邓小平同志提出“先富带后富”“沿海带内地”的发展思路。这样的发展思路很明显地具有行政化调节的性质，但是，在当时的历史条件下对于实现区域协调发展而言当然也是具有合理性的。然而，当经济社会发展到一定程度以后，随着市场化程度变得越来越高，要实现区域协调发展就必须充分利用行政化手段和市场化手段相结合的方式加以推进。

① 《中共中央关于坚持和完善中国特色社会主义制度 推进国家治理体系和治理能力现代化若干重大问题的决定》，人民网 2019 年 11 月 6 日，http://cpc.people.com.cn/n1/2019/1106/c64094-31439558.html，2020 年 2 月 1 日。

② 习近平：《高举中国特色社会主义伟大旗帜 为全面建设社会主义现代化国家而团结奋斗——在中国共产党第二十次全国代表大会上的报告》，人民出版社 2022 年版，第 31 页。

这对城乡区域协调发展而言亦是如此。从现实来看，城乡区域不平衡发展是不同地区普遍存在的短板问题。城乡区域协调发展最主要的任务就是要解决不平衡发展的问题，这同样也是新时代城乡融合发展的重要任务。

2015 年 10 月，党的十八届五中全会提出创新、协调、绿色、开放、共享的新发展理念。在这个新发展理念中，协调发展重点指向的就是经济社会发展不平衡的问题，这里面当然包括城乡区域发展不平衡的问题。事实上，城乡区域发展不平衡的问题是非常复杂的。从客观方面来说，城乡资源禀赋的差异性和自然地理条件的差异性直接决定了城乡之间的差异化发展，而这种差异化发展最终由于城市拥有比乡村更加优质的资源条件而变得悬殊，可见城乡区域发展不平衡现象是不可避免的。而从主观方面来说，政府在推进城镇化的过程中较为普遍地采取了“城市偏向”的政策，这样的政策导向本身体现了“非均衡化发展”的战略。也就是说，从政府尤其是地方政府的政策主观角度来看，会更加希望城市能够优先发展起来，于是就更加催化了城乡区域发展不平衡的问题。当然，在这个过程中，城乡空间和产业、城乡发展要素和资源在这样的主客观条件下是否能够较好地形成互动关系、融合关系，自然成为一个疑问。所以，城乡区域发展自然会彼此割裂，最终出现不平衡发展的局面。事实上，如果细究导致城乡区域发展不平衡问题的原因，便会发现这其中既有先天性的因素，也有在发展过程中表现出来的后天性因素，即行政化过强和市场化不足的因素。所以，要解决城乡区域发展不平衡的问题，关键还是要寻找到行政化手段和市场化手段的最佳结合点，既要以行政化手段统筹推进城乡发展，又要以市场化手段促进城乡互动发展。具体而言，就是要“从区域发展的视角就是以协调发展为理念指引，优化经济要素的空间分布，形成要素有序自由流动、主体功能约束有效、基本公共服务均等、资源环境可承载的区域协调发展新格局”①。从城乡区域协调发展的角度来看，这些具体

---

① 汪彬：《新时代促进中国区域城乡协调发展的战略思考》，《理论视野》2019 年第 5 期。

要求事实上与新时代城乡融合发展是完全一致的。

三　新时代城乡融合发展的目标指向

马克思主义认为，城乡融合是城乡关系发展的必然趋势，它既是城乡关系调整的必要手段，更是城乡关系发展的高级阶段。新时代城乡融合发展要体现乡村振兴的发展逻辑、坚持以人民为中心的发展思想、城乡相融共生的发展格局以及区域协调发展的发展思路等多重要求，着力推动城市和乡村之间的同步发展、良性互动、功能耦合、融合渗透，其目的归结起来就是破解城乡二元结构体制的问题，进而促进人的自由全面发展。

（一）直接目标：破解城乡二元结构体制问题

破解城乡二元结构体制问题的目标任务是由当前社会主要矛盾决定的。在城乡关系的逻辑中，当前社会主要矛盾突出表现为城乡发展不平衡、乡村发展不充分的问题。造成这一突出问题的重要原因就是我国在城镇化过程中所形成的城乡二元结构的制度性障碍，具体表现为：基于统购统销制度形成的城乡商品交换的二元市场、基于户籍管理制度形成的城乡人口和劳动力的二元市场、基于人民公社制度形成的城乡公共资源配置和基层治理的二元体制。① 城乡二元结构体制使得城市和乡村的发展长期处于失衡状态，特别是“城市偏向”的政策导向，使得城市和乡村在发展的问题上产生了“马太效应”。城市在高速工业化的进程中快速发展；而乡村在城乡二元结构体制的影响下缓慢发展，形成了鲜明的对比。这种现象的背后表现出来的是城市快速发展依靠高速工业化拉动，而乡村缓慢发展的直接原因就在于城乡二元结构体制所导致的乡村发展缺乏活力。所以，城乡二元结构体制是畸形城乡关系的根源。

① 金三林、曹丹丘、林晓莉：《从城乡二元到城乡融合——新中国成立70年来城乡关系的演进及启示》，《经济纵横》2019年第8期。

从20世纪50年代开始，一直到改革开放初期，城乡二元结构体制经历了从形成到固化的发展。改革开放以后，随着20世纪80年代初人民公社制度的废止和20世纪90年代初统购统销制度的废止，城乡二元结构体制在一定程度上有所松动。特别是当时一大批乡镇企业兴起，大量农村剩余劳动力开始进城务工。但是，城乡二元结构体制并没有得到彻底终止，因为户籍管理制度仍然延续存在。户籍管理制度决定了城乡居民在教育、社保等多个方面享受着不同的待遇。就其中的教育而言，它对一个人的影响是深层次的。教育的目的在于培养人才，而城乡教育的优劣差别直接决定了城乡在人才培养质量方面的差别。人才是一个地方发展最重要的资源，人才质量又直接影响着一个地方的发展质量。而就社保而言，不同的社保制度会直接影响城乡居民不同的获得感、幸福感、安全感。毫无疑问，社会保障水平越高的社会，其人民的获得感、幸福感和安全感也会越强烈；反之亦然。城乡居民在教育、社保等多个方面享受不同的待遇，归根到底是由城乡公共资源配置不均衡的问题造成的。而城乡户籍管理制度则是城乡居民享受不同待遇的合法化基础。由此可见，城乡二元结构体制的壁垒在于城乡不同的公共资源分配制度和城乡户籍管理制度。要破除城乡二元结构体制的壁垒，就必须从制度创新和改革的角度去推动。而破除城乡二元结构体制的目的，就在于使长期发展缓慢的乡村经济社会发展起来。

进入21世纪以来，从党的十六大提出社会主义新农村建设，到党的十七大提出“建立以工促农、以城带乡长效机制，形成城乡经济社会发展一体化新格局”的统筹城乡发展新思路，再到党的十八大提出要“形成以工促农、以城带乡、工农互惠、城乡一体的新型工农、城乡关系”，最后到党的十九大提出“实施乡村振兴战略”，以及党的十九届五中全会提出要“推动形成工农互促、城乡互补、协调发展、共同繁荣的新型工农城乡关系”，这一系列的涉农战略和决策部署充分体现了党和国家破解城乡二元结构体制问题的决心；而“实施乡村振兴战略的关键，就是不仅要走城乡融合发展的道路，实现城乡互动互补的平衡发展机制，重塑城乡关系实现城乡要素融通协调，还要破除原有城乡关系的惯性思维和固有框架，只有这样才能完全彻底地破除城乡二元制度”①。所以，新时代城乡融合发展是对以往城镇化长期以来所形成的畸形城乡关系的一次矫正，它通过打破原有的城乡关系和重塑新的城乡关系，来实现城市和乡村的平等发展。

（二）根本目标：促进人的自由全面发展

促进人的自由全面发展的目标任务是由中国特色新型城镇化的本质决定的。中国特色新型城镇化道路的核心是以人为本。新时代城乡融合发展的终极目标就是要实现人的发展。城乡发展不平衡、乡村发展不充分的问题是制约人的发展的重要因素。尤其是乡村如果发展不起来，那么农民的发展也就无从谈起。对此，习近平总书记强调：“没有农业农村的现代化，就没有国家的现代化。”② 事实上，农业农村的现代化涉及农业、农村、农民发展的问题，农业农村现代化是提升农民生活的获得感和幸福感的重要途径，同时农业农村现代化包含在社会主义现代化当中，因此农业农村现代化的程度也会直接影响到社会主义现代化建设的成效问题。而面对城乡居民对美好生活共同而有差别的需要，新时代城乡融合发展正是因为能够把城市和乡村的优点充分结合起来，所以能够满足不同人群的美好生活需要，从而也能够促进人的自由全面发展，这在本质上同样体现了以人为本的价值取向。人的自由全面发展是马克思主义的终极目标，社会发展的质量能够通过人的发展情况来得到体现。当然，人的自由全面发展是包含物质层面的发展和精神层面的发展的。

物质生活条件的提升为人的自由全面发展奠定重要基础。从宏观经济角度来看，经过改革开放以来四十多年的发展，中国经济总量已经稳居世界第二，并且也已经成为制造业第一大国、货物贸易第一大国、商品消费

---

① 汪厚庭：《中国农村改革：从城乡二元到城乡融合》，《现代经济探讨》2018 年第 11 期。

② 《中央农村工作会议在北京举行》，《人民日报》2017 年 12 月 30 日第 1 版。

第二大国、外资流入第二大国、外汇储备第一大国。与改革开放前的历史阶段相比，当前中国经济社会发展已经发生了翻天覆地的变化，在许多领域都发生了历史性的变革。改革开放以来，中国人民逐渐富了起来。党的十八大以来，中国特色社会主义进入新时代，中国正逐渐变得强起来。所有这些都能够充分反映出人民生活水平在整体上不断提高。然而，从城市和乡村这两个基本面来看，城乡发展是极不平衡的，甚至不同地区的乡村发展也存在不平衡的现象。"乡村的落后"和"落后的乡村"是当前经济社会发展亟须解决的两个重要问题。其中，"乡村的落后"是相对于城市快速发展而言的，它是指与城市发展相比，乡村是落后的。而"落后的乡村"不仅包含了"乡村的落后"问题，而且还同时包含了全国各地的乡村发展不平衡的问题，因而存在较为先进的乡村和较为落后的乡村之分。无论是"乡村的落后"，还是"落后的乡村"，它在物质层面都直接限制了农民居民的自由全面发展。

1992 年年初，邓小平同志在南方谈话中指出："社会主义的本质，是解放生产力，发展生产力，消灭剥削，消除两极分化，最终达到共同富裕。"① 由此可见，社会主义的本质反映了既要解决生产力的问题，又要解决生产关系的问题，在此基础上最终所追求的目标则是实现全社会的共同富裕。其中，共同富裕的主体是全社会的全体人民，这自然就包含城市居民和农村居民。党的二十大报告强调"全体人民共同富裕"是中国式现代化的重要特征之一。毫无疑问，"乡村的落后"和"落后的乡村"这两个方面的面貌不改变，城乡人民的共同富裕也就难以实现。新时代城乡融合发展就是要通过融合和发展，提升农业农村生产力，为实现城乡人民共同富裕创造有利条件。另外，物质富裕也并不是人的自由全面发展的全部内容。马克思在《关于费尔巴哈的提纲》中指出："人的本质不是单个人所固有的抽象物，在其现实性上，它是一切社会关系的总和。"② 这就规定了

① 《邓小平文选》第三卷，人民出版社 1993 年版，第 373 页。

② 《马克思恩格斯选集》第一卷，人民出版社 2012 年版，第 135 页。

人的社会属性。人在不同的社会关系中通过各种方式进行交往，交往是包含物质交往和精神交往两个方面的。因此，在人的发展过程中还必须关注人的精神方面的生活。而人的精神生活通常需要文化滋养，乡村文化更加偏向传统，因此表现得比较内敛；城市文化更加偏向现代化，因此表现得比较开放。新时代城乡融合发展必然涉及城乡文化的交融和碰撞，城乡人民尤其是乡村人民将会享受更多、更优质、更优雅的文化熏陶和滋养，这是促进人的自由全面发展的必要条件。当然，新时代城乡融合发展还将涉及经济、政治、社会、生态等多个方面的融合，所有这些领域的融合归根到底就是要努力实现城乡之间平衡发展、乡村内部充分发展。总而言之，只有不断向前发展，不断超越制约发展的各种束缚，才能不断促进人的自由全面发展，这是新时代城乡融合发展的根本目标。

第八章　新时代城乡融合发展的机理分析

新时代城乡融合发展在何种条件下才能成立，在何种力量的作用下向前推进，在何种原则下保持前进发展的正确方向，是新时代城乡融合发展在具体实践过程中必须回答的一系列重要问题。这需要从理论与现实的角度分别去分析新时代城乡融合发展的机理，主要包括条件、动力与原则。总的来说，新时代城乡融合发展的条件重点回答的是城乡融合发展在新时代何以可能的问题，新时代城乡融合发展的动力重点回答的是推动新时代城乡融合发展的力量从何而来的问题，新时代城乡融合发展的原则重点回答的是何以确保新时代城乡发展朝着有效融合的目标前进的问题。

一　新时代城乡融合发展的条件

新时代城乡融合发展是城乡关系发展的一个全新阶段。而这个全新阶段需要以前面一个历史时期的发展作为基础。所以，新时代城乡融合发展不是凭空产生的。党的十九大报告提出“实施乡村振兴战略”，并且提出“城乡融合发展”这一命题，这是对统筹城乡发展、城乡经济社会一体化发展的升级表达，也是城乡关系发展到一定程度的必然逻辑。因为并不是任何时候都能实现城乡融合发展的，它是需要一定的发展基础的。

众所周知，自城市产生以来，城市和乡村就自然成为整个经济社会发展的两个基本面，城市和乡村在其形态上始终保持着差异性。因此，城市和乡村也通常表现为两个相对独立的社会部门。在这种情况下，城市和乡村在发展过程中各谋出路就成为一种自然现象。此时，城乡关系在城乡分离之后会逐渐经历一个由城乡分异发展到城乡对立发展的转变过程，这是对最初的那个城乡关系的第一次“否定”。此后，城乡对立发展将会持续一个较长时期，这个过程最主要的任务就是要发展生产力，尤其是要大力提升农村生产力发展水平。在马克思、恩格斯看来，当社会生产力发展到一定程度，生产资料私有制被废除之后，这个社会的城市和乡村才能进入城乡融合发展的全新阶段。在这里，从城乡对立到城乡融合发展，这个过程反映了城乡关系演变发展的“否定之否定”规律。概而言之，从马克思、恩格斯的基本观点来看，引发城乡关系这种“否定之否定”的关键因素有两个：一是生产力的发展，二是生产关系的调整与完善。这两者分别构成了新时代城乡融合发展的物质条件和制度条件。当然，马克思、恩格斯的时代所强调的生产关系的调整是指要废除资产阶级生产资料私有制。而今天的中国是社会主义国家，坚持着生产资料公有制为主体，这显然与马克思、恩格斯的时代已经有着本质区别。但是，社会发展的相关制度同样还是需要不断完善的。此外，新时代城乡融合发展还需要以政府与市场的平衡为特征的外部条件以及以农民主体地位的显现为特征的主体条件作为重要支撑。

（一）物质条件：生产力的发展

生产力的发展主要指农业农村生产力的发展问题。在马克思主义经典作家看来，生产力的发展是城乡融合发展的必要条件。当城市从乡村分离出来以后，最初产生的现象是城市和乡村各自发展，城乡发展在作为矛盾运动和利益冲突的城乡对立双重逻辑中展开。城市和乡村不平衡发展以及乡村内部不充分发展导致了城乡社会生产力水平的差距。这是造成城乡经济二元结构的直接原因。党的十九大报告提出“实施乡村振兴战略”，并要求“建立健全城乡融合发展体制机制和政策体系，加快推进农业农村现代化"[①]。2018年9月，习近平总书记在十九届中共中央政治局第八次集体学习时进一步指出："农业农村现代化是实施乡村振兴战略的总目标。"[②] 同年制定的《乡村振兴战略规划（2018—2022年）》又明确了农业农村现代化的时间表和路线图，即"到2035年，乡村振兴取得决定性进展，农业农村现代化基本实现"[③]，"到2050年，乡村全面振兴，农业强、农村美、农民富全面实现"[④]。可见，农业农村现代化在时间进程的制度安排上与建设社会主义现代化强国的战略目标时间进程是高度一致的。没有农业农村现代化，也就没有整个国家现代化。农业农村现代化是整个国家现代化的应有内容，也是实现整个国家现代化的基础条件和重要支撑。

从根本上说，农业农村现代化就是要解决农业农村生产力的问题，因为农业农村现代化的过程本身就表现为先进生产力不断取代落后生产力的过程，这是一个农业农村生产力不断发展、不断提高的过程。在这里，农业现代化和农村现代化既是并列的关系，也是相互关联、相互融合的关系。从单纯的"农业现代化"到党的十九大报告提出"农业农村现代化"，这一变化实质上是对过去城镇化过程中重农业、轻农村发展模式的矫正。与过去的农业现代化相比，农村现代化形势更加严峻、更加紧迫。所以，农村现代化的问题可以说是中国社会发展短板中的短板。这一问题的解决需要从农业、农村、农民发展的整体视域着眼，而不是就农村谈农村。从这个意义上讲，农业农村现代化是"三农"问题整体视域观下的发展问题。如果农业农村发展不尽快实现现代化，那么城镇化的"虹吸效应"就会在城乡发展过程中发挥出更大的作用。到那时，乡村的凋零衰败

① 习近平：《决胜全面建成小康社会 夺取新时代中国特色社会主义伟大胜利——在中国共产党第十九次全国代表大会上的报告》，人民出版社2017年版，第32页。

② 《习近平在中共中央政治局第八次集体学习时强调把乡村振兴战略作为新时代"三农"工作总抓手促进农业全面升级农村全面进步农民全面发展》，《人民日报》2018年9月23日第1版。

③ 《乡村振兴战略规划（2018—2022年）》，人民出版社2018年版，第17页。

④ 《乡村振兴战略规划（2018—2022年）》，人民出版社2018年版，第17页。

将难以避免。乡村如果出现了凋零或者衰落的现象，那么城乡融合发展也就无法实现了。因此，新时代城乡融合发展必然与农业农村现代化的进程交织在一起。只有加快农业农村现代化，努力提升农业农村生产力水平，才能不断推进新时代城乡融合发展。

那么，农业农村究竟何以现代化？农业农村生产力究竟何以发展？这就是新时代实施乡村振兴战略、推动新时代城乡融合发展的关键问题。如果把现代化理解为从传统社会向现代社会转变的过程，那么农业农村现代化就是从传统农业向现代农业转变、传统农村向现代农村转变的过程。在美国经济学家西奥多·W. 舒尔茨看来，传统农业就是指“完全以农民世代使用的各种生产要素为基础的农业”①。因此，传统农业的生产要素投入（包括生产技术的投入）在很长一段时间里并不会发生重要变化。而且“一个依靠传统农业的国家必然是贫穷的”②，这说明传统农业的生产效率是低下的，从而它的效益也是极为低下的。所以，传统农业在经济增长的过程中所发挥的作用就十分有限，因此它对经济增长的实际影响就会很小。但是，现代农业与传统农业不同，它在经济增长的过程中对其影响是非常明显的。因为现代农业必须依靠农业生产要素全新的投资，尤其是现代科学技术在现代农业中的广泛应用，能够为经济增长带来强劲动力。当然，农业现代化还需要对农业经营方式进行变革、对农民进行改造。也就是说，现代农业要突破传统农业的特殊经济均衡状态，就必然有现代科学技术的要素支撑、现代农业经营方式的制度配套和现代农民的人才支持，而传统农村是指以小农经济、宗族社会、伦理文化为内核的农村。在那里，农业的经济效益低下，农村的基础设施落后，农民的思想甚至未完全开化，整个农村以农业生产为主，人们的生活长期遵守着一种传统的伦理

---

① ［美］西奥多·W. 舒尔茨：《改造传统农业》，梁小民译，商务印书馆 1999 年版，第 4 页。

② ［美］西奥多·W. 舒尔茨：《改造传统农业》，梁小民译，商务印书馆 1999 年版，第 4 页。

规则。传统农村从实质上来说也就表现为一个“伦理共同体”。因此，与现代城市相比，传统农村显得比较传统、保守和落后。从这个意义上讲，传统农村向现代农村的转型，首先需要从思想上进行启蒙。启蒙是一个不断建构的过程，它并不是意味着彻底否定传统，而是要在新时代城乡融合过程中不断寻求传统与现代的平衡点，既有思想上的突破，也有文化上的传承。其次，农村现代化还必须依托现代农业的发展，同时深入挖掘农村除农业生产以外的价值，使之成为现代化经济体系建设的重要阵地。除此之外，农村现代化的最直接的呈现方式就是村容村貌的改变，即传统农村基础设施的提档升级，这是农村现代化的重要内容。总而言之，农业农村现代化是提升农业农村生产力水平的必然选择，它的目的就是让乡村振兴发展，使乡村振兴与新时代城乡融合发展相辅相成、相互促进、相得益彰。

（二）制度条件：生产关系的调整与完善

马克思主义认为，生产力决定生产关系，生产关系要适应生产力的发展。如果说农业农村现代化是发展农业农村生产力的现实需要，那么农业农村生产关系的调整与完善就是始终伴随着农业农村现代化（在党的十八大以前主要指农业现代化）的历史进程的。有学者将中华人民共和国成立以来到2018年这70年间农业现代化道路划分为五个阶段：第一阶段是指1949年至1953年期间，农业现代化道路表现出土地私有、家庭经营与市场经济融合的特点；第二阶段是指1953年至1956年期间，农业现代化道路表现出合作化、工业化与计划经济初步融合的特点；第三阶段是指1956年至1978年期间，农业现代化道路表现出集体化、工业化与计划经济高度融合的特点；第四阶段是指1978年至2003年期间，农业现代化道路表现出家庭承包经营、乡镇企业发展、农民流动的特点；第五阶段是指2003年至2018年期间，农业现代化道路表现出土地产权流转、三大产业融合发展、人口城镇化的特点。[①] 这样的

---

① 颜英、何爱国：《从土地改革到乡村振兴：新中国70年农业现代化道路的演进》，《理论与现代化》2019年第4期。

阶段划分，大体上也反映出中华人民共和国成立以来农业农村生产关系的调整历程。

新时代城乡融合发展关键问题就在于有效融合。融合就其本质来说是一种社会交往形式。所以，计划经济年代尤其是改革开放以前不可能提出城乡融合发展的命题，因为那个年代城乡之间的隔离关系导致城乡社会交往极其有限。改革开放以后，农村改革中实行的家庭联产承包责任制是农业农村生产关系调整的一个标志性事件。因为在农村改革以前，农业农村生产实行的是集体所有制，不仅生产资料归集体所有，而且生产出来的产品也归集体所有，产品的生产、分配全部都由集体决定，这意味着作为生产者的农民自己不能决定生产什么、怎么生产、生产多少以及生产出来的产品最终能获得多少等问题。在这种情况下，人民公社里的农民是缺乏积极性的。而家庭联产承包责任制在坚持土地集体所有的前提下，把生产和分配的权力交还给农民，生产什么、怎么生产、生产多少，这些问题全都由农民自主决定；农民只要交够国家的、留足集体的，其余生产所获全部归农民所有。这与人民公社集体所有制相比，大大提高了农民参加劳动的积极性，农业农村生产关系从而得到了一次重要变革。1986 年，六届全国人大常委会第十六次会议通过的《中华人民共和国土地管理法》明确将土地的所有权和经营权分开，即农村土地“两权分离”制度。此时，农村土地仍然坚持集体所有制，但农产品实行家庭承包经营的方式。

随着我国工业化、城镇化不断深入推进，在随后的城镇化进程中，农村劳动力大量转移到城市当中去。此时，相当一部分农户离开了农村土地，但农户仍然是承包主体，只是平常不再把自己绑定在土地上从事农业生产，于是这部分农户所承包的农村土地要么不再被经营而变得荒废，要么被转让经营由他人使用。在后面这种情况下，农村土地的经营承包权实际就被两个不同的主体分别掌握，即承包主体和经营主体。2016 年，国家对农村土地产权制度改革做出了新的部署，中共中央办公厅、国务院办公厅印发《关于完善农村土地所有权承包权经营权分置办法的意见》，明确把土地经营承包权再细分为承包权和经营权，因此就形成了农村土地所有权、承包权、经营权“三权”分置的新格局。在这个新格局中，坚持农村土地集体所有权是根本，保护农户承包权是保障，激活农业经营权是目的。农村土地归集体所有，这是社会主义公有制的具体运用，也是避免农村土地被滥用或被转为非农性质的根本制度保证。保护农户对农村土地的承包权，并保持农村土地承包关系稳定且长久不变，这是把农村土地作为农户农民基本社会保障的现实需要。因为农民进城倘若失败了，那么他们还可以回到农村，农村土地对他们来说仍然是重要的生产资料。所以，从这个意义上讲，保护农户承包权是维持农村稳定、维护农民权益的利器。激活农业经营权，实际上就是要实现农村土地更多的农业价值，这意味着农户无论是自己经营使用土地，还是转让他人经营使用土地，农村土地的农业生产性质是不能改变的。当农户自己经营使用土地时，经营所得即为农户所得；当农户转让他人经营使用土地时，经营所得一部分通过地租的形式合理地支付给作为农村土地承包主体的农户。而且在这种情况下，农村土地资源得到更加优化配置，农业适度规模经营也就有了基础条件。因此，“三权”分置本质上是农村土地经营制度的创新，是生产关系适应生产力发展的又一次调整和完善，它同时有利于同步推动农业农村实现现代化和新时代城乡融合发展。

（三）外部条件：政府与市场的平衡

众所周知，政府和市场是资源配置的两种基本手段。基于这两种资源配置的不同方式，政府主导和市场主导决定了城乡发展的两种不同进路。政府主导主要通过公权力的运用和公共政策的制定、实施来影响城乡发展的思路与实践；市场主导主要通过市场调节的机制来影响城乡发展的思路与实践。这对城乡融合发展来说亦是如此。在社会主义市场经济条件下，政府和市场从来不是孤立的、对立的、静态的关系，而是统一的、关联的、动态的关系。政府和市场，从其作用的目的来看，前者侧重于解决秩序的问题；后者侧重于解决活力的问题。秩序和活力的统一，即政府和市场的力量达到一个特殊的平衡状态，才能保证经济健康高效地运行。然而，政府和市场能否达到平衡状态，这就涉及政府与市场的关系问题，这对关系是社会主义市场经济体制中最关键也最基本的问题，政府与市场的关系问题又进一步构成了新时代城乡融合发展的外部环境问题。

与过去一个阶段的统筹城乡发展、城乡经济社会一体化发展相比，城乡融合发展最鲜明的特点就是它不仅需要政府的力量来推动融合发展，还需要依靠市场的力量来推动融合发展。只有政府力量推动的城乡融合发展，一方面是缺乏活力的，它最终所形成的只能是一种“被动融合”模式，即依靠政府强力来推动城乡在非主动的状态下走向融合发展的模式；另一方面，政府所制定的政策以及所采取的举措的科学性、合理性直接决定了城乡融合发展的成效问题。在“被动融合”模式的制度安排之下，如果政府的决策行为在某一环节发生了偏差，或者在落实决策的过程中出现了偏离，那么，城乡融合发展也会随之出现问题。只有市场力量推动的城乡发展，相较于“被动融合”模式而言，将更多地表现为一种“主动融合”模式。因为市场力量从本质上来讲是蕴含在城乡内部的，这股力量比较隐蔽，它更多的是通过市场经济的内在机制发挥作用。与“被动融合”模式相比，“主动融合”模式的最大特点就是它能够表现出市场本身所具有的那种活力，因此在行为发生的时候更具主动性。但是如果没有政府的必要干预，市场机制也难免存在一些缺陷，比如市场无法有效解决公共产品的供给问题，而这恰恰是城乡融合发展的重要内容之一。因此，政府与市场相结合共同推动城乡融合发展，才是新时代的最佳选择。党的十八届三中全会提出了“使市场在资源配置中起决定性作用和更好发挥政府作用”的重大理论观点。作为经济社会发展基本物质条件的资源，在现实中总是表现为有限的、稀缺的。那么，对资源进行有效配置，就是为了减少资源的浪费，使有限的资源发挥出最大的效用。在推进新时代城乡融合发展的过程中，城乡资源同样需要得到合理配置。要使市场在城乡资源配置中起决定性作用，这是由市场经济的本质决定的。但与此同时，还要更好地发挥政府作用，这是由社会主义的制度决定的，即要发挥社会主义制度的优越性，发挥党和国家的积极作用，做到科学的宏观调控，实现有效的社会治理。

在新时代城乡融合发展的具体实践过程中，处理政府和市场的关系问题实际上就是解决如何实现“有效市场”和“有为政府”相结合的问题。换句话说，“有效市场”和“有为政府”的相结合，事实上就表现为政府和市场两股力量的平衡。具体而言，政府必须以尊重市场规律、顺应市场趋势、强化市场力量为基本前提，政府的有为需要通过市场的有效来体现。反之，市场主体必须对国家战略诉求有担当、对国家责任有义务、对国家能力有贡献，有效市场必须以顺应政府有为的目标为基本要求。在这里，“有效市场”的基本前提就是市场首先应当要发挥作用。市场如果不发挥作用，那么“有效市场”也就无从谈起。而“有为政府”的基本前提是政府要发挥合适的作用，即有所作为、有所不为，因为“有为”并不意味着可以“乱为”。关于这一点，习近平总书记在2013年12月召开的中央城镇化工作会议上就强调，推进城镇化要注意把握市场和政府、中央和地方这两对关系，其中要“更好发挥政府在创造制度环境、编制发展规划、建设基础设施、提供公共服务、加强社会治理等方面的职能”①。因此，在新时代城乡融合发展的进程中，一方面要把市场的活力激发出来，把市场的力量激活起来，使市场服务于新时代城乡融合发展的大局，改变过去纯粹以政府全面主导为主的城乡发展思路，通过市场机制使城乡被动融合转变为城乡主动融合；另一方面，还要发挥政府宏观调控的作用，通过科学制定和实施相关政策体系，让政府主导与有效市场相互配合，共同推进新时代城乡融合发展。

（四）主体条件：农民主体地位的显现

新时代城乡融合发展是把工业和农业、城市和乡村作为一个整体加以统筹谋划的。因此，新时代城乡融合发展的主体力量应是由市民和农民两

---

① 中共中央文献研究室编：《习近平关于全面深化改革论述摘编》，中央文献出版社2014年版，第63页。

部分共同组成。新时代城乡融合发展的根本目的也是促进城乡居民的共同发展、全面发展。然而，在城乡发展不平衡不充分的情况下，农民主体地位能否得到体现和保证，是新时代城乡融合发展过程中需要破解的问题。众所周知，农民是农业生产的活动主体，也是农村最大的利益相关者。在当代中国，“农村要发展，根本要依靠亿万农民。要充分发挥亿万农民主体作用和首创精神，不断解放和发展农村社会生产力，激发农村发展活力”①。可见，农民主体地位的呈现和主体作用的发挥直接关系到农村社会生产力的发展，进而关系到整个农村乃至城乡融合发展的程度。

农民主体地位体现的是农民在农村发展以及城乡融合发展过程中的能动性。从这个意义上讲，农民是农村得以发展的依靠力量，也是新时代城乡融合发展的基础力量之一。但是，对于“农民”这个词，在传统的认知中通常将其与愚昧、落后自然地联系在一起，从而形成了对农民这个群体在能力、素质等方面上的偏见。再加上长期以来我国在农业生产领域延续着小农经营的模式，务农收入显然不会太高。于是，农民就成为中国社会最大的弱势群体。农民在社会地位上的弱势，在很大程度上决定了农民在发展过程中的主体性缺失。主体性的缺失就直接导致这些作为弱势群体的农民在农业农村发展过程中发挥的作用明显不够。

回顾我国改革开放以来城镇化的历程，20 世纪 90 年代随着城镇化进程不断推进，当时出现了农民负担屡减不轻、农村社会事业严滞后的现象和发展趋势，城乡居民收入差距随之也不断扩大。从 2004 年开始，“三农”问题连年被写进“中央一号”文件，这充分体现了党和国家破解“三农”的问题决心，同时体现了解决“三农”问题的紧迫性和艰巨性。2005 年，党的十六届五中全会提出要按照“生产发展、生活富裕、乡风文明、村容整洁、管理民主”的要求，扎实推进社会主义新农村建设。2006 年，国家全面取消农业税，结束了从春秋战国时期鲁国的初税亩制度算起

① 《习近平在中共中央政治局第二十二次集体学习时强调健全城乡发展一体化体制机制让广大农民共享改革发展成果》，《人民日报》2015 年 5 月 2 日第 1 版。

延续了2600多年的农业税制度。党的十八大以来，党中央又先后提出了美丽乡村建设、乡村振兴战略等重大举措。所有这些举措无疑是对农民的发展、农村的发展、农业的发展有利的，因为这些举措无一不在真实地为作为弱势群体的农民谋福利。但是，“农民”的概念事实上在今天已经发生了很大的变化。“农民”概念不再是一个单一群体的概念，而是变成了一个“许多完全不同人群的总称”[①]。“农民”概念的这一变化，正说明今天的“农民”概念比以往更加复杂，它具有“多面向”的特征，因为它已经变成一个由多种类别的农民组成的全新概念。在这个全新的概念中，包含种地的农民和不种地的农民两个大类。其中，种地的农民又包括在自己拥有承包权的土地上从事小农生产经营的农民、在土地经营权转入的基础上从事适度规模农业生产经营的农民、在土地经营权转入的基础上从事较大规模农业生产经营的农民等；其中，后两种类型的农民通常存在于家庭农场、农业大户、农业企业等具有一定规模的组织中，这部分农民通常也被称作“新型农民”。不种地的农民主要是指那些拥有土地承包权但不以农业生产为主要收入来源的农民，这其中有不居住在农村且脱离农业生产而选择外出打工的农民工，还有居住在农村但以个体经营等其他收入形式来支撑日常生活的农民。事实上，与传统概念中的农民相比，这些不种地的农民已经有了很大的差异。因此，重现农民主体性首先必须对当代农民这个群体有一个准确的认识，要通过不同的方式方法激发不同类别农民的内生发展力，把农民从弱势群体的困境中“解救”出来，从而让不同类别的农民真正成为农业农村生产发展的主体。其中，“新型农民”就是农业农村发展的重要支撑，因为这类农民不再被天然地贴上“弱势群体”标签。

从主体角度来看，新时代城乡融合发展一定不是城市居民的“独角戏”，而是由城乡居民共同演绎的“合奏曲”。在新时代城乡融合发展的具体实践过程中，“新型农民”将大有可为。因为“新型农民”从本质上讲

① 贺雪峰：《淮是农民?》，《经济导刊》2014年第3期。

是职业农民，也就是具有一定专业技能、把农业生产经营作为主业、通过现代手段从事农业生产经营的农业从业者，这个群体是“能够从兼业化向专业化、碎片化向规模化、传统经营向现代生产方式转变的生产主体，是能够适应市场需求、具备市场竞争力的经营主体”①。从这个意义上讲，“新型农民”是农业农村发展获得新动能的主体力量，也是新时代城乡融合发展具体实践的重要主体。

二　新时代城乡融合发展的动力

从党的十八大以前的城镇化道路向新时代城乡融合发展的转型，是中国特色新型城镇化发展战略的重要内容。建立在城乡二元结构基础之上的城镇化道路的长期实践，使得中国城乡发展在诸多方面表现出了失衡状态。新时代城乡融合发展命题的提出，就是要直面过去城镇化进程中出现的不平衡不充分发展问题，并试图变“失衡”为“平衡”。而在这个转型过程中，作为发展中现实问题的城乡差距、作为重大战略决策的全面深化改革以及人民共同期盼的美好生活需要，形成了推动新时代城乡融合发展的动力来源。

（一）缩小城乡差距是新时代城乡融合发展的直接动力

对于以往城镇化过程中形成的城乡差距问题，应给予客观且辩证的看待，既要承认差距存在的事实，也要挖掘蕴含在其中的有利因素。概而言之，城乡差距既是城乡发展过程中出现的问题，也是新时代城乡融合发展的动力，而且这种动力是自然状态的初始动力，即非外部赋予刺激而产生的直接动力。在这里，应将城乡差距和城乡差别做出合理区分，两者不宜混为一谈。从基本内涵上来看，城乡差别是指城乡之间“在城乡生态景

① 隋筱童：《乡村振兴战略下“农民主体”内涵重构》，《山东社会科学》2019年第8期。

观、城乡主产业劳动方式、城乡居民的集聚方式、生活方式与思维方式方面的客观区别”①。因此，城乡差别主要表现为城乡之间客观的差异性。然而，城乡差距是指城乡在发展过程中由于一系列自然的（如环境因素、资源禀赋因素等）和非自然的因素（如制度因素、政策因素等）共同作用结果下产生的城乡发展水平的差距。城乡差距的表现是多方面的，比如城乡居民收入差距、城乡教育水平差距、城乡医疗卫生水平差距、城乡社会保障水平差距、城乡就业服务差距、城乡消费水平差距、城乡公共物品供给差距等。由此可见，城乡差距主要表现为因城乡发展水平差距带来的民生差距，这种差距实际上就是城乡发展的落差，它直接影响着经济社会发展的公平正义程度，而公平正义又直接影响着社会稳定问题。因此，城乡差距问题必须得到高度重视。

在过去很长一段时间里，城镇化的实践探索在解决城乡差距方面主要关注的是“量”的问题。因此，主要举措就是通过“量”的改变来缩小城乡差距。考察 1978 年以来我国城乡居民收入比（即城镇居民人均可支配收入与农村居民人均可支配收入之比）、城乡居民消费比（即城镇居民消费水平与农村居民消费水平之比）的变化情况（如图 8 - 1 所示）可以明显看出，城乡居民收入比与城乡居民消费比历年来的变化趋势是相吻合的。

如果以 5—10 年为一个考察周期，那么在这四十年左右的时间里，城乡居民收入比和城乡居民消费比大致发生了如下不同阶段的变化：从 1978 年到 1985 年，两者总体上都持续下降；从 1985 年到 1995 年，两者总体上都持续上升；从 1995 年到 2000 年，两者总体上呈现“U 形”趋势，即短期内先下降，然后再上升；从 2000 年到 2010 年，两者总体上趋于稳定；2010 年以后，两者呈现逐渐下降的趋势。由此可见，如果从城乡居民收入差距、城乡居民消费水平差距等经济性的指标来加以衡量，那么，近十年以来我国城乡差距已经在逐年缩小。总体上说，它得益于农村居民收入的

① 刘美平：《中国城乡差距的三维解读》，《生产力研究》2009 年第 15 期。

提高和农村居民消费水平的提升。因为从缩小城乡收入差距、消费差距的概念本身出发，缩小差距大致有三条途径：一是提高农村收入和消费增长水平；二是降低城市收入和消费增长水平；三是在提高农村水平的同时，降低城市的收入及消费增长。① 从实际情况看，后两种途径在中国经济保持高速增长进而转向中高速增长的宏观形势下是不现实的选择。那么，无论是农村居民收入的提高，还是农村居民消费水平的提升，它最终都表现为“量”的变化。

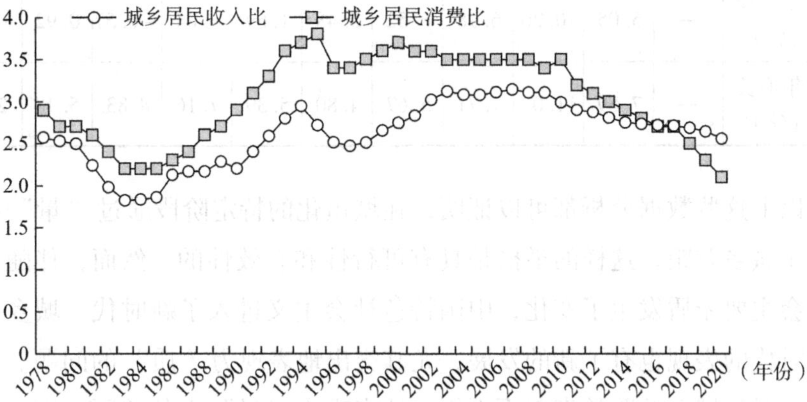

图 8－1　1978 年以来我国城乡居民收入比、城乡居民消费比变化②

再从城乡医疗卫生发展情况来看，近年来总体上在不断通过一系列医改措施致力于缩小城乡医疗卫生水平差距。表 8－1 反映了 2010 年以来我国城乡居民每千人口医疗卫生机构床位数的对比情况。从数量上来看，城乡医疗卫生机构床位数总体上都在逐年增加。其中，农村每千人口医疗卫生机构床位数的年增长率总体上要明显高于城市的年增长率。因此，城乡数量比随着两者每年在数量上的不同速度的增长而总体趋于缩小的趋势。

① 齐红倩、席旭文：《中国城镇化为何背离缩小城乡差距目标？——基于中国经济不同发展阶段的差异性分析》，《南京社会科学》2015 年第 4 期。

② 本图根据历年《中国统计年鉴》相关数据绘制而成。

表 8-1　2010 年以来城乡居民每千人口医疗卫生机构床位数情况对比表①

年份	2010	2011	2012	2013	2014	2015	2016	2017	2018	2019	2020
城市数量（张）	5. 94	6. 24	6. 88	7. 36	7. 84	8. 27	8. 41	8. 75	8. 70	8. 78	8. 81
农村数量（张）	2. 60	2. 8	3. 11	3. 35	3. 54	3. 71	3. 91	4. 19	4. 56	4. 81	4. 95
城乡数量比	2. 28	2. 23	2. 21	2. 20	2. 21	2. 23	2. 15	2. 09	1. 91	1. 83	1. 78
城市年增长率（%）	—	5. 05	10. 26	6. 98	6. 52	5. 48	1. 69	4. 04	-0. 57	0. 92	0. 34
农村年增长率（%）	—	7. 69	11. 07	7. 71	5. 67	4. 80	5. 39	7. 16	8. 83	5. 48	2. 91

以上这些数据分析都可以证明，在城镇化的特定阶段通过“量”的变化缩小城乡差距，这样的举措是具有可行性和有效性的。然而，伴随着我国社会主要矛盾发生了变化，中国特色社会主义进入了新时代。城乡差距在新时代的表现也有了新的发展，尤其突出地表现为“质”的问题。这意味着新时代城乡差距的表现不再简单地表现为“量”上的差距，而是更为突出地表现为“质”上的差距。例如在城乡教育方面，更加突出地表现为优质教育资源和质量的不均衡问题；在城乡社会保障方面，更加突出地表现为社会保障水平的不均衡问题；在城乡公共就业服务方面，更加突出地表现为优质就业机会、就业层次的不均衡问题。所有这些都更加侧重于城乡发展在其“质”方面的差距。这些“质”的差距具有双重的现实意义：一是更大程度上促成更多出身于农村的优秀人才向城市的流动，因为人们通常情况下都会自觉追求更好的发展机会；二是通过城乡发展在“质”方面表现出来的差距，城市的优越性仍然存在，它并没有随着城乡差距在“量”上的改变而消失。在这种情况下，乡村发展将会更具紧迫感。因此，这种处于自然状态且表现在经济社会发展质量方面的城乡差距在现阶段将

① 本表根据历年《中国统计年鉴》相关数据绘制而成。

会从外部刺激乡村振兴，而且还能够通过“以工补农”“以城带乡”的方法有效发挥城市在发展中的优越性，为乡村振兴提供必要的外部支持，从而促进新时代城乡融合发展。从这个意义上说，城乡差距不仅是问题，还是推动新时代城乡融合发展的动力之一。

（二）全面深化改革是新时代城乡融合发展的根本动力

众所周知，1978 年党的十一届三中全会开启了我国改革开放的历史新时期。2013 年 11 月，习近平总书记在中共十八届三中全会第二次全体会议上讲话时指出：“回顾改革开放以来的历程，每一次重大改革都给党和国家发展注入新的活力、给事业前进增添强大动力，党和人民事业就是在不断深化改革中波浪式向前推进的，就是在改革从试点向推广拓展、从局部向全局推进中不断发展的。”① 这意味着改革开放的伟大实践已经表明，尽管改革历程并不是一帆风顺，也不能一蹴而就，但改革一次又一次地推动着事业的前进和发展。换言之，改革始终是推动事业前进发展的动力来源。

改革开放以来的成功实践同时也向人们证明了，“改革”已经成为中国共产党治国理政、解决事业发展问题的重要方法论。经过几十年的探索和发展，“改革”已经深入经济社会发展的各个领域，并且也取得了一系列有目共睹的伟大成就，这不仅为新时代全面深化改革奠定了坚实的基础，也积累了宝贵的经验。党的十八大以来，以习近平同志为核心的党中央开启了全面深化改革的新征程。2017 年 10 月召开的党的十九大又进一步把“坚持全面深化改革”确立为新时代坚持和发展中国特色社会主义的基本方略之一。总的来说，全面深化改革是坚持和发展中国特色社会主义，不断推进中国特色社会主义制度自我完善和发展，不断解决我国发展面临的一系列突出矛盾和问题，不懈追求全面建成小康社会，进而建设社

① 中共中央文献研究室编：《习近平关于全面深化改革论述摘编》，中央文献出版社 2014 年版，第 10 页。

会主义现代化强国，推动实现中华民族伟大复兴中国梦的必然要求。

无论在之前的全面建成小康社会决胜阶段，还是在如今全面建设社会主义现代化国家新征程上，城乡发展问题始终是一个非常重要的问题。城乡两大部门能否保持持续健康协调发展，直接影响着全面小康的质量。从全面建成小康社会的基本内涵来看，它不仅是属于城市居民的，也是属于农村居民的，即它是属于全体人民的小康社会。从社会主义现代化强国的战略目标来看，它也不仅有城市的现代化，还有农业农村的现代化，它是城市和农村共同走向现代化的发展过程。所以，城乡发展问题始终是推动中国特色社会主义事业前进和发展的重要议题。“改革开放以来，我国农村面貌发生了翻天覆地的变化。但是，城乡二元结构没有根本改变，城乡发展差距不断拉大趋势没有根本扭转。”① 通过城乡差距的具体表现也可以明显地看出，城乡发展不平衡不充分的问题依然存在，并且正由“量”的差距逐渐转向更加突出“质”的差距。这意味着城乡在发展过程中表现出来的矛盾问题已由表面差距向更加突出深层次差距转变，这是新时代城乡发展矛盾的新特征。如果城乡发展的深层次差距问题和矛盾不能及时有效地得到解决，那么，这样的问题和矛盾无疑会越积越深。而要解决更深层次的矛盾问题，关键就在于全面深化改革，从更深层次的体制机制问题上寻找破解城乡二元结构、缩小城乡发展差距的出路，从而推动城乡经济社会发展的共同体。

从字面上理解，全面深化改革在实践过程中需在“全面”“深化”和“改革”这三个词上做文章。所谓“全面”，是指“要统筹推进各领域改革”②。也就是说，新时代的改革不是某一领域、某一方面的改革，而是涉及各个领域、各个方面的改革，它是一项系统工程，需要统筹推进。所以，“全面”指向改革的横向宽度。从新时代城乡融合发展的要求来看，

① 《习近平谈治国理政》，外文出版社 2014 年版，第 81 页。

② 中共中央文献研究室编：《习近平关于全面深化改革论述摘编》，中央文献出版社 2014 年版，第 26 页。

改革必然涉及城乡发展在经济、政治、文化、社会、生态等各个领域的变革，而这个系统的变革就是各个领域融合发展的过程。所谓“深化”，是指改革要向更深层次寻出路。这是因为当前我国各个领域、各个方面的改革“已经进入攻坚期和深水区”①。这不仅意味着改革所要直面的矛盾问题更加深层、更加复杂，同时也意味着进一步推进改革的任务也更加艰巨、更加繁重。所以，“深化”指向改革的纵向深度。从新时代城乡融合发展的实质来看，改革不仅要改变城乡面貌，还要改变城乡关系，尤其是要从体制机制创新着手，在更大程度上更有效地激发市场活力，同时更好地发挥政府作用，实现城乡共融发展。所谓“改革”，简单来说就是“破旧立新”，其本意是指“把事物中旧的不合理的部分改成新的、使之能适应新的客观情况”②。所以，改革必须要有目标靶向，而这个目标靶向正是“事物中旧的不合理的部分”。从新时代城乡融合发展的目标来看，改革就是要直面并解决城乡二元结构、城乡发展差距的问题。综上所述，全面深化改革是一项既注重改革领域的横向宽度，也注重改革推进的纵向深度的复杂系统工程，它以发展中的问题为目标靶向，致力于建立一种新的作用机理以进一步推动经济社会的发展。

（三）美好生活需要是新时代城乡融合发展的内生动力

“人民对美好生活的向往，就是我们的奋斗目标”③，这是2012年11月15日十八届中央政治局常委同中外记者见面时，习近平总书记代表新一届中央领导集体做出的庄严承诺。“人民对美好生活的向往”源自“人民日益增长的美好生活需要”。换言之，正是“美好生活需要”触发了人民对美好生活的向往，而满足人民日益增长的美好生活需要也就成为中国

① 《习近平在参加上海代表团审议时强调坚定不移深化改革开放加大创新驱动发展力度》，《人民日报》2013年3月6日第1版。

② 张旭东：《“改革”内涵的演进：从“改革”到“全面深化改革”》，《党的文献》2016年第1期。

③ 《习近平谈治国理政》，外文出版社2014年版，第4页。

共产党不懈奋斗的精神动力，这种精神动力与中国共产党“为中国人民谋幸福”的初心是相契合的。满足人民日益增长的美好生活需要从根本上说就是为人民谋幸福生活。

就个体而言，正如马克思所说：“任何人如果不同时为了自己的某种需要和为了这种需要的器官而做事，他就什么也不能做。”① 就社会而言，马克思在《〈政治经济学批判〉导言》中也曾简明扼要地指出：“没有需要，就没有生产。”② 可见，需要是人们之所以要从事这样那样的实践活动、生产活动的基本动因。从党的十九大提出的“人民日益增长的美好生活需要”整体概念来看，“美好生活需要”需要人们在各种实践活动、生产活动中得到实现和满足；而“日益增长”则体现了“美好生活需要”的动态性特点。人们在各种实践活动、生产活动中实现和满足了当前的美好生活需要后，又会进一步产生新的美好生活需要，这也正是社会生产力在各种实践活动、生产活动中得到不断提高的过程。从这个意义上讲，人民日益增长的美好生活需要推动着整个经济社会的发展进程。作为执政党的中国共产党把人民对美好生活的向往作为自己的奋斗目标，就是要从人民日益增长的美好生活需要出发，去排除各种影响人民实现美好生活的阻碍因素，不断满足人民日益增长的美好生活需要，从而推动经济社会发展。所以，“人民日益增长的美好生活需要”事实上既体现了人民的根本利益问题，也体现了中国共产党的执政立场问题。不断满足人民日益增长的美好生活需要，必须坚持以人民为中心的发展思想。在这里，所谓“人民”即指作为集合概念的人民，它既包括城市居民，同时也包括农村居民。坚持以人民为中心的发展思想，就是要谋求包括城乡居民在内的最广大人民的最大福利、最大幸福。从这个意义上说，它充分体现了社会主义的本质属性。

在新时代城乡融合发展的过程中，如果从微观角度来理解“人民日益

① 《马克思恩格斯全集》第三卷，人民出版社 1960 年版，第 286 页。

② 《马克思恩格斯选集》第二卷，人民出版社 2012 年版，第 691 页。

增长的美好生活需要”，那么应当充分认识到“人民日益增长的美好生活需要”具有主体差异性的特点。首先，作为群体的城市居民和农村居民对美好生活的需要存在差异性。例如，农村居民更加侧重于追求以更加丰富的物质条件、更加公平正义的社会环境作为保障的美好生活，他们较为普遍地希望得到更加优质的教育、更加先进的医疗卫生服务、更加公平的社会保障等；城市居民则更加侧重于追求以更加丰富的精神文化、更大程度的自我价值实现，他们较为普遍地希望得到更加清新的空气、更加通畅的交通出行、更加优美的生态环境等。当然，这样的区分并不是绝对化的，农村居民同样也存在更加丰富的精神文化需要，城市居民同样也存在对社会公平正义的向往。但总体上来看，城乡两个部门的居民对美好生活的需要是存在差异的。其次，无论是城市居民还是农村居民，作为个体的居民对美好生活的需要是千差万别的。不同年龄层次、不同文化程度、不同职业、不同收入水平、不同性别的居民都会有各自不同的美好生活需要，而这些美好生活需要通常都是从人自身的发展出发，并且引领着人的不断成长与发展，是影响人的发展的一股积极力量。再次，不同地区的城市居民或农村居民的美好生活需要也是有差异的。这是因为我国发展不平衡不充分的问题不仅表现在城乡之间，同样也表现在区域之间。从发达程度来看，我国东部地区优于中部地区，中部地区又优于西部地区。所以，无论对城市居民来说，还是对农村居民来说，东部地区、中部地区、西部地区“在美好生活需要的层次列表上会呈现出依次递减的状态”①。

可以说，城镇化过程中出现的不平衡不充分发展问题，是造成城乡居民以及不同地区城乡居民对美好生活产生差异性需要的重要原因。不平衡不充分发展是社会现象，它制约着人民美好生活的实现。所以，中国共产党在为人民谋幸福的道路上需要积极回应那些具有主体差异性特点的“人民日益增长的美好生活需要”以及人民对美好生活向往的诉求和呼声，通

① 吴萌、季乃礼：《“美好生活需要”的发生与实现逻辑》，《长白学刊》2020 年第 4 期。

过城乡融合发展打破不平衡不充分发展的状态，从而实现城乡居民共同的美好生活。

综上所述，缩小城乡差距、全面深化改革、美好生活需要共同构成了推动新时代城乡融合发展的动力系统。其中，现实中的城乡差距是推动新时代城乡融合发展的“势能”，城乡发展的落差使“以城带乡”成为可能，使“乡村振兴”成为必要；全面深化改革是推动新时代城乡融合发展的“动能”，改革越是全面、越是深化，它所产生的动力也就越是强劲；不断满足人民日益增长的美好生活需要是中国共产党推动新时代城乡融合发展的“本能”，这是因为不断满足人民日益增长的美好生活需要就是为包括城乡居民在内的全体中国人民谋幸福，这就是中国共产党的初心。

三　新时代城乡融合发展的原则

坚持问题导向是马克思主义的鲜明特点，也是习近平新时代中国特色社会主义思想的世界观和方法论的重要内容。“我们中国共产党人干革命、搞建设、抓改革，从来都是为了解决中国的现实问题。”① 新时代城乡融合发展就是以建立在城乡二元结构基础之上的城乡发展差距为问题导向。归根到底，城乡发展差距就是城乡经济社会不平衡不充分发展的具体表现。而城乡经济社会不平衡不充分发展正是当前制约城乡融合发展的主要障碍。所以，在全面深化改革的进程中，应当坚持什么样的原则来破解城乡经济社会不平衡不充分发展的问题，是新时代城乡融合发展的重要问题。

所谓“原则”，就是指说话或行事所依据的法则或准则。所以，“原则”为人的实践活动提供一种基本遵循。坚持原则就是为顺利推进某项工作或任务提供重要的方向保证。明确新时代城乡融合发展应当坚持什么样的原则，则是顺利推动新时代城乡融合发展往正确方向前进的基础性问

① 《习近平谈治国理政》，外文出版社 2014 年版，第 74 页。

题。新时代城乡融合发展从根本上说就是要通过城乡相融共生发展重塑城乡关系，使城乡二元结构走向城乡经济社会发展共同体的新格局。而在这个过程中，必须明确城乡是主体，发展是主线，融合是关键，在此基础上推动城乡融合发展时要重点把握农业农村优先发展、城乡主体功能互补、城乡居民权利平等、城乡全面融合等基本原则。

（一）农业农村优先发展原则

在1954年9月召开的一届全国人大一次会议上，周恩来总理作《政府工作报告》时提出："我国的经济原来是很落后的；如果我们不建设起强大的现代化的工业、现代化的农业、现代化的交通运输业和现代化的国防，我们就不能摆脱落后和贫困，我们的革命就不能达到目的。"[①] 1964年12月召开的三届全国人大一次会议提出，把中国建设成为一个具有现代农业、现代工业、现代国防和现代科学技术的社会主义强国。现代农业、现代工业、现代国防和现代科学技术从此也成为中国国家发展的总体战略目标，统称"四个现代化"。可见，从中华人民共和国成立不久后开始，农业现代化就已经是中国走向现代化的重要组成部分。2017年10月召开的党的十九大首次在实施乡村振兴战略中提出了"加快推进农业农村现代化"[②]。从"农业现代化"到"农业农村现代化"，其中更加突出了"农业现代化"和"农村现代化"两者相辅相成、密不可分的关系。农业与农村本为一体，但两者又有区别。农业是农民从事生产活动的产业，农村则是农民居住、生活、生产的空间，"农业强不强、农村美不美、农民富不富，决定着亿万农民的获得感和幸福感，决定着我国全面小康社会的成色和社会主义现代化的质量"[③]。党的二十大提出"加快建设农业强国，

① 周恩来：《政府工作报告》，《人民日报》1954年9月24日第1版。

② 习近平：《决胜全面建成小康社会 夺取新时代中国特色社会主义伟大胜利——在中国共产党第十九次全国代表大会上的报告》，人民出版社2017年版，第32页。

③ 中共中央党史和文献研究院编：《习近平关于"三农"工作论述摘编》，中央文献出版社2019年版，第11页。

扎实推动乡村产业、人才、文化、生态、组织振兴”[①]。农业强国不仅是社会主义现代化强国的重要内容，而且是社会主义现代化强国的根基。

但是，从城乡差距来看，当前农业农村发展仍然存在很大的短板。新时代城乡融合发展首先就要求将农业农村发展的短板补起来，从而使农业农村发展起来，这是实现城乡融合发展的基础条件。2018 年 1 月 2 日，《中共中央 国务院关于实施乡村振兴战略的意见》开始实施，其中明确把“坚持农业农村优先发展”作为实施乡村振兴战略的基本原则之一，并强调“在干部配备上优先考虑，在要素配置上优先满足，在资金投入上优先保障，在公共服务上优先安排，加快补齐农业农村短板”[②]。在这里，“优先发展”就体现了与以往涉农战略和政策的明显区别，“四个优先”则体现了城乡发展在资源配置方面的逻辑转变。长期以来，城镇化的实践探索始终没有脱离“先城后乡、先工后农、以乡助城、以农助工的偏斜特征”[③]。“坚持农业农村优先发展”中的“四个优先”实则是通过国家的行政力量来调整城乡发展资源配置的方案，给予农业农村发展以最大的支持，把农业农村的发展提到优先次序上去，目的就是解决农业农村发展滞后的问题。

（二）城乡主体功能互补原则

随着社会生产力的发展，社会分工开始出现。此时，城市也从最初的那个乡村中逐渐分离出来。这个过程被称作“城乡分离”，同时也是城市产生的过程。城市一经产生，就承担着与乡村有所区别的社会分工。这也是马克思、恩格斯的一个基本观点。就现代城市的发展情况来看，城市和乡村无论如何发展，仍然还未跨越不同社会分工的界限。

---

① 习近平：《高举中国特色社会主义伟大旗帜 为全面建设社会主义现代化国家而团结奋斗——在中国共产党第二十次全国代表大会上的报告》，人民出版社 2022 年版，第 31 页。

② 《中共中央 国务院关于实施乡村振兴战略的意见》，人民出版社 2018 年版，第 6—7 页。

③ 梅立润：《农业农村发展如何优先？——乡村振兴资源配置逻辑调整的难题》，《当代经济管理》2019 年第 3 期。

从现实来看，城市通常是一个地方政治、经济、文化的中心，相对而言比较繁华，因为人口、资本以及其他各种生产要素在这里集中，能够使城市的发展充满生机活力。但是，城市的生活通常也会引发人们一些较为普遍的负面感受，比如在资本逻辑驱动下的城市，不可避免地令人感到空气质量糟糕、出行交通拥堵、生活成本较高、生活节奏较快、人情关系淡薄、人与自然关系疏远等问题。而乡村通常则是一个地方以农业生产为主的田园生活空间，相对而言比较静谧，因为农业生产不同于工商业生产，尤其是小农的生产方式，它创造财富的速度和总量远不及工商业领域。因此，当城乡之间生产要素的流动机制在一定程度上建立起来后，大量农民都涌向了城市。这给在资本积累的问题上原来就落后城市许多的乡村带来了极大的挑战，乡村的发展不仅缺乏人才，同时也缺乏动力。所以，就出现了一些乡村几十年没有发展，或者几十年都不知道怎么发展的现象。但是，乡村也正是因为长期没有按照现代城市发展的逻辑发展起来，所以才保留了乡村的优势，比如乡村土地资源相对比较丰富、人口密度远远小于城市、自然环境比较优美、空气质量比较好、生活节奏比较慢、人际关系比较淳朴……诸如此类的特点对当代城市居民来说都有着极大的吸引力。

英国著名城市学家埃比尼泽·霍华德曾提出一种新的社会改革思路，即用城乡一体的新社会结构形态来取代城乡分离的旧社会结构形态。这种新社会结构形态表现为“田园城市”，它“可以把一切最生动活泼的城市生活的优点和美丽、愉快的乡村环境和谐地组合在一起”①。田园城市的生活既区别于城市生活，又区别于乡村生活，它实质上是城市与乡村的联姻。田园城市之所以能够表现出全新的形态，是因为它充分利用了城市和乡村各自的优点，在田园城市里能够实现城乡优势的互补。对此，埃比尼泽·霍华德还提出“城市—乡村”磁铁理论，认为可以把城市和乡村当作两块磁铁。众所周知，磁铁天然所具备的磁力能够对相关物体产生吸引

---

① ［英］埃比尼泽·霍华德：《明日的田园城市》，金经元译，商务印书馆2010年版，第6页。

力。在埃比尼泽·霍华德的“城市—乡村”磁铁理论中，城市和乡村这两块“磁铁”就是通过各自所具备的“磁力”去吸引人，但是在城市和乡村中间还有一块特殊的“磁铁”，它的吸引力比城市和乡村这两块“磁铁”都要强。那块具有更强“磁力”的特殊“磁铁”能够吸引人们过上一种新的生活，这种新生活就是“田园城市”的生活。所以，在埃比尼泽·霍华德看来，田园城市作为城乡一体的综合体，很明显比城市和乡村都更具有吸引力。

因此，新时代城乡融合发展要在认清城市和乡村不同的社会分工、不同的形态特点、不同的资源禀赋的基础上，既同时发挥城市和乡村各自的优点，又同时避免城市和乡村各自的缺点，使两者的功能形成互补关系，从原先两个相互区别的发展主体变成一个一体化的发展整体。在这里，主体功能的差异性就规定了城市和乡村是同时存在的，而且差异性的基础是不同的社会分工。从这个意义上讲，新时代城乡融合发展不是要把所有的乡村都变成城市，而是要让已经发展起来的城市和即将发展起来的乡村在发展的逻辑中和谐地相融共生。基于城乡各自的优势，分别挖掘城市和乡村不同的社会功能，从而发现城市和乡村不同的社会价值，这是保持城乡主体功能差异性的关键。而这种主体功能的差异性能够更好地促进人口、资本等要素在城市和乡村之间实现双向流动。因为差异是流动的必要条件，城乡主体功能的差异以及城乡居民对美好生活需要的差异，都为城乡之间的流动创造有利条件。

（三）城乡居民权利平等原则

现代化的根本是人的现代化，城镇化的核心是人的城镇化。无论是城镇化还是现代化，其最本质的问题都是要解决人的发展问题。发展是每一个人的基本权利。而人的发展是多方面的，因此，人的发展权利也是多方面的，它实际上是一个由经济权利、政治权利、社会权利、文化权利等多种权利共同组成的权利组合。这些权利是每一个人与生俱来的，理应人人平等。正如恩格斯在《反杜林论》中所说：“一切人，或至少是一个国家的一切公民，或一个社会的一切成员，都应当有平等的政治地位和社会地位。”① 在这里，平等的政治地位和社会地位就意味着权利的平等。

然而，在现实中，并不是每一个人或者每一个群体实际所享有的发展权利都是平等的。就像在我国城乡发展的历史进程中，城市居民和乡村居民在很长一段时间内都保持着发展权利不平等的状态，由此也导致了城乡之间发展不平衡的问题长期存在。从城乡居民经济权利的角度来看，最为典型的不平等表现就是中华人民共和国成立以后，为了尽快推动国家建设，实现国家走向工业化，在当时通过工农业产品价格“剪刀差”的制度安排，使城市工业化获得了急需的原始资本积累。理论界通常把农民在这个过程中作出的巨大贡献看成一种隐蔽的牺牲，因为国家通过“剪刀差”这个工农业产品交易差异化的特殊制度安排，无偿从农民手里拿走了6000亿—8000亿元资金。② 经济权利的不平等，将会影响着其他方面的不平等，城市和乡村之间、市民和农民之间也就拉开了差距。从城乡居民政治权利的角度来看，城市居民和乡村居民由于受教育程度的差异（主要表现为城市居民高于乡村居民）、工作性质的差异（主要表现为城市居民以有组织的劳动为主，而乡村居民在实现农业现代化之前通常都是自给自足式的生产为主）、观念的差异（主要表现为城市居民通常更加开放，而乡村居民通常更加保守）等诸多因素的影响，两类群体在政治诉求表达方面存在较为明显的需求差异、能力差异、方式差异，从而对公共政策、公共决策的影响力也存在差异，而这种差异则会“产生政策的偏向性结果”③。从城乡居民社会权利的角度来看，尽管当前我国建立起了世界上最大的社会保障安全网，但是城乡居民仍然还享受着有差别的社会保障制度，乡村居民社会保障水平低于城市居民的现状仍然没有完全改变，乡村医疗卫生

---

① 《马克思恩格斯选集》第三卷，人民出版社2012年版，第480页。

② 毕泗生主编：《中国农业农村农民前沿问题报告》，人民日报出版社2003年版，第95页。

③ 胡志平：《权利重构：城乡居民收入差距的累积与消解》，《探索》2012年第6期。

设施和水平落后于城市的现状同样也仍然没有完全改变。从城乡居民文化权利的角度来看，人人都有权利追求更优质的教育和更丰富的文化生活，但是长期以来这些优质资源都集中在城市，极大程度上制约着乡村人民对美好生活的向往。所以，新时代城乡融合发展的一个重要任务就是把乡村的发展、乡村居民的发展提到重要位置，要通过融合发展赋予城乡及其居民平等的发展权。

（四）城乡全面融合原则

所谓“全面融合”，是指城乡之间多方位、多层次的融合。简单地看，城乡融合发展仅仅涉及“城”和“乡”的融合问题，但实际上城乡融合发展是一项复杂的系统工程。从人的角度来看，城乡融合发展表现出来的是城市居民和乡村居民之间的互动关系，即市民与农民的双向互动。以往的城镇化道路实现了农民向城市的流动，但这样的流动是非常有限的。一方面，农民向城市的流动通常都是单向度的，市民很少向乡村进行逆向流动，因为乡村没有让市民长期定居的足够吸引力；另一方面，农民向城市的流动仅仅是空间上的流动，身份却仍然难以改变，即便是进城务工成为农民工，仍然不属于市民。所以，城乡融合发展要在双向互动的问题上寻求突破。

从发展领域来看，城乡融合发展表现出的是城市与乡村在经济、政治、文化、社会、生态文明建设等多个领域的融合，并且在融合的过程中充分发挥城市与乡村各自的优势，把融合贯穿在各个领域发展过程中。这就意味着城乡融合发展不是单方面的融合，而是多个方面的融合。因此，城乡融合发展体制机制和政策体系的构建应从这些具体领域着手去综合考虑、全面构建。从具体内容来看，城乡融合发展表现出的是城市与乡村在要素、产业、空间、信息、制度等多个方面的融合。其中，城乡要素融合主要解决的是人才、土地、资本等关键要素的流动问题，要实现城乡要素的自由流动和平等交换；城乡产业融合主要解决的是第一、二、三产业有机融合的问题，而不是产业的迁移或叠加；城乡空间融合主要解决的是城乡空间结构的优化调整问题，而这个问题的关键在于顶层设计、整体规划，发挥规划的引领作用，让城市空间、乡村空间以及城乡接合部的空间发挥出各自的优势，实现一体化发展；城乡信息融合主要解决的是乡村信息化发展如何追上城市信息化发展速度的问题，要让乡村借助互联网的优势在振兴的过程中实现嬗变；城乡制度融合主要解决的是城乡二元结构的制度性问题，要实现城乡居民在社会保障制度、公共服务供给制度、公共财政制度、户籍管理制度等方面享受城乡一体化的制度安排。从时间角度来看，城乡融合发展表现出来的是城市与乡村在发展中将经历一个长时间的融合过程。在这个过程中，城市与乡村在不同领域、不同方面的融合速度是不一样的。也就是说，在城乡融合发展的漫长过程中，有的领域、有些方面会率先实现融合发展，而另一些领域、另一些方面的融合发展可能会滞后一些。同时，就全国而言，不同地区的城乡融合发展也存在速度的差异、水平的差异以及质量的差异。所以，无论是从人的角度、发展领域的角度、具体内容的角度还是从时间的角度来看，城乡融合发展都是一项非常复杂的系统工程，这个复杂主要表现在它涉及面很广。

第九章　新时代城乡融合发展的边界分析

新时代城乡融合发展要在生产力得到新发展、生产关系得到进一步调整和完善、有为政府与有效市场相结合、农民主体地位得到显现的条件下，坚持农业农村优先发展、城乡主体功能互补、城乡居民权利平等、城乡全面融合等基本原则，按照体现乡村振兴的发展战略、坚持以人民为中心的发展思想、城乡相融共生的发展格局、区域协调发展的发展思路等要求，试图破解城乡二元结构体制问题，形成新型工农城乡关系，最终促进人的自由全面发展。在这个过程中，还有一个关键问题需要进一步作讨论，即新时代城乡融合发展究竟应该融合什么，以及是否存在不可融合的方面等问题，这就涉及新时代城乡融合发展的内容和边界问题，而且认清边界问题是理顺内容问题的前提。

一　新时代城乡融合发展的合理边界问题

在新时代城乡融合发展的具体实践中，哪些方面“可以融”，哪些方面“不可融”，哪些方面“可全融”，哪些方面“适度融”，这一系列的问题就构成了对新时代城乡融合发展的具体内容分析。在这里，“可以融”“不可融”“可全融”“适度融”等词事实上就是从城乡发展要素的“融合”程度加以区分的。不同要素、领域的“融合”程度不尽相同，这表现出来的只是一种现象，而在现象背后还有更深层次的原因，那就是融合的边界问题。

（一）新时代城乡融合发展的边界来源

《辞海》对“融合”做出的解释是指“几种不同的事物合成一体”①，也作“融和”。所以，从城乡关系的发展趋势来看，所谓城乡融合发展总体上就是城乡协调发展、一体发展的过程。但确切地说，不是所有的事物都能合成一体。不同事物之所以能够合成一体，是因为它们通常情况下具有某种可融的属性。如果不具备这样的可融属性，那么几种不同事物是不能合成一体的。城乡融合发展作为经济社会发展的一种现象，其内部相关的不同事物能否合成一体，除了取决于事物本身是否具有可融的属性问题外，还取决于许多社会因素，比如法律、制度、价值、文化等，这些社会因素也就构成了新时代城乡融合发展在融合问题上的边界问题。如果说不同事物具备了某种可融属性就决定了这些不同事物能够相融的问题，那么，由法律、制度、价值、文化等社会因素构成的边界问题就决定了这些不同事物在何种程度上能够相融的问题。在这里，是否可融以及在何种程度上相融，就构成了有关融合现象的两个基本问题。其中，就后者而言，新时代城乡融合发展在具体实践过程中，既要遵守法律边界和制度边界，也要在价值边界和文化边界范围内推进。相对而言，法律边界和制度边界是带有刚性规定的“硬性边界”，而价值边界和文化边界则是具有人文关怀的“柔性边界”。那么，新时代城乡融合发展在其具体实践过程中为何会存在法律、制度、价值和文化四重边界问题？

首先，基于《中华人民共和国宪法》《中华人民共和国土地管理法》《中华人民共和国城乡规划法》等相关法律的具体规定，存在新时代城乡融合发展的法律边界问题。其中，《中华人民共和国宪法》第十条和《中

---

① 夏征农、陈至立主编：《辞海》（第六版彩图本），上海辞书出版社 2009 年版，第 1901 页。

华人民共和国土地管理法》第九条均明确规定："城市的土地属于国家所有。农村和城市郊区的土地，除由法律规定属于国家所有的以外，属于集体所有；宅基地和自留地、自留山，也属于集体所有。"同时，《中华人民共和国土地管理法》第十三条还规定："国家所有依法用于农业的土地可以由单位或者个人承包经营，从事种植业、林业、畜牧业、渔业生产。"另外，《中华人民共和国城乡规划法》第四条规定："制定和实施城乡规划，应当遵循城乡统筹、合理布局、节约土地、集约发展和先规划后建设的原则，改善生态环境，促进资源、能源节约和综合利用，保护耕地等自然资源和历史文化遗产，保持地方特色、民族特色和传统风貌，防止污染和其他公害，并符合区域人口发展、国防建设、防灾减灾和公共卫生、公共安全的需要。在规划区内进行建设活动，应当遵守土地管理、自然资源和环境保护等法律、法规的规定。"① 以上这些都为城乡融合发展在融合内容上做出了法律边界的有关规定。从土地管理的角度来看，城乡土地二元体制是不能跨越的，乡村农业用地的使用性质是不能改变的；从自然资源和环境保护的角度来看，城乡融合发展要有利于城乡生态环境，有利于促进城乡各种资源能源的有效利用；反过来，城乡融合发展不能以破坏任何一方的生态环境为代价，也不能以浪费任何一方的资源能源为代价。

其次，基于中国特色社会主义农业发展道路的具体实践，存在新时代城乡融合发展的制度边界问题。改革开放以来，中国特色社会主义农业发展道路的具体实践过程中，有两项有关农村改革的重大制度创新是社会公认的。一是实行家庭联产承包责任制，这是在 20 世纪 70 年代末 80 年代初，为了解决人民公社制度带来的效率低下、数亿人民吃不上饭的问题而做出的重大选择。这项制度让农民与土地的关系得到了改变，每个农户在自己所在的村集体里天然地拥有了一定数量土地的承包经营权，从此，广大农民就有了可以满足其基本生存需要的重要保障。因此，家庭联产承包责任制对中国农村社会乃至整个中国社会的政治稳定、经济稳定、社会稳

① 《中华人民共和国城乡规划法》，中国法制出版社 2019 年版，第 6 页。

定而言是具有重要意义的。党的十八大以来，中国特色社会主义农业发展道路的具体实践过程中又产生了一项重要制度，即农村土地集体所有权、农户承包权、土地经营权“三权”分置并行的制度，这是在农村土地集体所有权、农户家庭承包经营权“两权”分离的基础上产生的，这是社会公认的另一项有关农村改革的重大制度创新。在“三权”分置并行制度的基础上，又明确强调土地承包关系稳定且保持长久不变。很显然，这些制度安排都为城乡融合发展在融合过程中做出了制度边界的有关规定。具体而言，农村土地集体所有的制度安排、农户是农村土地唯一合法承包主体的制度安排、农村土地经营权流转后承包土地所有权的性质及其农业用途保持不变的制度安排、土地承包关系稳定且长久不变的制度安排，等等，所有这些都是不能逾越的。

再次，基于更好地满足城乡人民日益增长的美好生活需要的具体实践要求，存在新时代城乡融合发展的价值边界问题。只有坚守新时代城乡融合发展的价值取向，才能确保在新时代城乡融合发展的具体实践过程中各项工作都是有利于城乡融合发展的目标要求的。破解城乡二元结构体制的问题，促进城乡人民自由全面发展，这是新时代城乡融合发展的主要目标。而与这两个目标相对应的价值取向就是坚持以人民为中心，致力于解决城乡发展不平衡不充分的问题，以更好地满足城乡人民日益增长的美好生活需要。那么，归根到底，新时代城乡融合发展最核心的任务就是要实现人的城镇化，整个城镇化的进程要始终围绕人的自由全面发展展开。这就是新时代城乡融合发展价值边界的一种表现。新时代城乡融合发展必须把人而不是物作为城镇化的主体，把人的城镇化置于高于物的城镇化的位置，两者的关系不能颠倒；否则就绕不出以往城镇化道路的实践逻辑。如果在城乡融合发展过程中，物的城镇化依旧掩盖了人的城镇化，那么新时代城乡融合发展的价值边界也就被打破了。另外，新时代城乡融合发展既然是要满足城乡人民日益增长的美好生活需要，那么就要顾全城市和乡村两个大局，融合的目标是要实现双赢。所谓“双赢”就是相融共生，而不是“此消彼长”或“两败俱伤”。如果城乡融合的过程出现“此消彼长”

的现象，那么就是以牺牲其中一方利益来成全另一方，这种情况并不符合新时代城乡融合发展的逻辑。如果城乡融合出现“两败俱伤”的现象，那么就是城乡融合发展就演变成了城乡之间的“零和博弈”，这种情况同样也不符合新时代城乡融合发展的逻辑。所以，从这个意义上讲，实现城乡相融共生地发展，就是新时代城乡融合发展价值边界的另一种重要表现。因此，城乡发展如果出现“此消彼长”或“两败俱伤”的现象，那么就是对新时代城乡融合发展价值边界的突破，这在实践过程中是需要避免的。

最后，基于城乡分工及其空间形态差异性的特点，存在新时代城乡融合发展的文化边界问题。新时代城乡融合发展总体上是遵循城乡一体化发展趋势的。但是，城市和乡村、工业和农业从长期来看是不能完全合并的，因为城市和乡村、工业和农业在其分工上是为了满足人们不同的生活需要而存在的，两者在其功能上所呈现的二元关系在一定程度上必然是长期存在的。但是，城市和乡村的范围、工业和农业的比例会随着新时代城乡融合发展的实施以及新型城镇化的不断推进而发生变化。然而尽管如此，仍旧改变不了城市与乡村在一定程度上还是要同时存在的事实。从这个意义上讲，新时代城乡融合发展就不是把所有的乡村都变成城市。城市和乡村的差异从外在来看表现在空间形态上，而从内在来看则表现在不同的文化内涵上。与现代城市相比，乡村社会的文化底蕴更加深厚、文化形态更加多样、文化观念更加传统、文化特色更加明显。从这个意义上讲，文化是乡村社会发展的重要资源和宝贵财富。《中华人民共和国城乡规划法》第十八条规定：“乡规划、村庄规划应当从农村实际出发，尊重村民意愿，体现地方和农村特色。”① 农村特色实际上就集中表现为乡村社会特有的文化，而且不同的农村可能具备的文化与特色也是不一样的。所以，新时代城乡融合发展在其实践过程中要根据实际情况保护好乡村文化，使其在与城市现代文化相碰撞的同时依旧能够发扬光大。也就是说，新时代

① 《中华人民共和国城乡规划法》，中国法制出版社 2019 年版，第 10 页。

城乡融合发展既不能把所有乡村都变成城市，也不能让乡村文化在城乡融合发展的过程中消解于城市现代文化之中。这就是新时代城乡融合发展的文化边界问题。

（二）新时代城乡融合发展边界问题的重要性

认清新时代城乡融合发展的边界问题，不仅能够更好地理解和把握新时代城乡融合发展为城乡之间在何种程度上相融做出精准界定，同时也能够避免新时代城乡融合发展在其实践过程中出现失控和偏差。在法律边界、制度边界、价值边界和文化边界的共同作用下，新时代城乡融合发展将会形成一种特殊的约束力，而这种约束力既为新时代城乡融合发展指明前进方向，也为新时代城乡融合发展提供约束保障。所以，边界问题对推进新时代城乡融合发展的总体进程来讲是具有双重意义的。

新时代城乡融合发展的边界问题，归根到底就是新时代城乡关系在融合发展过程中的约束条件，它为新时代城乡融合发展以及新时代工农城乡关系的调整提供一个基本遵循。之所以需要这样的约束条件，很重要的一个方面原因在于城乡融合发展的过程中需要协调好城乡之间利益分配的问题。当前，城乡人民利益诉求多元化，从而城乡人民日益增长的美好生活需要是现实存在的一种社会现象。城乡社会结构在新型城镇化的发展格局中，尤其是在新时代城乡融合发展的格局中将会发生变化，这同样也是现实存在的一种社会现象。面对这两种现实存在的社会现象，如何对城乡之间有限的资源进行更加合理有效的配置，如何在城乡融合过程中确保两者相融共生地发展，并能够维持一种利益关系上的平衡，这是新时代城乡融合发展具体实践领域的重要问题。这两个问题倘若能够得到有效解决，城乡发展才能同向而行，整个社会发展才能有序展开。于是，新时代城乡融合发展既需要讲原则性，也需要讲约束力。所谓原则性，即如前所述，新时代城乡融合发展要坚持农业农村优先发展、城乡主体功能互补、城乡居民权利平等以及城乡全面融合等基本原则。原则性问题重点解决的是城乡之间资源配置、互补共促的问题。而所谓约束力，主要就是指新时代城乡融合发展要把握法律、制度、价值和文化等边界问题。正因为要实现城乡发展利益关系的平衡，才凸显了新时代城乡融合发展边界问题的重要性。这个约束力问题或边界问题，实际上就是确保新时代城乡融合发展朝着维护全体人民共同利益的方向前进，确保新时代城乡融合发展要同时顾全城市和乡村发展两个大局的根本问题。

（三）新时代城乡融合发展边界问题的把握原则

边界规定了约束范围，打破边界就是超越约束范围。而超越约束范围的结果往往就会造成方向的偏离。因此，在新时代城乡融合发展的具体实践过程中，必须牢牢把握住边界问题。要做到这一点，则应当重点从以下四个方面的原则性问题着手。

第一，新时代城乡融合发展必须依法依规加以推进。在现实社会中，法律法规以及各项制度对社会行为、社会活动都是具有较强的约束力作用的。所以，这也是现实中最硬性的约束力。在新时代城乡融合发展的具体实践过程中，相关的法律法规以及制度规定就是推进城乡融合发展的“天花板”，城乡融合发展的各项政策举措都必须在法律法规以及有关制度规定所允许的范围内开展。一方面，从现有的法律法规以及《中共中央 国务院关于实施乡村振兴战略的意见》《中共中央 国务院关于建立健全城乡融合发展体制机制和政策体系的意见》《中共中央 国务院关于保持土地承包关系稳定并长久不变的意见》《中华人民共和国乡村振兴促进法》等若干个有关新时代城乡融合发展的重要制度文件的具体内容来看，坚持依法依规，就是在新时代城乡融合发展过程中为保持乡村振兴发展提供最重要的政治支持和制度保证。只有这样，才能改变乡村一直以来给人们留下的落后形象。另一方面，法律法规以及制度规定给新时代城乡融合发展圈定了一个操作范围，这个操作范围也就是可控范围。如果超出这个范围，那么新时代城乡融合发展也就容易走偏，从而也就容易违背城乡融合发展的初衷。所以，法律法规以及制度规定事实上也是确保新时代城乡融合发展不走偏、不越界的“警戒线”。

第二，新时代城乡融合发展必须聚焦“人的城镇化”。“人的城镇化”实际上就是突出以人为本的新型城镇化本质。人是社会发展的主体，同样也是历史发展的主体。众所周知，人是整个社会历史发展最核心的要素。如果城镇化的结果只是停留在物质层面，那么，人的自由全面发展的终极目标也就无法实现。这样的城镇化就是把人和物的关系颠倒了过来，过度突出强调物的城镇化，从而忽视人的城镇化，实质上就是城镇化过程中人的主体性缺失的表现。这样的城镇化结果最终是无法匹配满足人民日益增长的美好生活需要的。因为它本身就不是从人出发，而是从物出发；或者它至少不是从全部人出发，而是从一部分人和物出发，这里的一部分人主要就是指城市居民。在过去的城镇化过程中，农民主体性地位的缺失是非常明显的。所以，新时代城乡融合发展的价值边界是要强调城乡必须共同发展，而最终的目标是要实现城乡人民的共同全面发展，尤其是要加快促进乡村人民的全面发展。

第三，新时代城乡融合发展必须体现城乡互补功能。新时代城乡融合发展的价值边界和文化边界共同要求新时代城乡融合发展过程中要体现城乡之间的互补功能。以往的城镇化道路优先让城市发展了起来，在新时代城乡融合发展的具体实践过程中，城市的这种先发优势要转化为带动乡村发展的力量，也就是以工补农、以城带乡的实践要求要在新时代城乡融合发展的过程中体现出来。同时，通过乡村发展反过来弥补城市生活的缺陷和不足。因为城市与乡村在其价值和功能上都是有着明显差异的，正是这种差异性，才能使两者形成互补关系。而只有形成这样的互补关系，才能让城乡居民生活都变得更加美好，这与新时代城乡融合发展的价值边界要求是相吻合的。除此之外，文化具有凝聚人心、滋养心灵的作用。城市现代文化和乡村传统文化都是整个社会文化建设的重要组成部分，现代与传统之间既可以存在冲突的关系，同时也可以存在互补的关系。城乡发展在文化上的互补而非冲突的关系，是新时代城乡融合发展的应有之义。

第四，新时代城乡融合发展必须在内容上做出清晰界定。新时代城乡融合发展的法律边界、制度边界、价值边界和文化边界共同为新时代城乡融合发展指明了约束条件，与此同时，也为新时代城乡融合发展框定了原则内容。换句话说，哪些方面在城乡融合发展过程中可以相融，哪些方面在城乡融合发展过程中不能突破，这个问题在新时代城乡融合发展的边界问题中做出了一些规定。比如，城乡土地二元体制是不能跨越的，农户是农村土地唯一合法承包主体的制度安排是不能改变的，农村土地经营权流转后承包土地所有权的性质及其农业用途保持不变的制度安排是不能突破的，土地承包关系稳定且长久不变的制度安排是不能改变的，农村是不能全部变成城市的，农民同样也是不能全部变成市民的，等等。只有明确新时代城乡融合发展的内容框架，才能更加准确地把握新时代城乡融合发展的边界问题，才能让城乡融合发展框定在合理的范围之内。同时，还要把法律边界、制度边界、价值边界和文化边界贯穿到融合内容和过程中去。

二　新时代城乡融合发展的重点融合要素

从过程来看，新时代城乡融合发展集中表现为城乡之间产业、要素、公共服务等方面相互融合的过程。其中，从要素角度来看，又可以细分为人才、技术、资本、土地等。在这些具体内容中，产业是城乡经济社会发展的基础，要素是城乡经济社会发展的必要条件，公共服务则是城乡经济社会发展的重要内容。而在诸多要素中，土地是比较特殊的，因为我国土地管理明确实行城乡二元管理体制的，因此在新时代城乡融合过程中尤其需要注意把握其法律和制度的边界问题。

（一）产业融合是新时代城乡融合发展的关键

产业是在生产力不断发展过程中基于社会分工而产生的。因此，产业是社会分工的结果。随着社会生产力不断发展，产业也同时得到了不断升级发展。产业的升级发展又会引发社会结构的变革。农业社会时期，人类社会的生产和发展主要以农业和手工业为主。工业社会时期，人类社会的生产和发展在工业革命浪潮的推动下转向以工业为主。正如美国著名社会学家丹尼尔·贝尔所言，“由农村社会转向城市社会，由农业经济转向工业经济，由联邦国家转向中央集权政治的国家，都是社会结构的重要变化”[①]。社会结构的变革具有结构性的特点，并且变革后的社会结构比变革前的社会结构要更加符合社会生产力发展和产业发展的需要，因此又是难以逆转的。在农业社会向工业社会转变的过程中，有一种现象是不可避免的，即“在田野上从事近乎奴隶般劳动而被解放出来的农民，成了服从于个体雇主或国营雇主的城市工人”[②]。也就是说，社会结构的变革同时又会引发劳动力结构的变化。在丹尼尔·贝尔看来，工业社会之后则是后工业社会，这样一个在工业社会之后产生的社会结构从经济上来说具有“从产品生产经济转变为服务性经济”[③] 的特点。也就是说，在后工业社会里，服务业将会占据主导地位，信息和知识在这个时代里也将会成为支配他人的重要权力，因为信息和知识将会比以往任何一个时期都要更加广泛地被应用于服务业中。大体上可以说，从农业社会到工业社会再到后工业社会，人类文明的发展随之表现出了从农业文明到工业文明再到信息文明的脉络，在这个过程中，社会生产力在不断发展，与此同时，整个社会的产业也在不断发生变化，这个变化不仅表现在产业形态上，同时还表现在产业结构、产业技术上。

总的来说，产业是撬动一个社会发展的经济杠杆，也是一个社会得以持续发展的物质基础。在党的十九大报告中，明确把“产业兴旺、生态宜居、乡风文明、治理有效、生活富裕”作为实施乡村振兴战略的总要求，乡村产业的兴旺必须依靠城乡融合发展，同时，城乡融合发展也必须依托

---

① ［美］丹尼尔·贝尔：《后工业社会的来临——对社会预测的一项探索》，高铦、王宏周、魏章玲译，商务印书馆 1984 年版，第 13 页。

② ［美］阿尔温·托夫勒：《权力的转移》，刘江、陈方明、张毅军、赵子健等译，中共中央党校出版社 1991 年版，第 17 页。

③ ［美］丹尼尔·贝尔：《后工业社会的来临——对社会预测的一项探索》，高铦、王宏周、魏章玲译，商务印书馆 1984 年版，第 20 页。

产业发展，因为产业具有凝聚要素的特性，它能够把人才、技术、资本、土地等要素在物质生产实践活动中给凝聚在一起。然而，在新时代城乡融合发展的具体实践过程中，产业不是某一形态的产业概念，而是建立在第一、二、三产业融合的基础上的多产融合产业概念。这与农业社会以农业和手工业为主、工业社会以现代工业为主、后工业社会以现代服务业为主的并列关系有着较大区别。

第一，新时代城乡融合发展在产业形态上是多产同存的关系。农业在乡村社会中的基础地位是不可动摇的。农业生产为人类活动提供最基础和最重要的物质资料，即农产品。就当前我国城镇化水平来看，农民仍然还是一个庞大的群体，他们的经济收入来源最主要来源于农业生产或外出务工。农业生产活动在给广大农民提供稳定经济收入来源的重要作用不可忽视。当前，我国农村地区以农业生产为主的特点依然是明确的，农村耕地的农业用途性质是不能改变的。所以，在新时代城乡融合发展的具体实践过程中，农业不仅要继续存在，而且还要更好地存在，这个“更好”就体现在“高效益”和“高质量”上，这也是加快建设农业强国的必然要求。那么，要使传统农业向高效益、高质量的现代农业转型，就要在产业链上做文章。也就是说，要突破以往那种以农业看农业、孤立看农业的理念，要把原来的农业产业链进行延伸，使之与新型工业和现代服务业接轨起来，积极拓展农业的多种功能，挖掘并实现农业的多重价值，在产业融合发展的过程中培育多种业态，使乡村产业由单一的农业转变成多产同存的新业态。

第二，新时代城乡融合发展在产业结构上是有城乡差异的。随着社会生产力的不断发展，这个社会的产业结构也必然会发生变化。就经济社会发展的整体来看，在我国推进建设社会主义现代化强国的新征程中，第二、三产业比重尤其是第三产业比重不断上升、第一产业比重不断下降，这是必然的一种趋势，也是符合现代化建设和发展的逻辑的。但是，在新时代城乡融合发展的具体实践过程中，城乡产业虽然在不断融合，但城市社会和乡村社会在产业结构上应该还是有明显差异的。在城市社会中，工业制造业和服务业是主要的，而且随着社会的发展，先进制造业和现代服务业的比重会逐渐提高。在城市社会发展过程中，知识、技术、信息等的因素发挥的作用将会越来越重要。知识密集型的现代服务业、高科技的先进制造业、信息技术产业等首先会在城市发展起来。而在乡村社会中，乡村的根基在农业，农业是乡村社会的基础产业。在新时代城乡融合发展的具体实践过程中，第二、三产业将会在产业融合的过程中被应用于第一产业的物质生产实践中。此时的乡村社会应当仍然以农业为主，但是这个时候的农业已经由传统农业转变为现代农业，而现代农业就是第一、二、三产业融合发展的结果，同时也是适应我国经济结构调整需要的现代产业，这样的产业也将更有利于推动生产方式的绿色化转型与升级。

第三，新时代城乡融合发展在产业技术上具有融合应用的特点。技术也是决定一个社会发展的关键要素。按照阿尔温·托夫勒的观点，在未来社会发展过程中，知识将会继暴力和财富之后越来越成为支配这个社会的权力。不仅如此，在他看来，暴力只能用于惩罚，因此暴力是属于低质权力；而财富不仅能够用于惩罚，同时还能够用于激励，因此财富属于中等权力。而在中等权力之上，还存在高质权力，这种权力就是源于知识的应用①。事实上，这就说明未来社会的发展将会更加依赖知识的应用。而知识的应用有多种表现形式，技术无疑是其中一种。在新时代城乡融合发展的具体实践过程中，传统农业向现代农业的转型必须借助科学技术的力量，提高农业生产实践活动中的科技含量、知识含量。在传统农业生产实践活动中，技术的应用大多表现为简单机械化操作。新时代城乡融合发展将会引起乡村产业形态和结构发生较大变化，在规模化的现代农业生产实践过程中，高科技、信息化、数字化、智能化的应用将不可或缺，更多应用于新型工业和现代服务业的技术将会同样被融合应用服务于农业，这是农业领域技术应用的一个新特点。

---

①［美］阿尔温·托夫勒：《权力的转移》，刘江、陈方明、张毅军、赵子健等译，中共中央党校出版社 1991 年版，第 22—23 页。

（二）人才是新时代城乡融合发展的核心问题

发展是党执政兴国的第一要务，人才是实现发展的第一资源。所谓人才，是具备一定的专业知识、专业技能，并且能够从事相对复杂劳动的人。因此，人才通常也特指那些在人力资源中能够掌握较好的技能、能够拥有较高的综合素质的劳动者。从这个意义上讲，人才不仅为经济社会发展提供劳动力支撑，同时也为经济社会发展提供智力支撑。从乡村发展情况来看，人才始终都还处于发展的薄弱环节。农业长期以普遍的小农经营为主，农民的综合素质总体不高，农业农村缺乏农业生产的专家型人才。因此，要通过一系列人才政策的完善、激励和引导，进一步推进户籍制度改革，同时努力把农民培养成新型职业农民，让城乡人才互动交流起来，从而促使乡村振兴起来，推动新时代城乡融合发展。

第一，新时代城乡融合发展在人才制度的问题上要求破除城乡二元户籍的管理体制。1958 年 1 月 9 日，全国人大常委会通过并颁布了《中华人民共和国户口登记条例》。这一条例的实施就意味着户籍制度开始出现。也就是说，政府开始通过执行特定的公共政策，对人口进行管理。但一直以来，户籍并不只有为公民提供身份证明的作用，也并不只有为国家进行人口管理提供制度保障的作用。事实表明，户籍在我国经济社会发展过程中还被赋予了过多的社会福利功能，它已经远远超出了人口登记与管理的应然功能。在《中华人民共和国户口登记条例》中，明确规定了公民由农村迁往城市的必要条件，比如城市劳动部门的录用证明、学校的录取证明，或者城市户口登记机关的准予迁入证明等。这意味着如果缺少这样的证明，农民是没有办法迁往城市的。因此，这些准入条件使得城市户口变得更加“高贵”，农民迁往城市就显得非常困难。事实上，户籍制度的出台，一开始就将城市和乡村通过政策制度隔离开来了。这样的隔离在当时看来有其历史必然性，与当时的计划经济体制是相吻合的，而且还的确在一定程度上促进了城市的发展，推动了城镇化的进程。但是，随着改革开放以后社会主义市场经济体制的确立和完善，城乡分割、相互隔离的发展格局就变得不再适应社会主义市场经济发展的要求，尤其是让人们深刻认识到了城乡二元户籍制度在城乡资源有效配置上成为一种制度障碍。改革开放以来，户籍制度改革始终是改革的重要内容之一，但实际户籍制度改革的成效却并不是很明显。从20世纪80年代允许农民自带口粮到小城镇就业并落户，到90年代末开启小城镇和县级市户籍改革试点工作，再到21世纪初全面放开小城镇和县级市落户政策，这一系列的改革探索过程中实际落户规模和户籍制度改革的效果并不是很理想。2014年，为适应国家新型城镇化发展的需要，《国务院关于进一步推进户籍制度改革的意见》发布，明确提出要统一城乡户籍制度。统一城乡户籍制度实际上就是对城乡二元户籍制度的一次重大政策调整，“统一”就意味着要打破农业户籍和非农业户籍的差异性。这种差异性不仅体现在身份上，而且更应该体现在户籍制度背后的社会福利问题上。在很长一段时间里，城乡二元的户籍制度使得乡村和城市处在了两个并非平行发展关系的格局中，农民和市民在就业、教育、医疗、保障等各个方面享受着完全不一样的待遇。这一方面限制了农民的发展，另一方面也阻碍了农民市民化的转变。所以，新时代城乡融合发展在户籍制度改革方面要有两个基本趋向：一是要通过统一城乡户籍制度和城乡优质资源共享、城乡资源有效配置等方式，统筹城乡户籍利益的差异性，使农民享有与市民同等的发展权，实现更好的发展；二是要进一步放宽城市户口的准入条件，降低落户门槛和要求，同时还要维护好进城落户农民的土地承包权、宅基地使用权和集体收益分配权，使农业转移人口市民化顺利推进，让农民在城市中也能够发挥更大的作用，享受更美好的城市生活。

第二，新时代城乡融合发展在人才培养的问题上要求加快建立新型职业农民培养的长效机制。农民技能的提升是实施乡村振兴战略的一个重要内容。在传统农业中，农业生产主要靠人力生产，农业生产效率非常低，而且在整个农业生产过程中，知识的运用、科学技术的运用比较少，农业分工也比较少，更多只是依靠农民的经验、简单的机械以及个人的劳动。因此，传统农业通常被视为一种低端的、简单的生产，农民在这样的观念中显然也不可能是一种“人才”。2012年，中共中央、国务院印发《关于加快推进农业科技创新持续增强农产品供给保障能力的若干意见》，明确提出要“加强教育科技培训，全面造就新型农业农村人才队伍”①，并把“大力培育新型职业农民”作为其中一个重要内容。职业农民事实上就是把“农民”作为一种职业来理解，而不是作为一种社会身份来理解。职业源于社会分工，身份实际上更多的是因为社会分层分化带来的。每一种职业都要求从业人员应该具备相应的职业技能。“新型职业农民”的概念事实上是对农业从业人员提出了更高的要求。2014年，农业部办公厅、财政部办公厅联合印发有关农民培训工作的通知，要求大力实施新型职业农民培育工程，构建一支“有文化、懂技术、会经营”的新型职业农民队伍。2017年，农业部出台的《“十三五”全国新型职业农民培育发展规划》对新型职业农民的特点又进一步作了扩展，提出了“加快构建一支有文化、懂技术、善经营、会管理的新型职业农民队伍”的发展目标。由此可见，新型职业农民不仅需要具备从事农业生产相关的知识技能，同时还要具备从事农业经营管理相关的能力素质。因此，新型职业农民是一个名副其实的复合型人才概念。新型职业农民是在运用专业知识技能的过程中从事农业生产，并在农业生产经营的过程中获得收入。这支队伍与传统农民相比，有着明显的优势和区别。传统农民从本质上来讲实际上就是农产品的原始生产者，而新型职业农民从本质上讲则是具有与现代农业生产经营相匹配的专业知识技能、经营管理技能的专门性人才。从这个意义上讲，新型职业农民是对农民概念的重构，农民的职业也将不再像传统农业社会中那样表现为代际传承的特点，而会逐渐成为对从事农业生产经营有一定兴趣偏好的农民自由选择的结果。当然，新型职业农民归根到底还是属于农民的范畴，即他们是以农业为主业的，这是不能脱离的本质特征。但是，新型职业农民可以分为若干种不同类型，比如包括家庭农产、农业大户、

① 《中共中央、国务院印发〈关于加快推进农业科技创新持续增强农产品供给保障能力的若干意见〉》，《人民日报》2012年2月2日第2版。

专业合作社骨干等在内的生产经营型职业农民，通过培训学习掌握了一定的农业生产经营专业技术知识的职业农民，为农业生产经营提供咨询服务、技术支撑的职业农民等。毫无疑问，所有这些新型职业农民都是农业农村现代化的主力军。

第三，新时代城乡融合发展在人才流动的问题上要求建立合理的城乡人才流动机制。城乡人才流动是城乡经济社会互动发展的必要条件。人才作为一种社会资源，它在资源配置的过程中需要尊重市场化规律。实施乡村振兴战略，推动农业农村现代化，首先就是要充分发挥人的主观能动性作用，要让人才在城乡自由流动中实现资源的优化配置。城市发展需要大量劳动力，从城镇化的历程中可以明显看出，自从城乡隔离的发展格局被打破后，大量农村剩余劳动力通过外出务工的方式为城市发展作了巨大贡献。当然，在务工过程中，农村剩余劳动力同时也较好地解决了自身的生计问题。务工所得收入比务农所得收入要更加可观。因此，有部分农民因为收入提高了，也就具备了在城市长期就业、生活、扎根的条件，实现了农业户口向非农业户口的转变，这实际上就是身份发生了变化、职业发生了变化。但是，还有更多的农民在城市中并没有足够的条件得以立足，他们在城市中务工只是一种谋生方式，而并没有过上城市中本来应有的幸福生活，在这种情况下，城市务工的获得感和幸福感并不会太高。甚至有的农民情况更加糟糕，在城市中无法立足生活，只好退回农村生活。这种“退回”显然是一种被动的选择、无奈的选择、消极的选择。从农村到城市，再从城市退回农村，农民的这种流动方式在党的十八大以前的城镇化过程中是比较常见的。从城市中退回农村的农民，大多出于融不进城市生活的无力感。所以，在城乡人才流动机制上，要重点考虑如何让农村剩余劳动力从农村流向城市之后，能够在城市当中立足，并且在务工过程中积累知识、技能、资本，从而带着知识、技能、资本回到农村从事农业创业或现代农业生产经营活动。在这个过程中，农民从城市回到农村就不再是一种被动的、无奈的、消极的流动，而是一种主动的、充满希望的积极选择。同时，新时代城乡融合发展在人才流动问题上，还需要关注到一个问题，即城市居民向农村流动的问题。新时代城乡融合发展在要素流动上是自由双向的。那么，农村人口向城市流动的同时，也应当有城市人口向农村自由流动。然而，农村本身条件较差、生活较苦、资源较少，农村以外的人才在现实中鲜有主动到农村发展的。因此，在人才流动机制的构建方面，还要通过适当的激励政策吸引农村以外的人才向农村流动。比如，重点扶持涉农产业的发展，使农业兴旺发展的同时，通过农业供给侧结构性改革过程中产业链的延伸，在农业、农村、农产品的附加价值上做文章，从而吸引更多农村以外的人才自由选择流向农村工作，为农业农村走向现代化提供人才支撑。同时，也可以通过人才政策直接刺激城乡之间的人才流动。比如，"大学生村官计划"就是"通过鼓励大学毕业生下乡当村官，吸引大学生到农村就业，打破农村人才匮乏的局面，搭建农村人才高地，促进了城乡人才双向流动"①。

（三）资本入乡是新时代城乡融合发展的必然要求

谚语有云，"巧妇难为无米之炊"。没有足够的资本投入，乡村振兴战略也难以推进，进而必然影响城乡融合发展的进程。2018 年"中央一号"文件《中共中央 国务院关于实施乡村振兴战略的意见》中明确提出："实施乡村振兴战略，必须解决钱从哪里来的问题。要健全投入保障制度，创新投融资机制，加快形成财政优先保障、金融重点倾斜、社会积极参与的多元投入格局，确保投入力度不断增强、总量持续增加。"② 所以，资本入乡助力乡村振兴，是新时代城乡融合发展的必然要求。

第一，新时代城乡融合发展需要健全有利于乡村振兴的财政投入保障机制。党的十八届三中全会明确提出，"财政是国家治理的基础和重要的

---

① 郁建兴、高翔等：《从行政推动到内源发展：中国农业农村的再出发》，北京师范大学出版社 2013 年版，第 108 页。

② 《中共中央 国务院关于实施乡村振兴战略的意见》，人民出版社 2018 年版，第 38 页。

支柱”。这就指明了财政对于国家治理的重要意义所在。健全有利于乡村振兴的财政投入保障机制，就是要求公共财政预算要向农业农村发展的现实需要倾斜。毫无疑问，实施乡村振兴战略是一项庞大的系统工程，它涉及农业生产发展、农村基础设施建设、农民民生问题等各个方面的工作。如果按照农业农村公共财政投入的主要用途来划分，大致可以把财政资金分为以下四个大类：一是涉农补贴资金，二是基础设施建设资金，三是农业生产发展资金，四是农业农村公共服务资金。在涉农补贴资金的投入方面，国家的一个基本政策就是农业补贴只增不减，也就是说要持续在加大农业补贴力度上下功夫，把种粮农民的直接补贴、良种补贴、农资综合补贴合并为农业支持保护补贴，重点支持耕地地力保护和粮食产能提升。在基础设施建设方面，农村地区普遍是比较落后的，基础设施规划混乱无序的现象较为普遍地存在。与城市相比，农村里的交通邮电、网络设施、农田水利、污水处理设施、家庭供水供电、商业服务等方面基础设施建设要远远落后，存在许多薄弱环节。这些方面薄弱环节在很大程度上制约着农业农村的发展，制约着城乡融合发展。因此，在基础设施建设资金的投入方面，要对农村基础设施的供给类别进行精准排序，把财政资源向亟须补齐的短板倾斜，实现财政优先保障。农村基础设施建设直接影响着农村基本面貌。2003 年 6 月，时任浙江省委书记习近平同志在全省部署启动“千村示范、万村整治”工程（简称“千万工程”），事实上首先就是从改善农村生态环境、加强农村基础设施建设着手的。在农业生产发展资金投入方面，关键就是要对接农业农村现代化发展的需要，通过加大财政投入的方式，重点向粮食等重要农产品生产倾斜，向种粮大户、农民专业合作社、家庭农场等新型经营主体倾斜，推动农业供给侧结构性改革，加大培育新型农业经营主体的力度。在农业农村公共服务资金方面，要把重点放到向农民提供优质公共服务的目标要求上来，尤其要关注文化教育、医疗卫生、互联网通达等民生领域公共服务质量问题。

第二，新时代城乡融合发展需要建立乡村金融支农惠农服务体系。乡村金融是现代乡村经济的重要内容。在整个国家的金融体系中，乡村金融还比较薄弱。城乡金融服务体系的发展不平衡现象和乡村金融服务体系发展的不充分现象并存，这个问题如果不解决，乡村振兴战略的实施将会受到阻碍。2019 年 1 月，中国人民银行、银保监会、证监会、财政部、农业农村部联合发布了《关于金融服务乡村振兴的指导意见》。金融服务乡村振兴，实际上就是要发挥金融支持服务乡村振兴的重要作用，推动农业农村走向现代化。从农村金融机构的角度来看，主要包括农村信用社、农村合作银行和农村商业银行这三种基本形态。其中，农村信用社是最初服务于农业生产和农村发展的农村金融机构，而农村合作银行和农村商业银行则是农村金融体制改革的产物，是为适应经济较为发达的农村地区的金融需求而产生的。2019 年“中央一号”文件《中共中央 国务院关于坚持农业农村优先发展做好“三农”工作的若干意见》中明确强调，要“推动农村商业银行、农村合作银行、农村信用社逐步回归本源，为本地‘三农’服务”①。2019 年印发的《中共中央 国务院关于建立健全城乡融合发展体制机制和政策体系的意见》又再次强调，要“推动农村信用社和农商行回归本源”②。这两个“回归本源”就是强调了农村金融机构服务“三农”发展的本质要求。在乡村振兴战略实施过程中，“产业兴旺”是关键，而“产业兴旺”就需要大量的资金投入。农村金融机构能够为农村产业发展资金短缺的问题提供有效解决方案。因为农村金融机构能够为满足现代农业发展的合理融资需求，同时也能够为农业专业大户、家庭农场、农民合作社、农村企业等农业新型经营主体在适度规模经营过程中提供必要的借贷资金来源，确保农业的适度规模经营能够顺利进行。当然，金融借贷是需要必要的信用环境作为支撑的。因此，还要稳步推进农户、家庭农场、农民合作社、农业社会化服务组织、农村企业等经济主体电子信用档

① 《中共中央 国务院关于坚持农业农村优先发展做好“三农”工作的若干意见》，《人民日报》2019 年 2 月 20 日第 2 版。

② 《中共中央国务院关于建立健全城乡融合发展体制机制和政策体系的意见》，人民出版社 2019 年版，第 8 页。

案建设，多渠道整合社会信用信息，完善信用评价与共享机制，促进农村地区信息、信用、信贷联动。然而，还需明确提出的是，依托农村承包土地的经营权和农民住房财产权的“两权”抵押贷款，对农民来讲实际上是充满风险的。如果创业失败，那么办理“两权”抵押贷款的农民将会面临重大的生存问题，这是不利于社会稳定的。从这个意义上讲，农村金融在为农民提供服务的同时，还必须建立配套的风险评估机制。

第三，新时代城乡融合发展需要建立有序引导工商资本下乡的工作机制。有序引导工商资本下乡实际上是承认了工商资本下乡的必要性。在城乡融合发展的新格局中，工商资本下乡是必然的。因为农业的概念在乡村振兴战略和城乡融合发展格局中都会发生变化，它不再被简单地看作仅仅种植农产品的产业，而将是“一个集技术、经济、政治和国家安全于一体，伴随和支撑着整个人类进化史，并随社会发展和进步越来越表现为多功能性的永恒的魅力产业”①。未来的农业之所以会被称作魅力产业，实际上跟未来农业的多功能性有着密切的关联。这就需要人们进一步去深入挖掘蕴含在农业当中的那些休闲、康养、旅游等价值。而未来的农村也将伴随着农业的变化而发生变化。从基本形态上来说，未来的农村也将不再是传统农村，而是具有城镇特质的新型农村社区或者具有一定规模的农庄。这样的农村也将充满魅力。于是可以说，乡村就是未来发展的广阔天地，工商资本在乡村也必然会大有可为。反过来讲，乡村振兴也需要工商资本的融入。而工商资本融入乡村振兴，事实上跟产业发展之间有着重要的关联性。产业振兴能够让乡村产生磁铁般的吸引力，不断吸引进城务工的农民返乡、城镇居民特别是城镇中的企业主下乡、高学历高层次人才入乡。在这些不同人群返乡下乡入乡的过程中，资本和技术也就自然流入乡村，为乡村振兴创造有利条件，同时也为新时代城乡融合发展创造有利条件。与此同时，随着农村土地承包权和经营权的分置，农户可以将其所承包的

① 朱信凯、于亢亢等：《未来谁来经营农业：中国现代农业经营主体研究》，中国人民大学出版社 2015 年版，第 1 页。

土地的经营权进行合理流转。农业专业大户、家庭农场、农村合作社组织、农村企业等农业新型经营主体便可以集中使用土地，实现适度规模化经营，这是市场在资源配置中的一大优势，能够提高资源配置的效率。

但是，这里有一个关键问题是，资本下乡、流转经营都不能改变农村土地的使用性质、不能损害农民的切身利益。所以，在工商资本下乡的过程中，必须要强调“有序引导”，这是规范工商资本在乡村振兴发展中发挥作用的必然要求。毫无疑问，在市场化改革的过程中，工商资本下乡是有积极意义的，因为它表现为一股组织化的力量，能够“在推动土地规划整治和产业发展、促进土地流转和规模化经营、降低农业交易成本和推动技术应用、促进就业创业和农民增收、激发农村资源资产要素活力等多个方面都具有重要作用”①。但与此同时，资本逐利的本性决定了资本下乡对国家粮食安全和农民发展权利可能会带来各种能否预料或难以预料的风险问题。资本的商业性质会对国家粮食安全的战略目标、农民切身利益的维护与保障带来一定挑战。因此，在市场化改革的过程中，既要发挥市场在资源配置中的决定性作用，也要更好地发挥政府作用，以使国家利益、农民利益免遭损害。

（四）激活土地资源是新时代城乡融合发展的现实需要

对于农民而言，土地具有极其特殊的意义。土地是农民从事农业生产劳动所必需的生产资料，也是农民从事农业生产劳动的空间场所，因此，土地首先解决了农民的就业问题。但土地的价值不仅仅止于此，它同时还是农民基本福利保障的重要来源。当农民在城市务工过程中，被激烈的市场竞争排挤到无法在城市继续生存生活时，农民可以选择退回农村，因为农村还有自己承包经营的土地，土地与农民的切身利益天然地捆绑在一起。所以，在新时代城乡融合发展的具体实践过程中，土地问题的制度边界是不能跨越的，但是针对大规模地存在闲置土地资源的现状，激活土地

---

① 周立：《“城乡中国”时代的资本下乡》，《中国乡村发现》2018 年第 6 期。

资源就成了一项重要任务。当前，在我国农村土地政策框架中已经形成了所有权、承包权、经营权“三权”分置并行的格局。农村土地产权制度的进一步明晰，使得农村土地的经济价值、社会价值进一步得到提升。总的来说，它是有利于保护农民利益、提高土地资源配置效率、推动农业农村发展前进的，同时，也是推动新型工业化、信息化、城镇化、农业现代化“四化”同步发展，推动新时代城乡融合发展的重要制度支撑。

第一，新时代城乡融合发展需要进一步完善农村土地确权制度。农村土地确权的目的在于明晰农村集体产权，激活农村土地要素，实现农村土地资源优化利用，从而提高农业农村经济收益，保障农民切身利益。因此，完善农村土地确权制度本身也是深化农村集体产权制度改革的重要内容。在现实中，农民土地所有权不是一个简单的权利概念，它实际上是一组土地权利的集合概念。所谓一组土地权利，就包括土地占有权、土地使用权、土地收益权和土地处分权。对于土地所有权的问题，首先就要明确所有权的主体是谁，从而保障土地的有效经营管理。现行《中华人民共和国宪法》第十条规定：“城市的土地属于国家所有。农村和城市郊区的土地，除由法律规定属于国家所有的以外，属于集体所有；宅基地和自留地、自留山，也属于集体所有。”在这里，虽然《中华人民共和国宪法》明确了我国农村和城市郊区土地除由法律规定属于国家所有的以外，都属于集体所有。但实际上对“集体所有”的概念并没有明确具体所指。谁是集体？这个问题在这里没有得到解答。现行《中华人民共和国土地管理法》规定：“农民集体所有的土地依法属于村农民集体所有的，由村集体经济组织或者村民委员会经营、管理；已经分别属于村内两个以上农村集体经济组织的农民集体所有的，由村内各该农村集体经济组织或者村民小组经营、管理；已经属于乡（镇）农民集体所有的，由乡（镇）农村集体经济组织经营、管理。”由此对比可见，《中华人民共和国土地管理法》对“集体所有”做出了进一步规定，即具体化为“农民集体所有”，这就明确了农村土地所有权的主体。依照《中华人民共和国土地管理法》的有关规定来看，“农民集体所有”还可以细分为三种情况，分别是村农民集体所有、村内两个以上农村集体经济组织的农民集体所有的以及乡（镇）农民集体所有。明确农村集体土地的所有权主体，是实现农村土地产权明晰的重要一环。在此基础上，进一步明晰农村土地的收益权与处分权，明确所有者、承包者和使用者的收益分配权利，才能真正使农村土地家庭承包经营权转化为经济效益和农民的现实利益。《中华人民共和国土地管理法》规定："农民集体所有的土地，由县级人民政府登记造册，核发证书，确认所有权。"土地确权不只是一个登记造册的工作，更为重要的是要通过明确所有权来确保权益。这种权益表现为农民对集体土地的财产性收益，而不是私人的占有。

第二，新时代城乡融合发展需要进一步完善土地经营权流转制度。农村集体土地所有权、承包权、经营权"三权"分置并行格局的形成，是中国特色社会主义农业农村现代化的重要制度创新，具体就体现在基于中国土地承包经营权流转实践的事实基础上，对农村集体土地产权关系进行了进一步改革创新，这一改革创新是适应中国特色社会主义农业农村现代化发展目标的。承包权和经营权从原来的承包经营权中分开来，农村土地产权的这种分割方式关键目的在于调动承包权和经营权背后的那个主体的各自积极性，从而带来更高的经济效益。改革开放以来，在几十年时间的具体实践中，土地承包经营权始终都是一个整体概念，农民家庭是土地承包经营权的主体。在这种产权制度框架之下，承包经营都由同一个农民家庭承担。在这种情况下，由于土地经营权不能流转，当大量农民在城镇化过程中选择进城务工后，农村土地资源大面积的闲置现象就不可避免。同时，由于在用土地资源只能被承包的农户经营使用，不能流转给他人经营使用，而每个农户所承包的土地又十分有限，因此农业生产始终都无法摆脱小农生产方式，农业农村现代化发展就要受限。2016 年，中共中央办公厅、国务院办公厅印发《关于完善农村土地所有权承包权经营权分置办法的意见》，明确了农村土地"三权"分置改革政策。这一改革是适应生产力发展需要而产生的，农村土地承包经营权中分离出经营权，并且土地经营权可以流转。而且明确规定"农村集体土地由作为本集体经济组织成员的农民家庭承包，不论经营权如何流转，集体土地承包权都属于农民家庭”①。这样一来，土地承包权和经营权的分置就使得在保持土地承包权主体不变的前提下，土地实际经营主体更加多元了；土地经营权的流转使得土地资源集中利用和农业适度规模经营成为可能。因为在流转过程中，碎片化的土地能够被同一个经营主体联合起来集中使用。当然，土地经营权的流转需要在土地确权的基础上进行，并且要按照依法、自愿、有偿的原则，通过转让、互换、出租（转包）、入股或其他方式进行，切实保障土地承包权主体即农户家庭的合法权益。

第三，新时代城乡融合发展需要进一步建立和完善集体经营性建设用地入市制度。农村集体建设用地具体包括宅基地、公益性公共设施用地以及经营性用地三类。其中，集体经营性建设用地就是指那些具有生产经营性质的农村集体建设用地，比如乡镇企业建设用地。20 世纪 90 年代后期以来，曾经风光无限的乡镇企业在社会主义市场经济的浪潮中开始逐渐衰落。乡镇企业的衰落使得农村集体经营性建设用地也出现了新的问题，这些集体建设用地要么荒废无用，要么低效利用。而且无论怎样，这些集体经营性建设用地都不能转让，当然也不能用于其他用途。这就造成了农村集体经营性建设用地资源闲置，甚至浪费的现象十分严重。这种土地资源的闲置浪费是不利于城乡融合发展的。从土地资源利用的角度来讲，“统筹城乡发展的根本出路在于通过各类资源尤其是土地资源的有效整合与合理配置，提高利用效率，实现以城带乡，以点带面，城乡共同发展”②。2013 年 11 月，党的十八届三中全会提出：“在符合规划和用途管制前提下，允许农村集体经营性建设用地出让、租赁、入股，实行与国有土地同等入市、同权同价。缩小征地范围，规范征地程序，完善对被征地农民合

---

① 《中共中央办公厅、国务院办公厅印发〈关于完善农村土地所有权承包权经营权分置办法的意见〉》，《人民日报》2016 年 10 月 31 日第 2 版。

② 严金明、王晨：《基于城乡统筹发展的土地管理制度改革创新模式评析与政策选择——以成都统筹城乡综合配套改革试验区为例》，《中国软科学》2011 年第 7 期。

理、规范、多元保障机制。”这给重新盘活农村集体经营性建设用地资源带来了新的可能。在这里，一个基本前提是“符合规划和用途管制”，这就意味着对集体经营性建设用地入市的范围作了明确规定。这样的规定实际上是对耕地的保护，既限定或缩小了征地范围，又避免了耕地遭受破坏的可能。《中共中央 国务院关于坚持农业农村优先发展做好“三农”工作的若干意见》明确强调要“严守18亿亩耕地红线，全面落实永久基本农田特殊保护制度，确保永久基本农田保持在15.46亿亩以上”①。耕地红线是国家粮食安全战略的现实需要，农村土地制度改革最基本的底线之一就是不能突破耕地红线。正如习近平总书记在中央农村工作会议上的讲话中所强调：“不管怎么改，不能把农村土地集体所有制改垮了，不能把耕地改少了，不能把粮食产量改下去了，不能把农民利益损害了。”② 另外，对于农村中有偿收回的闲置宅基地、废弃的集体公益性建设用地，也应当按照农民自愿的原则，将其转变为集体经营性建设用地入市。这种做法实际上就是将农村集体建设用地的闲置资源最大化利用起来了。

（五）公共服务均等化是新时代城乡融合发展的题中之义

在2019年出台的《中共中央 国务院关于建立健全城乡融合发展体制机制和政策体系的意见》中，按照实现“两个一百年”奋斗目标的战略部署和乡村振兴战略的规划愿景，对建立健全城乡融合发展体制机制和政策体系的目标作了“三步走”的安排，其中，城乡基本公共服务均等化的目标要求始终都贯穿于“三步走”。简要地说，到2022年，城乡融合发展体制机制初步建立，基本公共服务均等化水平稳步提高；到2035年，城乡融合发展体制机制更加完善，基本公共服务均等化基本实现；到21世纪

① 《中共中央 国务院关于坚持农业农村优先发展做好“三农”工作的若干意见》，《人民日报》2019年2月20日第2版。

② 中共中央文献研究室编：《习近平关于社会主义经济建设论述摘编》，中央文献出版社2017年版，第177页。

中叶，城乡融合发展体制机制成熟定型，城乡全面融合，乡村全面振兴，全体人民共同富裕基本实现。城乡基本公共服务问题是关系城乡居民民生大事的问题。国务院印发《“十三五”推进基本公共服务均等化规划》明确强调，基本公共服务是由政府主导、保障全体公民生存和发展基本需要、与经济社会发展水平相适应的公共服务，指出：“同时基本公共服务均等化是指全体公民都能公平可及地获得大致均等的基本公共服务，其核心是促进机会均等，重点是保障人民群众得到基本公共服务的机会，而不是简单的平均化。”① 这个规定就很明显地反映出了基本公共服务的若干特点：它的主要供给者是政府，主要目的是保障全社会的民生，核心要义是促进机会均等而不是平均主义。国家发展改革委等部门联合发布的《“十四五”公共服务规划》主要涵盖了“幼有所育、学有所教、劳有所得、病有所医、老有所养、住有所居、弱有所扶和文体服务保障”② 等领域的公共服务，将基本公共服务均等化明确列为“十四五”期间经济社会发展的主要目标。

那么，为什么要强调基本公共服务的均等化问题？这是由现实情况决定的，即改革开放以来，城乡之间发展出现了不平衡不充分现象，这是我国经济社会发展主要矛盾的具体表现，而在城乡不平衡不充分发展现象中包含了城乡基本公共服务的不均衡发展问题。导致这个问题的决定性因素主要有两个方面：一方面是地方经济社会发展水平，另一方面是政府公共服务供给能力。这两个方面的因素是由城乡不平衡不充分发展决定的，而它们又共同导致了城乡基本公共服务的不均等现象。新时代城乡融合发展就是要解决城乡不平衡不充分发展的问题，于是城乡基本公共服务均等化自然就成了新时代城乡融合发展的重要内容。这也是实现城乡相融共生，实现城乡人民共同富裕、全面发展的本质要求。

---

① 《国务院印发〈“十三五”推进基本公共服务均等化规划〉》，《人民日报》2017 年 3 月 2 日第 1 版。

② 《“十四五”公共服务规划》，《人民日报》2022 年 1 月 11 日第 3 版。

第一，基本公共服务均等化是促进社会融合的重要内容。从新时代城乡融合发展的总体趋势来看，就是要坚持把城市与乡村、工业与农业、城镇居民与乡村居民视为一个整体加以统筹推进，在这个过程中，产业、技术、人才、资本、土地等方面的因素在适当的范围内相互融合，最终要促进城乡以及城乡人民共同发展。而就城乡人民共同发展而言，关键在于实现城乡社会融合发展，这尤其体现在城乡基本公共服务的供给与保障方面。城乡社会融合发展的目的是要促进社会公平正义。从这个意义上讲，实现城乡基本公共服务均等化的压力在乡村。因为长期以来，受城乡二元结构体制的影响，乡村发展与城市发展之间形成了较大差距，乡村的经济社会发展水平以及乡村治理体系和治理能力现代化程度的“双低”特点直接导致了乡村基本公共服务的供给是远远不足的。从现实来看，乡村基础设施的落后、优质教育资源的匮乏、医疗卫生服务能力的不足、社会保障水平的低下，这些现象仍然较为普遍地存在，并与城市里的情况形成鲜明对比。在这种情况下，建立城乡社会融合机制就十分必要。新时代城乡融合发展的具体实践过程中，必须依托城市优质资源和公共服务，带动乡村公共服务水平和质量的提高，促进城乡基本公共服务均等化。

第二，基本公共服务均等化本质上来讲是实现权利平等。基本公共服务的“均等化”强调的是“机会均等”，而非“结果均等”，所以它不是表现为结果的平均主义。过去的城镇化进程中形成的城乡二元结构体制把城市与乡村割裂开来，在其基本公共服务方面实质上是把城乡人民获得优质公共服务的均等机会割裂开来了。相比之下，城市居民比乡村居民更加有机会获得优质的公共服务，城镇居民比农民居民更加有机会获得优质的公共服务。因此，城乡基本公共服务不均等的现象是伴随着过去的城镇化而长期存在的。这种不均等现象直接决定了城乡居民无法平等地享受基本公共服务，从这一点来讲，城乡居民发展权利自然就不能平等。所以，在新时代城乡融合发展的基本原则中，必须体现城乡居民权利平等的原则，这一点也正是城乡基本公共服务均等化的前提条件。在实现基本公共服务均等化方面，新时代城乡融合发展的具体实践中应对基本公共服务内容进行合理分类：针对乡村基础设施落后的情况，应当加大财政投入力度，加强公用设施和公共服务设施的建设，按照实施乡村振兴战略的总要求，创造优美的人居环境；针对乡村优质教育资源的匮乏、医疗卫生服务能力的不足等问题，应当在加大财政投入的同时，建立城乡公共服务资源的交流互动机制，提高资源配置的效率；针对乡村社会保障水平低下的问题，应当通过进一步完善社会保障财政投入与转移支付机制，促进城乡拥有更加公平的社会保障。这些举措的重要意义在于，一方面能够促进城乡社会的融合发展；另一方面能够在一定程度上确保城乡居民享受平等的发展权利。

第三，基本公共服务均等化是有效解决社会矛盾的突破口。基本公共服务涉及教育、医疗、卫生、社会保障、就业、文化等多个领域的具体内容，并且所涉及的对象众多、范围广泛，这些问题直接关系着全社会的民生问题，并且都是人民最关心的、与人民关系最直接最密切的现实问题，这些问题直接决定着人民的幸福感、获得感和安全感。此外，基本公共服务的具体内容不仅存在量的问题，同时还存在质的问题，无论是量的问题还是质的问题，都直接关系到能否满足人民日益增长的美好生活需要的问题，而且当量的矛盾解决后，这些问题会突出地表现为质的矛盾。所以，如果在新时代城乡融合发展的过程中，城乡基本公共服务的不均等现象不能得到有效解决，民生领域的矛盾越积越深，那么必将产生影响整个社会安全稳定的隐患。如前所述，直接影响城乡基本公共服务均等化的因素包括地方经济社会发展水平和政府公共服务供给能力两个方面，而这两个方面正是体现了一个国家或地区的综合实力。对中国这样一个发展中的大国来说，没有足够的综合实力，是难以实现基本公共服务均等化的，因为它所覆盖的人口众多，所面对的情况相对复杂。从这个意义上讲，中国特色社会主义进入新时代，以及国家治理体系和治理能力现代化的实践探索，都为实现城乡基本公共服务均等化创造了有利条件。

三　新时代城乡融合发展的“不可融”问题

事实表明，以往的城镇化道路在要素流动方面存在结构性固化的特点，要素由乡村向城市单向流动，造成乡村要素流失和资源“沉睡”现象比较明显。而新时代城乡融合发展在要素融合方面最大的特点就是要实现城乡要素双向自由流动、合理配置。城乡之间要素的合理流动将会促进城乡融合发展。但需要明确的是，新时代城乡融合发展并不是按照城市发展的逻辑来建设乡村，也不是通过融合发展来消灭乡村。按照《中共中央国务院关于建立健全城乡融合发展体制机制和政策体系的意见》提出的发展目标，即便是到了21世纪中叶，在“城乡全面融合”的情况下，乡村依旧是存在的。因此，必须澄清新时代城乡融合发展内在还包含着必要的“不可融”问题。

（一）城乡形态的相对独立性：乡村仍是“三生融合”的重要空间

毫无疑问，城乡融合发展会加强城乡互动，尤其会加强城乡各要素之间的双向流动，城乡在互动过程中形成相融共生的发展共同体的新格局。与此同时，从人类社会历史发展的角度来看，城镇化的总体趋势就是乡村社会向城市社会转型、传统农业社会向现代工业社会转型，这个转型是一项十分艰巨的历史性任务，它所持续的时间很长，引发的社会转型相关领域很广，转型过程中所要应对的各种矛盾风险和挑战也很多，但是它对推动人类文明进步发展而言是具有重要意义的。因此，就传统社会向现代社会转型这个意义而言，城镇化对推动人类社会历史发展来说是积极的、进步的力量。1979年，美国城市地理学家纳瑟姆（Ray M. Northam）提出了著名的“纳瑟姆曲线”，即总结出世界各国城镇化发展的普遍规律，把城镇化分为起步期（城镇化率小于30%）、发展期（城镇化率处于30%—70%）、成熟期（城镇化率大于70%）三个阶段，并且这三个阶段总体上呈现出类似正弦波曲线的特点。当城镇化处于起步期时，曲线比较平缓；当城镇化处于发展期时，曲线将会变陡；当城镇化进入成熟期后，曲线又会趋于平缓。按照“纳瑟姆曲线”来分析，中国当前正处于城镇化的发展期。这个时期正是经济社会发展的关键时期，城镇化的速度较快，城市范围扩大、城市数量增加、城市人口变多是城镇化发展期的重要特点。但是，这样的特点不能永远持续下去，否则“城市病”所引发的问题会越来越多，与此同时乡村发展又会越来越受限，城市和乡村的发展都会出现不可持续的现象。所以，新时代城乡融合发展必须强调城市和乡村共同发展，这是新时代城乡融合发展的本质特征。

既然在新时代城乡融合发展的具体实践过程中要坚持城市和乡村共同发展的本质特征，那么城市和乡村就仍然还是经济社会发展的两个基本主体。作为经济社会发展的基本主体，城市和乡村实际上共同承担着城乡人民生活、生产空间的功能。但是，由于城市和乡村在其资源禀赋上的天然差异性，使得城市与乡村出现了不同的发展路径，于是形成了不同的空间形态。高楼大厦林立、人口数量众多、住房紧张、交通拥堵、环境污染明显等，这些都是现代城市在空间形态上所表现出来的普遍特点；与之形成鲜明对比的是，乡村社会住宅密度较低、人口较稀少、汽车较少、环境自然而优美。从当前的产业发展情况看，城市主要从事工业和服务业，而乡村主要从事农业生产。所以，从生产空间、生活空间的角度来分析，城市与乡村始终存在较大差异。当然，在新时代城乡融合发展的过程中，乡村产业是要在第一、二、三产业融合的基础上实现振兴发展的，因此，乡村作为生产空间而言，也将会与传统乡村社会有所区别，城市将为乡村产业发展提供重要的支撑。而作为生活空间而言，乡村在新时代城乡融合发展的进程中将会表现出更多元化的价值和功能，从仅仅满足从事农业生产劳动的农民的生活需要，转变为同时满足城市居民休闲、旅游、娱乐的生活需要。除此之外，生态是乡村最宝贵的资源，正所谓“绿水青山就是金山银山”，生态能够为乡村创造更大意义的比较优势，这也是区别于城市的独特优势。这一比较优势将在新时代城乡融合发展的具体实践过程中得到发挥，对城市居民具有特殊的吸引力。综上分析，新时代城乡融合发展的具体实践尽管会使城乡之间互动更加频繁、城乡之间互融更加深入、城乡之间互补更加紧密，但是城市与乡村在空间形态上的相对差异性仍然是存在的，并且会长期存在。城市与乡村要立足不同的资源禀赋，按照不同的发展路径，在相融共生的格局中发展。其中，乡村将仍然是生产、生活、生态"三生融合"的重要空间，这一空间不能与城市空间混为一谈。

当然，随着城乡之间互动变得更加频繁、互融变得更加深入、互补变得更加紧密，城市与乡村之间的关系也会发生相应的调整。作为一个经济社会发展的共同体，城乡发展需要整体性的规划，这个整体性规划会促进城乡一体化建设。在过去的城镇化进程中，城市与乡村总体上表现为彼此分隔的关系，城市是城市，乡村是乡村，主要是各管各的，彼此之间的联系并不是非常深入。而城乡融合发展会促进城市与乡村的高度融合，城市与乡村是一个整体，工业与农业是一个整体，城镇居民与农村居民是一个整体。可以说，在新时代城乡融合发展的新格局中，城市与乡村、工业与农业、城镇居民与农村居民，它们相互之间有着同等地位。也就是说，城市与乡村的价值是并重的，工业与农业的功能是互补，城镇居民与农村居民的权利是平等的。但是，城市是城市、乡村是乡村在其形态上还是保持相对独立性的。

（二）城乡居民身份的区别性：农民市民化需要循序渐进

在我国，农民与市民的身份规定性长期以来主要是由城乡二元户籍制度确定的。1958 年 1 月，全国人大常委会第九十一次会议通过的《中华人民共和国户口登记条例》首次对城市和乡村的户口登记管理模式作了区分，这标志着城乡二元户籍制度的基本格局初步形成。此后，城乡居民的社会福利、社会权益都被天然地捆绑于城乡二元户籍制度之上，于是形成了农业户口与非农业户口居民在发展权利上的分隔，产生了居民身份上的歧视和待遇上的差别，从而也加剧了城乡割裂和社会分化。后来，城乡二元户籍制度持续了大约半个世纪，直到 2014 年 7 月，《国务院关于进一步推进户籍制度改革的意见》明确提出"取消农业户口与非农业户口性质区分和由此衍生的蓝印户口等户口类型，统一登记为居民户口，体现户籍制度的人口登记管理功能”①。统一登记、不再区分的做法事实上有利于实现城乡居民在教育、医疗、卫生、就业、社保、住房等个人发展方面的权利平等。也就是说，这项政策举措实际上就是要实现城乡居民在身份上的统一，是有利于促进城乡基本公共服务均等化的。那么，在取消农业户口与非农业户口的性质区分后，统一登记为居民户口，农业人口和非农业人口、农村居民和城镇居民又应该依据什么标准来区分呢？事实上，建立城乡统一的户口登记制度后，农业人口和非农业人口主要就要依据从事的职业来区分，农村居民和城镇居民主要就要依据居民的居住地来区分。这一点与过去按照城乡二元户籍制度管理的时期有着较大的区别。

从新型城镇化的本质来看，城镇化的核心问题是人的城镇化，要推动农业人口向城镇人口转化，这个过程也就是农民市民化的过程。新时代城乡融合发展从人的城镇化角度来看，显然也是如此，因为它本身就属于新型城镇化的范畴。然而，农民市民化是一个身份转变的过程，在新时代城乡融合发展的具体实践过程中并不意味着农民与市民身份上融为一体。也就是说，农民与市民在其身份上是有明确区分的，一个居民要么是农民，要么是市民，身份是具有明确的规定性的。尽管户籍制度改革以后，农业人口和非农业人口统一都登记为居民户口，但实际上从现阶段来说农民既得的权益仍然是保持不变的，农民的身份对于农民来说仍然是一种社会保障，因为身份与土地的关系并没有发生质的变化。土地仍然是农民最大的保障，而拥有土地的前提是农民身份的确定，即只有农村集体经济组织中的一员才能够以农户为单位拥有该农村土地中的一份，这在户籍制度改革之前都是明确的。类似的农民既得权益在现阶段将会延续下去，即便是农民市民化后身份发生了变化，但是依旧要保障农业转移人口的合法权益。所以，土地确权就变得尤为重要。《国务院关于进一步推进户籍制度改革

① 《国务院关于进一步推进户籍制度改革的意见》，《人民日报》2014 年 7 月 31 日第 8 版。

的意见》就明确强调："进城落户农民是否有偿退出'三权'，应根据党的十八届三中全会精神，在尊重农民意愿前提下开展试点。现阶段，不得以退出土地承包经营权、宅基地使用权、集体收益分配权作为农民进城落户的条件。"① 随着户籍制度改革的落实和推进，将来就会出现拥有土地承包权的农业转移人口。这个群体与农民相比，身份已经变成市民；与过去市民相比，却仍然还拥有农村土地。身份上的变化没有改变农民身份期间既得的合法权益，这实际上就是在新时代城乡融合发展的过程中对农业转移人口的特殊保障。这也足可见一方面加快推进农民市民化的进程是现实之需，另一方面农民市民化的进程必须谨慎推进。

需要明确的是，农民市民化并不是意味着把所有农民都变成市民。农民与市民的区别关键在于从事的职业，城市与乡村、工业与农业的并存，就决定了市民与农民也必然会同时存在。农民和市民的身份是不能融为一体的，但是随着城镇化进程的不断推进，两者在比例上会发生相应变化，农业从业人员数量不断减少是城镇化的一个普遍趋势。然而，农民市民化也不能操之过急，需要循序渐进地推进，加快推进农民市民化的进程需要在有序中进行。现阶段一些地方在城镇化过程中出现的"大拆大建"现象对于农民市民化而言是有社会风险的。这种风险体现在农民在"大拆大建"的过程中通常是被动市民化了，把农民集中到城市或城镇中去，但是农民市民化后是否能够较好地实现社会融合，能否对市民角色产生社会认同，这是更加关键的问题。从本质上来讲，农民市民化是在城镇化进程中"作为一种职业的'农民'和作为一种社会身份的'农民'在向市民转变的进程中，发展出相应的能力，学习并获得市民的基本资格、适应城市并具备一个城市市民基本素质的过程"②。这个过程不是简单的身份转变，而

① 《国务院关于进一步推进户籍制度改革的意见》，《人民日报》2014 年 7 月 31 日第 8 版。

② 郑杭生：《农民市民化：当代中国社会学的重要研究主题》，《甘肃社会科学》2005 年第 4 期。

是身份转变和外部“赋能”或自我“增能”同步进行的过程。这就说明，农民市民化是农民身份向市民身份发生彻底变化、全面转型的过程，无论新时代城乡融合发展如何推进，农民与市民在身份上的界限是明确的、清晰的。当然，新时代城乡融合发展对农民市民化而言是具有积极作用的，它能够帮助农民更好地实现“赋能”和“增能”，尤其是在第一、二、三产业融合、城乡要素双向互动交流的过程中，新时代城乡融合发展能够帮助农民更好地发展出农业生产经营以外的能力。

（三）城乡文化的相对独特性：文化相融并不意味着趋同或替代

在人类社会发展漫长的历史中，城市文明与乡村文明、工业文明与农业文明所对应的是截然不同的两种文化，城市文化的开放性、创新性、现代性与乡村文化的保守型、继承性、传统性形成鲜明对比。所以，城市文明通常被看成人造文明，而乡村文明则通常被视为自然文明。城市与乡村在不同的文化中按照不同的路径发展。城市的开放性为城市的创新发展创造了条件，从而创造出现代城市，让城市充满生机活力。乡村文化总体上来说是坚守伦理本位的，从而它是保守的、传统的，强调的是作为一种伦理价值的文化传承。从这个意义上讲，城市文化更加倾向于“求变”，而乡村文化则更加倾向于“守成”。那么，这样两种截然不同的风格和特质的文化，在新时代城乡融合发展的具体实践过程中将会面临怎样的发展？两者在碰撞的过程中究竟会发生怎样的变化？会不会产生一方压倒另一方的文化替代现象？又会不会产生两者相融后合并成一种文化的现象？这些都是新时代城乡融合发展在文化融合方面面临的现实问题。应该说，文化融合是新时代城乡融合发展的重要内容，这一点是毫无疑问的。然而，文化融合并不意味着文化的趋同和文化的替代，也不意味着城乡各自文化独特性的融合。也就是说，文化作为一种人类社会特有的社会现象，它是以物质为基础，伴随着社会物质生产的发展以及生产方式的进步而不断发展的。因此，在新时代城乡融合发展的具体实践过程中，社会物质生产不断发展，生产发展不断进步，文化自然也会随之发生变化。从这个意义上说，乡村文化的发展、城乡文化的融合是必然的。但是，城乡文化有着各自独特的风格和特质，这种独特性作为城乡文化各自的内在属性而言，是不可完全相融的，所以它不能走向趋同，与此同时，不同的物质基础也决定了城乡文化发展同样不可能走向替代关系。

在现代化理论中，有一种观点认为，工业社会的发展越来越呈现出趋同化的特征，现代化因此也就成为全球性的溶化剂。在这种观点看来，工业社会的趋同不仅表现为社会结构的趋同化，而且还表现为文化价值观念的趋同化。就像欧文·路易斯·霍罗威茨在《国际发展比较研究中的个性和结构领域》一文中指出，“英克尔斯断言在工业化国家中，价值观念往往有趋同倾向”①。在英克尔斯看来，不同社会在工业化过程中会出现社会结构的趋同，而社会结构的趋同又会导致与之相适应的文化价值观念的形成。因此，文化价值观念的趋同是工业化的必然。在现代化理论中，这种观点尽管是有较大争议的，欧文·路易斯·霍罗威茨本人就并不赞成这样的观点，因为在他看来，还有客观条件的存在会使得各国仍然保持着彼此有别的状态。趋同实际上意味着去除差异性，这显然是不符合实际的。文化趋同就意味着不同国家、不同社会在现代工业社会的发展过程中在文化领域会出现无差异化的趋势。将这种观点对应到城乡发展领域，就会认为城市文化和乡村文化在现代化的过程中将出现无差异化的发展。这同样是不符合实际的。因为城市和乡村就其客观条件来看，是完全不同的。因而，按照欧文·路易斯·霍罗威茨的观点，城市和乡村在文化上应当呈现出彼此有别的特点，并且这两种文化应当是可以共存的。从这个意义上讲，城乡文化不应也不会走向趋同。作为两种相互之间有区别但又能够共存的文化，在新时代城乡融合发展的具体实践过程中事实上也需要实现文化融合。

---

① ［美］欧文·路易斯·霍罗威茨：《国际发展比较研究中的个性和结构领域》，载［美］西里尔·E·布莱克编《比较现代化》，杨豫、陈祖洲译，上海译文出版社 1996 年版，第385 页。

另外，在新时代城乡融合发展的过程中，乡村与城市同步在发展。党的十九大报告把“产业兴旺、生态宜居、乡风文明、治理有效、生活富裕”作为实施乡村振兴战略的总要求，其中“乡风文明”内在地已经包含了乡村文化建设的内容。“乡风文明”实际上反映出来的是一种文化，“乡风文明”需要在乡村文化振兴的基础上得以实现。众所周知，城乡发展在其物质基础上的差异性是相当大的，于是基于截然不同的物质基础所发展起来的城乡文化差异性同样也是非常大的，这种差异性也决定了城乡文化的相对独特性。尽管城市文化总体上更加追求创新、发展，乡村文化总体上更加追求传承、守旧，即在新时代城乡融合发展的具体实践过程中，正因为乡村文化也要伴随物质生产方式的发展而发展，同时它又具有一种基于几千年历史发展而积淀下来的特有的文化内核，所以乡村文化必然要在保持传统和追求创新的双重逻辑中实现发展与振兴。于是，新时代城乡融合发展并不会使乡村文化在融合发展过程中走向没落，自然也就不会被城市文化所替代。而城乡文化的相对独特性在新时代城乡融合发展的具体实践过程中也将长期存在，这对乡村而言是一种宝贵资源，在这里，城里人能够寻找到“乡愁”。

第四篇 制度建设

第十章　新时代城乡融合发展面临的制度性问题与挑战

党的十八大以来，中国特色社会主义进入新时代，这标注了我国经济社会发展新的历史方位。党的十九大报告提出实施乡村振兴战略，党的二十大报告强调全面推进乡村振兴。新时代乡村振兴和城乡融合发展是相互促进、相辅相成的。乡村只有全面振兴起来，才能促进城乡融合发展达到更高水平，实现城乡之间更深层次的融合，形成更有效的城乡发展共同体新格局；城乡只有融合发展起来，才能更有力地促进乡村全面振兴。近年来，城乡融合发展成为各地方政府推进新型城镇化的重要工作方向。然而，从制度的角度来看，新时代城乡融合发展在具体实践中还依然面临着瓶颈与挑战。

一　新时代城乡融合发展的制度体系尚未成熟定型

制度是推动经济社会发展的重要驱动力。当然，制度的好坏直接决定了经济社会发展的质量和效果。党的十九大报告提出“建立健全城乡融合发展体制机制和政策体系”的具体要求，实际上体现了新时代城乡融合发展的制度体系建设的紧迫性和重要性。在全面建设社会主义现代化国家的新征程中，各方面制度的建设和完善无疑是一项十分重要的内容。只有各方面制度不断完善，国家治理体系和治理能力现代化才能实现，社会主义现代化强国的建设目标也才能实现。就新时代城乡融合发展而言，制度建设同样也是至关重要的。城乡融合发展体制机制和政策体系实际上就是加快推动新时代城乡融合发展、加快推进农业农村现代化的制度保障。从党和政府的话语体系以及知识界理论界的学术研究情况来看，体制和机制均是较为广泛应用的词语。在中译英的过程中，“体制”通常被翻译为“system”，“机制”则通常被翻译为“mechanism”。事实上，在具体实践中，体制绝非指代一个简单的系统，而是带有一定意识形态色彩并且体现在特定领域的一种整体性制度系统。因此，讨论体制的问题就必须深入具体领域中去。而机制的英文“mechanism”的词根是“mechan”，即机器（machine）之意，因此，机制最初指代机械系统中各个零部件之间的联结方式和运行原理，后来这一概念又被广泛应用于自然科学和人文社会科学，人们以此来“概括和揭示本领域内特定对象整体的各个结构要素之间的相互联结和相互制约方式，以及依据特定目标实现整体功能的方式”①。因此，机制要侧重于反映制度中不同要素之间关系的维系和调整，使其能够保证整个制度系统的顺利运行。另外，政策体系则是指由政党或政府为实现目标任务而采取的一系列以权威形式规定下来的具体措施的制度性安排。由此可见，体制、机制和政策体系尽管在具体指向上有所区别，但三者都与制度建设密切相关，都属于制度建构的范畴。所以，体制机制和政策体系的建立健全总体上反映了制度体系的建设。也就是说，建立健全新时代城乡融合发展体制机制和政策体系，事实上就是建立和完善新时代城乡融合发展的制度体系。

然而，新时代城乡融合发展的制度体系至今尚未成熟定型，党的二十大报告强调要“坚持农业农村优先发展，坚持城乡融合发展，畅通城乡要素流动”②，这说明畅通城乡要素流动、促进城乡融合发展仍然是今后全面

---

① 李松林：《体制与机制：概念、比较及其对改革的意义——兼论与制度的关系》，《领导科学》2019年第3期。

② 习近平：《高举中国特色社会主义伟大旗帜 为全面建设社会主义现代化国家而团结奋斗——在中国共产党第二十次全国代表大会上的报告》，人民出版社2022年版，第31页。

推进乡村振兴工作的重要任务。当然，《中共中央 国务院关于建立健全城乡融合发展体制机制和政策体系的意见》已经为新时代城乡融合发展做出了顶层设计、提供了基本遵循，但这实际上是一份十分重要的纲领性文件，对新时代城乡融合发展的制度体系建设提出了整体性框架。而就纲领性文件本身的意义而言，《中共中央 国务院关于建立健全城乡融合发展体制机制和政策体系的意见》显然是具有重要的指导性作用的，尤其是它聚焦五个“有利于”，即“有利于城乡要素合理配置”“有利于城乡基本公共服务普惠共享”“有利于城乡基础设施一体化发展”“有利于乡村经济多元化发展”“有利于农民收入持续增长”，提出了建立健全相对应的五个类别的体制机制，形成了新时代城乡融合发展制度体系的整体性框架。然而，对于任何一项制度或一个制度体系而言，都需要在其具体实践过程中不断地完善，使之能够更加适应经济社会发展的需要，使之能够更加有效地发挥作用。2021 年 4 月 29 日，第十三届全国人民代表大会常务委员会第二十八次会议通过的《中华人民共和国乡村振兴促进法》用“专章”的形式对“城乡融合”作了法律规定，这显然也属于制度建设的重要内容。事实证明，一项完善的、成熟的制度或一个完善的、成熟的制度体系，不只是被建构出来，还必定是经实践检验后固定下来的。当然，制度的建构是制度经受实践检验的前提，而实践又是制度建构的重要来源。

当前，从制度建构及其实践的角度来看，新时代城乡融合发展制度体系尚未成熟定型的问题突出地表现在：一是新时代城乡融合发展在未来的新型城镇化进程中依然还存在许多不确定性。就目前发展的形势来看，城乡在其数量、规模以及发展质量等问题上在将来究竟会变成怎样，都依然不确定。因此，在新时代城乡融合发展的具体实践过程中，现行的制度体系能否发挥应有的作用，在它的作用之下，乡村又究竟何时能够产生足够大的吸引力，促成乡村第一、二、三产业的融合发展以及人才、技术、资本等由城市向乡村自由广泛地流动，而不是由乡村向城市不断地单向度流动，还需要具体实践的检验。二是现行制度体系是针对普遍意义上的城乡，而不是针对特殊意义上的城乡。也就是说，当面对全国数量庞大的城市和乡村的发展时，现行的制度体系是否对不同的城市和乡村走向融合发展都具有普遍的适用性，同样是需要实践检验的。三是新时代城乡融合发展的各个类别的体制机制的实现都需要通过具体的政策加以落实，这就需要在体制机制的具体框架中不断完善具体的政策体系，而政策体系本身包含众多政策要素，不同政策在聚焦总的发展目标的同时相互之间应当形成协同效应，构成一个有机整体。所以，就目前来看，新时代城乡融合发展的制度体系还不能说已经成熟定型，现行的制度体系还仅仅是用以指导新时代城乡融合发展的开端。在全面建设社会主义现代化国家的新征程中，城乡融合发展的制度体系建设也应当随着中国式现代化的不断深入而逐渐走向成熟定型。

二　城乡二元结构体制的惯性作用依然较大

城乡二元结构体制是城乡关系在现实中的具体表现，通常情况下在发展中国家会普遍地存在。就中国而言，城乡二元结构具体还包括城乡二元经济结构和城乡二元社会结构的“双重性”特点，前者主要受产业结构、经济政策的影响而形成的，后者主要受以户籍制度为核心的社会政策的影响而形成的。从我国城镇化的历程来看，国家政策的主导性对城乡二元结构体制的形成产生了决定性作用。城乡二元经济结构和城乡二元社会结构在城镇化的具体实践过程中又总是交织在一起，相互影响，形成一种较为稳定的状态。当前，城乡二元结构体制的问题突出地表现在城乡经济社会发展的结构性矛盾上，具体包括城乡之间发展不平衡不充分、城乡居民收入差距仍然较大、城市集中了大量优质资源而乡村优质资源相对匮乏等。城乡二元结构体制之所以会长期存在并对整个经济社会产生如此深远的影响，事实上跟城乡发展理念之间有着密切关联性。在中华人民共和国成立后不久，我国要快速启动工业化、走向现代化，当时面临的最大问题就是国家发展的基础太薄弱，通过国家的行政手段向规模最大的农业获取工业化原始资本积累无疑是当时的最佳选择。于是，农业需要无条件地支持工业化建设，农业成了支持工业化最重要的一支力量，城市和工业的发展越来越快，城市规模和数量不断扩大，工业污染日趋严重，而乡村和农业的发展速度远远不及城市和工业，仍然保持着自然的乡土气息，甚至一大批农业从业人员纷纷转向城市进城务工。城乡二元结构体制在长期的城镇化实践过程中逐渐固化下来，事实上在今天看来仍然存在制度的惯性作用。

当前，城乡二元结构体制的制度惯性主要体现在：一是城乡发展效率的显著差异决定了“重城轻乡”“重工轻农”的路径依赖在短期内不会完全消失。改革开放以后，中共中央在1982年至1986年期间连续五年发布以农业、农村和农民为主题的“中央一号”文件，从“正式承认包产到户合法性”到“放活农村工商业”“发展农村商品生产”，再到“取消统购统销”“增加农业投入，调整工农城乡关系”，这五年期间中央对农村改革和农业发展所作的具体部署体现了从重视“三农”问题到重视“工农城乡关系”的发展。自2004年起至今，中共中央又连续以“中央一号”文件的形式突出强调“三农”问题的重要性。尤其是自党的十六大提出统筹城乡经济社会发展的具体思路以来，实际上已经把“三农”问题提高到一个新的高度，并且把它放在了与城市、工业发展同样的地位上。但是，乡村的发展并不是在短时间内能够改变的，城市依旧是推动整个经济社会发展的重要空间，而相比之下，乡村发展潜力的挖掘需要大量人力物力财力的投入，它的产出效益又将如何？当前的农业经济效益又该如何有效提高？这些问题都需要花费较长时间去解答。正如当前大量的乡村由财政拨款投入大量资金建设新时代美丽乡村，纷纷探索实践文农旅融合发展的道路，但事实上并不是所有乡村都是成功的案例，现实中仍然还存在很多美丽乡村“无人问津”的情况。所以，城乡共同发展、工农互促发展的格局是很难在瞬间实现的。二是受城乡二元结构体制的影响，“以工补农”“以城带乡”机制还没有发挥出应有的作用。事实上，这也说明“以工补农”“以城带乡”的机制仍然还不够完善。工业之所以能够弥补农业、城市之所以能够带动乡村，其基本依据在于工业和城市先于农业和乡村发展起来，它们长期处于明显的优势地位，而这种优势是可以通过适当的方式方法转化为促进农业和乡村发展的动力的。也就是说，要通过工业和城市优势的发挥来推动农业和乡村的发展，这样的发展思路跟“先富带后富”的发展思路有着异曲同工之妙。然而，工业和城市究竟应该通过什么东西让自身优势作用于农业和乡村的发展呢？这就需要在两者之间建立合适的体制机制。一方面，通过政府的行政手段，通过财政转移支付、政策扶持、加大投入等方式将两者联系在一起；另一方面，通过市场的经济手段，让两者在要素双向流动的基础上产生互动发展的关系。这两者都是新时代城乡融合发展具体实践过程中的重要手段，必须紧密结合起来，改变过去政府行政手段的作用较多、市场经济手段的作用相对欠缺的情况，才能让“以工补农”“以城带乡”机制发挥出更大的作用。三是城乡二元结构体制带来了明显的城乡生活差异，这种差异性会使得城市既得利益者是否有足够的愿望到乡村发展。城乡收入差距最终会在城乡居民的现实生活体验感中得到呈现。新时代城乡融合发展要求城乡之间的要素要实现双向自由流动。以往的城镇化道路在要素流动方面突出表现为农村向城市单向度流动的特点，而新时代城乡融合发展更加迫切地要求各要素由城市向乡村反向地有序流动。然而，城乡二元结构体制使得城市优先发展起来了，并且在长期发展过程中城市已经明显成为既得利益者，与农民相比，城市居民拥有更加优越的生活条件、更加广阔的发展空间、更加优质的公共服务。当他们要将个人生活、事业发展的空间场所转向乡村时，必然需要一个合理的动机。从当前乡村的发展情况来看，乡村发展的潜力以及乡村本身的吸引力都还有待在全面推进乡村振兴的过程中予以进一步挖掘。

三　不同区域城乡融合发展的差异性明显

中国幅员辽阔，人口众多，还是一个典型的农业大国。中华人民共和国成立后，中国经历过社会主义工业化和社会主义改造，并且实施了中华人民共和国第一个五年计划（1953—1957年），初步建立起了一个较为独立的工业体系。改革开放以前，我国经济社会发展基础比较薄弱，社会生产力水平总体上也比较落后，整个国家在世界上的形象就是贫穷落后，因此，国内发展的区域性差异并不是很明显。但是，改革开放以后，我国经济社会发展发生了翻天覆地的变化，国内发展的区域性差异同时也发生了重大变化。特别是在工业化、城镇化快速发展的同时，不同区域之间的发展也迅速拉开了差距。在这个过程中，工业化还带动着城镇化的发展，从而发展起来的地区又持续不断地产生发展动力。与此同时，一个比较普遍的现象是，对于一个比较落后的社会而言，先天资源禀赋在其发展的初期是起决定性作用的因素之一。于是，先天资源禀赋较好的地区能够更加顺利地优先发展起来，而先天资源禀赋较差的地区就难以实现较好的发展。这种情况就非常明显地表现在改革开放以后沿海地区和内陆地区的发展差距上。当然，沿海地区和内陆地区发展差距的问题是很复杂的，我国经济社会发展的东西部差距问题从历史上来看本就是长期存在的。但是，经历过改革开放以后快速工业化、城镇化的发展阶段，我国经济社会发展在不同区域之间表现出来的不平衡发展的现象更加突出。而这种区域间的不平衡发展表现出多元化的特点，即不同区域城市与城市之间存在不平衡发展现象、不同区域乡村与乡村之间存在不平衡发展现象、不同区域城乡融合发展方面存在不平衡现象。

区域间不平衡发展的多元化特点事实上表明了不同区域在推进新时代城乡融合发展时所面对的发展基础不一样，城乡融合发展的成效也会有较大差别。也就是说，不同区域城乡融合发展的差异性是明显存在的，这给新时代城乡融合发展带来了很大挑战。因为把新时代城乡融合发展的理论转化为具体实践时，必须立足城乡发展的实际，而不同区域的城乡发展实际是千差万别的。因此，具体问题具体分析就成了推进新时代城乡融合发展具体实践的重要方法论。过去的城镇化是在各个地区发展基础普遍较差的情况下推进的，从整体进程来看，土地城镇化明显要超前于人口城镇化，各个地区都在不同程度地搞城市扩张，城镇化的方式方法较为单一，城市建设与发展千篇一律，不同地区可以用同样的方式筑城扩城。在这样的城镇化进程中，各个地区的城市也确实在较短时间内快速发展起来了。但是，当不同地区的城乡发展到了新的阶段，区域的实际情况就普遍发生了新的变化。一切事物向前发展都必须要立足当下的实际。所以，不同区域的城乡融合发展必须立足不同区域当下的实际，不能再延续以往城镇化的模式，千篇一律搞建设将必然会产生“水土不服”的现象。《中共中央 国务院关于建立健全城乡融合发展体制机制和政策体系的意见》明确强调，要“充分考虑不同地区城乡融合发展阶段和乡村差异性，稳妥把握改革时序、节奏和步骤，尊重基层首创精神，充分发挥地方积极性，分类施策、梯次推进，试点先行、久久为功，形成符合实际、各具特色的改革路径和城乡融合发展模式”①。这一具体意见事实上已经非常明确地强调了推进新时代城乡融合发展要立足不同区域的实际，循序渐进、谋求特色的具体要求。所以，新时代城乡融合发展必然存在区域差异的，必须有针对性地推进，不能盲目地复制某一种模式。与此同时，新时代城乡融合发展必然存在融合成效上的时间差序问题，不同区域不可能同步到位，而是都需要循序渐进、长期推进，因此不能急于求成、一蹴而就。

所以，不同区域城乡融合发展的明显差异性无疑给新时代城乡融合发展进程的整体推进和制度建构带来了难度和挑战。既要在新型城镇化的总体布局中整体性地推进新时代城乡融合发展，又要在新时代城乡融合发展的总体进程中，差异化地推进不同区域的城乡融合发展。因此，新时代城乡融合发展内在地包含区域特色发展的逻辑。在具体实践过程中，对应到具体区域的城乡融合发展就必须深入分析区域发展基础，同时深入挖掘区域特色。从这个意义上讲，像《中共中央 国务院关于建立健全城乡融合发展体制机制和政策体系的意见》《中华人民共和国乡村振兴促进法》等促进新时代城乡融合发展的指导性意见或法律法规，事实上就体现了从一

① 《中共中央 国务院关于建立健全城乡融合发展体制机制和政策体系的意见》，人民出版社 2019 年版，第 3 页。

般意义（而不是具体哪个区域的特殊意义）对新时代城乡融合发展做出制度性安排的特点，这样的制度性安排总体上来看是具有全域普适性的，但当被应用到具体区域的城乡融合发展实践过程中时，应当与地方特色紧密结合起来，同时还要加以精细化、具体化。

第十一章　新时代城乡融合发展制度建设的关键领域分析

新时代城乡融合发展是涉及城乡多领域、多层次发生深刻变革，并由城镇化长期实践中形成的城乡二元对立发展、城市单极快速发展转向城乡一体化发展、城乡相融共生发展的过程。从2019年出台的《中共中央 国务院关于建立健全城乡融合发展体制机制和政策体系的意见》——这个对于“重塑新型城乡关系，走城乡融合发展之路，促进乡村振兴和农业农村现代化”工作具有极强指导性的重要文件中可以看到，新时代城乡融合发展体制机制和政策体系的建构重点反映在经济、政治、文化、社会、生态等领域。

一　新时代城乡融合发展经济领域的制度建设

党的十九大报告提出，要建设现代化经济体系。建设现代化经济体系涉及整个社会经济发展速度换挡、方式转变、动能转换等多方面变化的问题，其目的在于实现经济社会全面均衡发展。党的二十大报告又提出，高质量发展是全面建设社会主义现代化国家的首要任务。毫无疑问，高质量发展需要现代化经济体系支撑，而现代化经济体系又需要在城市经济和乡村经济的共同发展中得以实现。新时代城乡融合发展在经济建设方面就涉及城市经济和乡村经济两个重要部分。其中，乡村经济发展、产业转型升级、农民收入增长等问题都是新时代城乡融合发展在经济领域的重点工作。

第一，新时代城乡融合发展必须坚持农村基本经营制度，培育新型农业经营主体。习近平总书记强调："农村基本经营制度是党的农村政策的基石。坚持党的农村政策，首要的就是坚持农村基本经营制度。"① 这充分体现了农村基本经营制度在党的农村政策以及农村发展过程中的重要地位和价值。改革开放以来，中国农业农村经历了"从实行家庭联产承包、乡镇企业异军突起、取消农业税牧业税和特产税到农村承包地'三权'分置、打赢脱贫攻坚战、实施乡村振兴战略"② 的发展历程。在这个过程中，农村基本经营制度始终贯穿其中。家庭联产承包责任制作为中国农村改革的一项重大制度创新，是农村基本经营制度的基础与核心。建立在家庭联产承包责任制基础之上的农村基本经营制度具体包括三个方面的基本内容：一是要坚持农村土地农民集体所有；二是要坚持家庭经营基础性地位；三是要坚持稳定土地承包关系。在农村土地农民集体所有的前提下，农村土地由作为集体经济组织成员的农民家庭承包，这规定了农民家庭（或称之为农户）是农村集体土地承包权的唯一法定主体。这样的制度安排体现了"统分结合"的经营体制特点。集体所有是所谓"统"的体现，而农户承包经营是所谓"分"的体现。这就展现了社会主义制度在农村经济中的优越性，即"集体优越性与个人积极性的完美结合"③。在这样的制度安排下，农村土地产权结构细分出了土地所有权和土地承包经营权。后来，随着工业化和城镇化不断加速，农业农村发展受到冲击，大量农村劳动力和农业人口开始流失，农业农村经营方式随之也发生了变化，土地承包者与实际经营者未必是同一主体，并且这种现象越来越成为一种趋

① 中共中央文献研究室编：《习近平关于社会主义经济建设论述摘编》，中央文献出版社 2017 年版，第 173 期。

② 习近平：《在庆祝改革开放 40 周年大会上的讲话》，人民出版社 2018 年版，第 8 页。

③ 习近平：《摆脱贫困》，福建人民出版社 1992 年版，第 144 页。

势。因此，从农地产权结构演变的角度来看，农村土地产权结构从原来的所有权和承包经营权“两权”分离转变成了所有权、承包权和经营权“三权”分置。在“三权”分置的农村土地产权结构中，所有权主体和承包权主体都是明确的、单一的、固定的，而经营权主体呈现出了多元化的特点，包括专业大户、家庭农场、农村集体、农民专业合作社、农业企业等。正因如此，在坚持农村土地农民集体所有的前提下，农村基本经营制度出现了新的实现形式，包括“家庭承包、专业大户经营”“家庭承包、家庭农场经营”“家庭承包、集体经营”“家庭承包、合作经营”“家庭承包、企业经营”等。这就通过制度创新的方式大大提高了资源配置的效率。从这个意义上讲，在发展乡村经济过程中，加大力度培育这些新型农业经营主体，对于实现小农经营模式向现代农业经营体系转型，从而推动农业农村现代化转型具有十分重要的意义。

第二，新时代城乡融合发展必须坚持市场化的改革方向，深化农业供给侧结构性改革。“改革”是新时代推进城乡融合发展的重要方法论。所谓“改革”，不是对以往工作的完全否定，而是要在科学分析、准确把握以往工作的基础上对其在内容和方法上进行积极扬弃和完善发展。因此，改革需要在明确“坚持和巩固什么”的基础上，重点回答“改什么”“怎么改”的问题。有研究表明，“农业农村改革四十年的主要经验，总结起来，主要是两条：一是逐步赋权并放活农民与农村产权与自主权；二是渐次推进农业农村市场化，逐渐建立农业与农村市场经济体制”①。就赋权而言，从改革开放前农业集体统一经营模式到改革开放后以家庭承包经营为基础、统分结合双重经营体制的转变，农村土地的产权结构在这个过程中也发生了变化，农民使用农村土地的自主权变得越来越大，农业农村的经营模式也变得越来越多样化。而就市场化而言，改革的重点体现在新时代

---

① 张云华：《赋权与市场化——农业农村改革的经验与方向》，载叶兴庆、张云华、伍振军、周群力等《农业农村改革若干重大问题研究》，中国发展出版社 2018 年版，第 1 页。

城乡融合发展必须加快农村市场化改革，在城乡要素流动格局中实现突破，转变单向流动为双向流动，以产业振兴为纽带，实现乡村振兴的“磁吸效应”。那么，产业如何振兴？从具体实践来看，新时代乡村产业振兴的着力点不能停留在农业农村内部，而应该从城市和乡村两个方面共同发力，从农业和非农产业多产融合的层面共同发力，也就是要通过第一、二、三产业融合发展，形成农村产业新业态。第一、二、三产业融合发展从本质上来说，是要在农村第一产业的基础上，实现第一产业“接二连三”的融合发展，即实现第一产业向第二、三产业延伸，形成第一、二、三产业融合发展的产业链。在产业链延伸的过程中，农产品的加工是重点，因为这是连接工农、沟通城乡的产业形式。农产品加工的意义在于通过加工的方式使得农产品的附加值提高了，农业农村的经济效益也就提高了。这同时也是农业供给侧结构性改革的重点内容。“从总体上说，农业供给侧结构性改革既要解决农产品生产供给的问题，也要解决农民增收的问题。”① 解决这两个关键问题的突破口在于提高农业生产效率、产量和质量以及提升农业产业和农产品核心竞争力。除此之外，还要“充分利用乡村自身的优势特色资源，如自然环境、历史文化、民族特色、地域特点等，深入挖掘农业的多样化功能和乡村的多重价值，把外部优势条件附加到农业上去，让乡村本身所具有的第一产业特色与周围城市所创造的二三产业优势紧密结合起来”②，在因地制宜的前提下重点把农业与旅游、休闲、养老等产业紧密结合起来，“形成‘农业＋休闲旅游’‘农业＋康养服务’等农业特色小镇模式，从而赋予农业更多的社会功能，体现乡村在满足人民更加美好生活需要方面的重要价值”③。

第三，新时代城乡融合发展必须不断推动农民收入持续增长，促进农民农村共同富裕。改革开放以来，农民增收的问题一直都是中国共产党农

---

① 欧万彬：《“城乡融合发展”的时代特征与发展逻辑》，《北方论丛》2019 年第 4 期。

② 欧万彬：《“城乡融合发展”的时代特征与发展逻辑》，《北方论丛》2019 年第 4 期。

③ 欧万彬：《“城乡融合发展”的时代特征与发展逻辑》，《北方论丛》2019 年第 4 期。

村政策的重要内容之一。众所周知，在改革开放之前，人民公社在计划经济指导下实行统一经营的制度，农民通过集中劳动的形式开展农业生产活动，但是这种“吃大锅饭”的制度使得农民缺少生产的自主权，从而降低了农民生产的积极性和主动性。因此，农民的收入就成了问题。后来在小岗村率先实行的家庭联产承包责任制从制度创新的角度解决了这个问题，在“分田到户”的基础上实行“包产到户”，大大提高了农民从事农业生产的积极性和主动性，粮食产量明显提高，农民收入也就随之增加。但是，20 世纪 70 年代末，像小岗村这样对农业生产责任制的新探索还是属于农民的自发行为。直到 1982 年，“中央一号”文件《全国农村工作会议纪要》明确指出：“目前实行的各种责任制，包括小段包工定额计酬，专业承包联产计酬，联产到劳，包产到户、到组，包干到户、到组，等等，都是社会主义集体经济的生产责任制。”① 这就意味着中央开始正式承认“包产到户”等农业生产责任制的合法性。事实证明，家庭联产承包责任制在提高农业生产效率方面发挥了很大的作用，并且也促进了中国农业的稳步发展。然而，随着整个经济社会不断往前发展，尽管家庭联产承包责任制是农村基本经营制度的基础，但是仅仅依靠这个政策制度来实现农民增收的空间已经显得非常有限。特别是进入 21 世纪以后，随着城镇化不断加速，农业农村内外部环境发生深刻变化，城乡二元结构长期积累的各种深层次矛盾集中爆发，农民增收显得越来越困难，城乡居民收入差距越来越大。面对这种情况，2004 年的“中央一号”文件专门把“促进农民增加收入”作为主题，《中共中央 国务院关于促进农民增加收入若干政策的意见》提出要“按照统筹城乡经济社会发展的要求，坚持‘多予、少取、放活’的方针”。“多予”“少取”“放活”分别从加大农业投入、减轻农民负担、激活农村经济的角度对促进农民增收提出了新要求。2019 年，在《中共中央 国务院关于建立健全城乡融合发展体制机制和政策体系的意见》中，农民增收的制度建设重点体现在农民工资性收入增长、农

① 《中共中央转发〈全国农村工作会议纪要〉》，《人民日报》1982 年 4 月 6 日第 1 版。

民经营性收入增长、农民财产性收入增长和农民转移性收入保障四个方面。经过党的十八大以来的不懈奋斗，我国脱贫攻坚已经取得全面胜利，全面建成小康社会已经达成，在全面推进乡村振兴的道路上，要“围绕立足新发展阶段、贯彻新发展理念、构建新发展格局带来的新形势、提出的新要求，坚持把解决好‘三农’问题作为全党工作重中之重，坚持农业农村优先发展，走中国特色社会主义乡村振兴道路，持续缩小城乡区域发展差距，让低收入人口和欠发达地区共享发展成果，在现代化进程中不掉队、赶上来”①。其中，在农民工资性收入增长方面，关键是要通过对农民开展有效的技能培训，从而提升农村剩余劳动力的质量，并推动农村剩余劳动力的转移；在农民经营性收入增长方面，关键是要提高农产品供给质量和效益，让农民在产业链延伸的过程中获得更多收益，同时要以适度规模化经营为导向，促进小农户和现代农业发展有效衔接；在农民财产性收入增长方面，关键是要坚持市场化改革方向，持续在农村集体产权制度改革上做文章，让农民依托土地承包权、宅基地使用权、集体资产收益分配权获得更多收益；在农民转移性收入保障方面，关键是要依托政府财政补贴的制度做好兜底、支农、惠农以及相关保障工作。

二　新时代城乡融合发展政治领域的制度建设

新时代城乡融合发展制度构建的政治领域视角主要探讨的是领导者、主导者、参与者如何共同推进城乡融合发展格局中的城乡治理的问题。新时代城乡融合发展固然要充分发挥市场机制作用，促使城乡之间各生产要素的自由双向流动，但从城乡治理的角度来看，新时代城乡融合发展同样需要更好地发挥政府作用。与此同时，还要充分发挥城乡居民尤其是农民的主体性，使数亿农民通过适当的途径参与乡村治理，从而促进城乡融合发展。

---

① 习近平：《在全国脱贫攻坚总结表彰大会上的讲话》，人民出版社 2021 年版，第 21 页。

第一，新时代城乡融合发展必须坚持中国共产党的领导，充分发挥城乡基层党组织战斗堡垒作用。城乡融合发展需要一个整体性视野，即城市和乡村的发展是一个整体，不仅如此，两者还是一个发展共同体，这是区别于城乡二元结构体制的显著特征。从这个意义上来说，新时代城乡融合发展需要一个能够总揽全局、协调各方的领导力量，而这个领导力量就是中国共产党。习近平总书记在庆祝中国共产党成立 95 周年大会上的讲话中明确指出："中国特色社会主义最本质的特征是中国共产党领导，中国特色社会主义制度的最大优势是中国共产党领导。"① 在具体实践环节，中国共产党的领导通常需要通过党的地方组织和党的基层组织来实现，即由党的地方组织和党的基层组织来落实相关工作要求、推进相关工作任务。实践已经充分证明，坚持中国共产党的领导，始终做到"两个维护"，这样才能把党的理论和路线方针政策不折不扣地予以贯彻落实，全国上下也才能够凝聚成一股强劲的力量，推动中国特色社会主义伟大事业的前进和发展。城乡基层党组织是新时代城乡融合发展的直接推动者和"主心骨"，建好建强城乡基层党组织将为新时代城乡融合发展提供坚强的政治保障。2018 年 12 月 28 日开始施行的《中国共产党农村基层组织工作条例》和 2019 年由中共中央办公厅印发的《关于加强和改进城市基层党的建设工作的意见》分别对于新时代党对农村工作和城市工作的领导提出了新的要求、做出了新的规定。在《中国共产党农村基层组织工作条例》中，既强调了农村基层党组织的领导地位，又规范了农村基层党组织设置等方面的具体要求，而且还明确了农村基层党组织领导经济建设、精神文明建设、乡村治理的重点任务。在《关于加强和改进城市基层党的建设工作的意见》中，明确要把城市基层党组织建设成为宣传党的主张、贯彻党的决定、领导基层治理、团结动员群众、推动改革发展的坚强战斗堡垒。事实上，这些新要求和新规定归结起来就是对城乡基层党组织的组织力建设提

① 习近平：《在庆祝中国共产党成立 95 周年大会上的讲话》，人民出版社 2016 年版，第 22 页。

出了新的期望和目标。总的来说，“城乡基层党组织组织力主要表现为政治领导力、组织覆盖力、群众凝聚力、发展推动力和自我革新力”①。其中，提升政治领导力是政治建设最根本的内容，也是城乡基层党组织组织力建设的核心内容，其目的就是确保党在城乡融合发展中的领导地位。提升组织覆盖力就是要使党的工作触角触及城乡融合发展的方方面面工作，“党政军民学，东西南北中，党是领导一切的”②。提升群众凝聚力就是把组织群众、宣传群众、凝聚群众、服务群众作为城乡基层党组织的重要职责，尤其要通过服务群众把群众更好地组织起来、凝聚起来。提升发展推动力就是要聚焦城乡发展的重点任务，推动城乡改革发展，实现城乡高质量融合发展。提升自我革新力重点就是要规范党组织建设、加强党组织领导班子和干部队伍建设，不断自我完善、自我净化、自我革新、自我提高。

第二，新时代城乡融合发展必须在社会主义市场经济条件下更好发挥政府作用。在社会主义市场经济条件下更好发挥政府作用，事实上就是要正确处理好政府和市场之间的关系，换句话说，就是要实现经济与政治的统一。众所周知，社会主义市场经济完全不同于西方自由经济制度框架中的市场经济。“我们搞的是社会主义市场经济，‘社会主义’这几个字是不能没有的，这并非多余，并非画蛇添足，而恰恰相反，这是画龙点睛。”③因此，确切地说，“社会主义市场经济”一词是一个完整的整体性概念。把“社会主义”一词作为“市场经济”的前缀，体现了在党的领导下国家宏观调控、发挥政府作用的重要意义。在人类社会经济活动中，对资源的攫取、占有和消费是物质生产活动的必然环节。然而，资源是有限的，要把有限的资源用在最需要的地方去，就需要对资源进行有效配置。资源

---

① 孙肖远：《全面提升城乡基层党组织的组织力》，《群众》2019年第19期。

② 习近平：《决胜全面建成小康社会 夺取新时代中国特色社会主义伟大胜利——在中国共产党第十九次全国代表大会上的报告》，人民出版社2017年版，第20页。

③ 江泽民：《论社会主义市场经济》，中央文献出版社2006年版，第203页。

配置分为许多不同层次，有宏观层面的，也有微观层面，甚至还有不同领域之间的，或者同一领域不同部门之间的，等等，这就决定了资源配置事实上是一个复杂的工程。“在资源配置的微观层次，即多种资源在各个市场主体之间的配置，市场价值规律可以通过供求变动和竞争机制促进效率，发挥非常重要的作用，也可以说是‘决定性’的作用。”[①] 但是，在新时代城乡融合发展的过程中，人们必须注意到在宏观层次上表现出来的一些具体领域具体内容的资源配置，不能完全依靠市场来调解，更不能由市场来决定。城乡融合发展不是简单的经济领域的问题，确切地说它属于政治经济学的问题。城乡融合发展的根本目标是在实现城乡居民共同富裕的基础上进而实现人的自由全面发展。在这个过程中，社会资源的公平分配问题、城乡居民的民生福利问题、公共服务的供需平衡问题等，这些关系到社会公平正义的重要问题，都不能任由市场说了算。因为市场机制在这些涉及宏观层面资源配置问题的具体领域会存在很多缺陷和不足，从而很容易导致结果的不公平现象。而这个时候政府就要发挥重要作用，来矫正、约束、规范市场的行为，与市场机制共同实现资源的有效配置。因此，党的十八届三中全会通过的《中共中央关于全面深化改革若干重大问题的决定》中明确强调，要“使市场在资源配置中起决定性作用和更好发挥政府作用”[②]。这事实上是从政府和市场整体性关系的角度来讲的。在新时代城乡融合发展的过程中，政府这只“看得见的手”和市场这只“看不见的手”要共同发挥重要作用，而且在必要时及时地用“看得见的手”来弥补“看不见的手”的缺陷，确保城乡社会发展既有效率，又能体现以人为本、追求公平正义的发展要求。

第三，新时代城乡融合发展必须建立健全乡村治理机制，努力实现乡

---

① 刘国光：《准确理解社会主义市场经济中市场与政府、市场与计划的关系》，载程恩富主编《著名经济学家纵论新时代经济》，中国经济出版社 2018 年版，第 169—170 页。

② 《中共中央关于全面深化改革若干重大问题的决定》，《人民日报》2013 年 11 月 16 日第 1 版。

村善治。党的十九届四中全会围绕“坚持和完善中国特色社会主义制度、推进国家治理体系和治理能力现代化”这一重要议题作了一系列重大部署。“治理”从本质上来讲就是一种制度安排。在国家治理体系和治理能力现代化的框架中，乡村治理是其中重要组成部分。如果说国家治理体系和治理能力现代化指向“中国之治”，那么，乡村治理就指向了“中国基层之治”。而“善治”所表达的是治理的效果（即“好的治理”）或达到这种治理效果的过程。这种所谓“好的治理”，事实上就是指能够使公共利益最大化的治理，或者说是实现最多数人幸福的治理。就其本质特征而言，就是政府与公民对公共生活的合作管理，是政治国家与公民社会的一种新颖关系，是两者的最佳状态。① 所以，善治是政府与公民共同努力的结果。从这个意义上说，从乡村治理到乡村善治，不仅需要发挥政府的主导作用，同时还要发挥农民的主体性作用。但是，从以往城镇化的过程来看，农民的政治参与始终是较为薄弱的环节。总体上来看，农民政治参与的层次比较低，通常只关注与农民自身利益密切相关的公共事务，而且基本上除了参与基层民主选举环节外，就较少参与其他政治生活。这当然跟农民自身的综合素质、政治参与能力、政治参与意愿等各方面因素有关。然而，恰恰就是这样的一些现象，事实上就导致了农民在基层社会治理中缺乏主动性、缺少话语权，从而导致了主体性的缺失。于是，农民也自然而然成了弱势群体。农村问题研究专家徐勇用“差等”一词来描述城市与乡村在中国政治格局中的地位，这种地位是有区别的，尽管城乡处于一个完整的社会中，但是城乡关系并不是平行的不同的经济体系之间的关系。从政治学的角度来看，这种城乡关系表现为城乡不同地域空间的人群的政治关系，不同地域空间的人群又享受着不同的待遇，因此在制度上表现出差等性。所以，从这个角度来看，要改变这种“差等”现象，就必须改变城乡不同地域空间的人群的政治关系。从乡村治理的角度来看，就是要在党组织的领导下通过自治、法治、德治相结合的乡村治理体系，充分发挥

① 俞可平主编：《治理与善治》，社会科学文献出版社 2000 年版，第 8－9 页。

农民参与治理的主体作用，增强乡村治理能力，提高乡村治理效能。自治是乡村治理的基础，充分尊重农民意愿，由农民商量决定自己的事情、维护自己的利益，这是通向善治的必然要求。而法治和德治分别从法律和道德的层面为治理提供制度保障和道德的激励与约束。总的来说，自治、法治、德治“三治融合”的制度安排是助推乡村治理走向乡村善治的有效“组合拳”。

三　新时代城乡融合发展文化领域的制度建设

由于城乡文化的相对独特性成就了其文化的不同内在属性特点，因此，城市文化和乡村文化在新时代城乡融合发展的具体实践过程中仍会保持各自的独特性。但是，城乡文化本身在新时代城乡融合发展的具体实践过程中是能够相融的，这与前者是有区别的。所以，城乡文化融合是承认城乡文化在其内在属性上存在差异性的，这种差异性就表现为城乡文化的相对独特性。也就是说，城乡文化在保持各自本质特征的基础上，在新时代城乡融合发展的过程中相互碰撞、相互交流、相互融合。

第一，新时代城乡融合发展必须处理好乡土文化与城市文化的关系问题，使其从异质走向融合，并始终保持各自城乡文化各自的特色。在乡村和城市这两个不同空间分别形成的乡土文化与城市文化，从其特点来看是有明显的异质性的。乡土文化通常表现为传统文化，而城市文化通常表现为现代文化。一般认为，传统与现代之间总是会存在一道鸿沟。具体来看，之所以把乡土文化称作传统文化，是因为乡土文化形成于乡村社会，在这里，人们更加推崇伦理本位的价值观念，强调民风习俗的传承和延续，与此同时，农耕文化的底蕴比较深厚，表现出来的地域性特征比较明显，人们与外界的互动交流也较少，而乡村社会中的人们比起城市里的人则更加讲人情世故。因此，乡土文化代表的是一种守成性、封闭性、保守性、地域性比较强的文化。与之形成鲜明对比的是，城市文化形成于都市社会，在这里，人们社会交往相对频繁，交往形式更加多样，再加上人们的价值观念多元化特征也更加明显，因此，人与人之间形成的社会关系较为复杂；城市文化是工业文明的具体呈现，工业文明强调活力和创造性。于是，城市文化代表的是一种创新性、开放性、包容性、多样性比较强的文化。从这个意义上讲，城市文化是现代文化的代表。美国学者塞缪尔·亨廷顿在《文明的冲突》中提出："最普遍的、重要的和危险的冲突不是社会阶级之间、富人与穷人之间，或其他以经济来划分的集团之间的冲突，而是属于不同文化实体的人民之间的冲突。"① 按照这种观点分析，乡土文化和城市文化的差异，必然会引起农民与市民之间的冲突。诚然，在城镇化尤其是城乡社会频繁交往的过程中，传统文化与现代文化的碰撞是必然的，但事实上两者碰撞的结果未必总是冲突，它也可以是融合。这取决于乡土文化和城市文化之间能否形成一种特殊的文化张力。这种张力从本质上来讲是在乡村和城市之间寻找一个结合点，即乡土文化中的精华部分与城市文化中的先进部分的结合点，使两种文化优势互补。如果缺少这种特殊张力，那么乡土文化在城镇化进程中的退化或流失将不可避免。

第二，新时代城乡融合发展必须提高乡村公共文化供给服务水平和质量，增强农民的文化获得感和精神幸福感。公共文化供给服务水平和质量是衡量一个社会发展程度的重要指标之一。恩格斯在《论住宅问题》中指出："在所有的人实行明智分工的条件下，不仅生产的东西可以满足全体社会成员丰裕的消费和造成充足的储备，而且使每个人都有充分的闲暇时间去获得历史上遗留下来的文化——科学、艺术、社交方式等等——中一切真正有价值的东西；并且不仅是去获得，而且还要把这一切从统治阶级的独占品变成全社会的共同财富并加以进一步发展。"② 对于文化的向往和追求是人类经济社会发展到一定程度以后的必然。美国社会心理学家亚伯拉罕·哈罗德·马斯洛把人的需求从低到高依次分为生理需求、安全需

① ［美］塞缪尔·亨廷顿：《文明的冲突》，周琪等译，新华出版社 2013 年版，第 6 页。

② 《马克思恩格斯文集》第三卷，人民出版社 2009 年版，第 258 页。

求、社交需求、尊重需求和自我实现需求。这就是著名的马斯洛需要层次理论的核心内容。事实上，这五个层次的需要大体上可以分别对应生理性需要、保障性需要、成长性需要、发展性需要和价值性需要五种类型。根据马斯洛需要层次理论，当人们在生产生活的具体实践中解决了物质需要之后，便会转向对精神需要的追求。文化正是人们精神价值和生活方式的重要体现。中国特色社会主义进入新时代，此时的中国发展已经取得了历史性成就，从物质生活条件的角度来看，中国人民比历史上任何一个时期都更加富裕、更加幸福。因此，在现阶段，人们开始更加注重精神世界的建设、对文化的向往更加强烈，这是具有其必然性的。公共文化服务的供给是以政府为主导的，但在城乡二元结构体制的影响下，城乡公共文化服务供给存在明显的结构性矛盾。一方面，农村文化基础设施建设远远落后于城市，文化产品供给不足；另一方面，农村文化产业发展远远滞后于城市，城乡文化供给差异性显著。这些问题都制约着乡村经济社会的发展和农民对美好生活需要的向往，从而不利于城乡融合发展的推进。因此，提高乡村公共文化供给服务水平和质量，重点要从加大乡村文化基础设施建设投入力度、加快乡村文化产业发展速度、丰富乡村文化产品供给方式、实现城乡公共文化服务供给均等化等方面下功夫。具体而言，在乡村文化基础设施建设方面，要深入挖掘乡村地区的特色资源，建设一批有特色、本土化的文化场馆，比如浙江省建设了一批集学教、礼仪、娱乐于一体的综合性农村文化礼堂，使其成为农民群众开展文化活动、丰富精神的家园，这是值得借鉴的实践经验。在加快乡村文化产业发展速度方面，要重点依托乡村特有的文化古迹、民风民俗、特色手工艺等资源，重点发展乡村文化旅游产业、乡村休闲文化产业等，为乡村经济发展注入新的活力。在丰富乡村文化产品供给方式方面，政府主导是一个重要原则，因为文化与其他公共服务产品相比具有意识形态的特殊性，因此不能改变“政府主导”的供给方式原则，但“政府主导”并不是政府单一主体供给，在乡村文化产品供给方面，还应当发挥社会的力量、农民主体性的力量，多方参与文化产品的供给。在实现城乡公共文化服务供给均等化方面，要把城乡作为公共文化服务供给的整体性主体来对待，摒弃城乡二元结构的政策取向，将数亿名农民的精神需求全面纳入政府的公共文化服务体系中来。

第三，新时代城乡融合发展必须深入挖掘乡村文化价值，建立乡村文化保护利用机制。乡村是人们从事农业生产活动的主要空间载体，农业生产又是人类之所以能够生存和发展的基础条件。绿水青山、蓝天碧云、青砖瓦房、良田炊烟、鸟语稻香……这些都是理想型乡村的写照。在这里，所谓理想型乡村，是指乡村的应然状态，即以农业生产为主、生态环境优美、不受或很少受到现代工业污染的那种状态，这样的状态也可以称作自然状态。从这个意义上讲，乡村的价值是多重的，具体表现为乡村的生产价值、生活价值、生态价值。除此之外，几千年以来积淀形成的农耕文化及其对乡村产生的文化价值也是不可忽视的。讨论乡村文化价值，实际上就是讨论乡村文化对于整个经济社会发展而言所具有的特殊意义的问题。毋庸置疑，文化是经济社会发展的重要影响因素。换句话说，文化在经济社会发展过程中发挥着重要作用。但是，这个重要作用究竟表现为文化是推动经济社会发展，还是阻碍经济社会发展？这是一个关键问题。总体上来说，与经济社会发展相适应的文化将会发挥推动经济社会发展的积极作用；反之亦然。乡村文化从中国传统社会中延续发展而来，带有较为深刻的传统文化印记，理论上来讲，乡村文化应该具备着比城市文化更强的稳定性。但是，在追求速度和规模的城镇化过程中，城市的扩张和繁荣发展，对乡村文化的侵蚀甚至在一定程度上的瓦解也是非常明显的。归根到底，其问题在于只关注了城镇化的经济效益，而忽视了乡村文化对于经济社会发展乃至城乡关系调整的重要价值。于是，资本进入乡村之后，乡村的发展也开始参照城市的发展。从外表来看，许多乡村不再是青砖瓦房，而是变成了高楼大厦；从内在来看，许多乡村传统文化开始被现代文化解构，乡村也就没有了文化的根基。在这种情况下，乡村的消失就成了不可避免的趋势。然而，中国特色新型城镇化道路、乡村振兴战略、城乡融合发展等一系列有关城乡发展的重大战略部署，都在反复强调乡村的重要性，并且明确实施这些战略的最终结果并不是消灭乡村。所以，对乡村文化价值的再度挖掘以及对乡村文化的有效保护是新时代城乡融合发展过程中的一件大事。农耕文化、民俗文化、传统工艺文化、乡村建筑文化、宗族文化、乡贤文化等都是乡村文化的具体内容，与城市文化相比都极具特色，是乡村社会的灵魂所在。对于乡村社会来说，乡村文化是乡村社会发展的稳定剂；而对重塑城乡发展格局来说，乡村文化在城乡互动发展中又发挥着重要作用，是吸引城市居民到乡村休闲旅游、带动乡村经济社会发展、促进城乡融合发展的重要因素。

四　新时代城乡融合发展社会领域的制度建设

众所周知，在以往特定历史条件下的城镇化过程中形成的城乡二元结构体制使城乡关系自觉不自觉地走向了不平衡发展，而这种不平衡性最直接最直观地反映在了城乡社会发展领域。这是因为城乡社会发展的不平衡性最主要体现在两个方面：一是城乡面貌的差异，二是城乡居民的民生问题。城市的繁华和乡村的凋敝，城市的优越和乡村的落后，城市的开放和乡村的闭塞，这些相对的景象无一不在城乡社会发展的不平衡性中呈现。因此，新时代城乡融合发展在社会领域要着力解决城乡发展“两张皮”的社会现象。

第一，新时代城乡融合发展必须加强顶层设计和整体谋划，实现城乡规划一体化。新时代城乡融合发展是同时包含城市发展、乡村发展以及城乡互动发展三个方面具体内容的。因此，这是一项关系整个经济社会全域发展问题的时代课题。而且与以往的城镇化相比，新时代城乡融合发展除关注城市发展和乡村发展外，将会更加关注城乡互动发展这个特殊领域。就像英国著名城市学家埃比尼泽·霍华德在《明日的田园城市》中所言，“城市和乡村必然成婚，这种愉快的结合将迸发出新的希望、新的生活、新的文明”①。如何实现城市和乡村“愉快的结合”？这是新时代推进城乡

① ［英］埃比尼泽·霍华德：《明日的田园城市》，金经元译，商务印书馆2010年版，第9页。

融合发展的过程中所面临的一个重要现实问题。从实践层面来看，城乡发展是在政府相关规划之下展开的。在相当长的时间里，我国城乡发展规划的主要依据是《中华人民共和国城市规划法》和《村庄和集镇规划建设管理条例》这两部法律法规。前者是1989年12月26日第七届全国人民代表大会常务委员会第十一次会议通过的，主要规定的是城市的规划和实施；后者是1993年5月7日国务院第三次常务会议通过的，主要规定的是村庄、集镇的规划和实施。由此可见，此时的城乡规划是将城市和乡村分离开来的，本质上表现出来的是城乡二元结构体制的发展思路，即城市是城市、乡村是乡村。2007年10月28日，第十届全国人民代表大会常务委员会第三十次会通过《中华人民共和国城乡规划法》，同时废止此前制定的《中华人民共和国城市规划法》。可以说，《中华人民共和国城乡规划法》是为了适应城乡发展新形势的需要而产生的。因为党的十六大和十六届三中全会已经提出，解决“三农”问题、全面建设小康社会，必须统筹城乡经济社会发展，始终把着力构建新型工农、城乡关系作为加快推进现代化的重大战略。在这里，统筹城乡经济社会发展以及构建新型工农、城乡关系都需要从城乡发展的整体上去把握。在《中华人民共和国城乡规划法》中明确规定，城乡规划“包括城镇体系规划、城市规划、镇规划、乡规划和村庄规划”①。但是，从城乡一体化发展的角度来看，这样规定是远远不够的，因为它仅仅将不同空间主体的规划并置处理，却没有体现不同空间主体之间的互动协调关系。2021年4月29日，第十三届全国人民代表大会常务委员会第二十八次会议通过的《中华人民共和国乡村振兴促进法》在第七章“城乡融合”专章中明确强调：“各级人民政府应当协同推进乡村振兴战略和新型城镇化战略的实施，整体筹划城镇和乡村发展，科学有序统筹安排生态、农业、城镇等功能空间，优化城乡产业发展、基础设施、公共服务设施等布局，逐步健全全民覆盖、普惠共享、城乡一体的基本公共服务体系，加快县域城乡融合发展，促进农业高质高效、乡村宜居

① 《中华人民共和国城乡规划法》，中国法制出版社2019年版，第5页。

宜业、农民富裕富足。"① 这是完全符合新时代城乡融合发展的具体要求的。新时代城乡融合发展应当把城乡作为一个整体加以统筹规划部署，尤其要从人口、产业、土地、空间、功能等方面着手，对城乡各种资源和生产要素进行优化配置和有效开发利用，改变城乡规划不科学、无序性、分离化等问题，使城乡在发展共同体的新格局中实现互动协调发展，从而迸发新的希望，形成新的生活，培育新的文明。

第二，新时代城乡融合发展必须加大乡村基础设施建设，推进美丽乡村建设取得实质性进展。党的二十大报告提出："统筹乡村基础设施和公共服务布局，建设宜居宜业和美乡村。"② 宜居宜业和美乡村需要以比较完备的乡村基础设施建设为基础。在实际工作中，基础设施建设是城乡规划和城乡发展的重要内容之一。倘若用公共经济学的公共产品理论加以审视，基础设施表现为一种"具有广泛的外部性、一定的受益非排他性和消费非竞争性的社会产品"③。因此，基础设施具有公共产品和非公共产品的属性，这一点在理论界是普遍认可的。那么，政府自然就是基础设施的主要供给者。由于城市和乡村在相当长的时间里处于城乡二元"分治"状态，对地方政府来说，城市基础设施建设与乡村基础设施建设相比，前者很显然将会为其带来更大的效用，产生更多的经济效益，从而为其创造出更显著的政绩。因此，对于任何一个经济上保持"理性"状态的地方政府来说，都会更加倾向于将公共财政投入城市基础设施建设上去，而不是投入乡村基础设施建设上去。这就自然造成了乡村基础设施供给的低效、不足等现象，进而也造成了乡村基础设施建设与城市基础设施建设之间存在显著差距的结果。而基础设施对于一个地区发展而言，其作用关键就体现

① 《中华人民共和国乡村振兴促进法》，《人民日报》2021 年 5 月 20 日第 16 版。

② 习近平：《高举中国特色社会主义伟大旗帜 为全面建设社会主义现代化国家而团结奋斗——在中国共产党第二十次全国代表大会上的报告》，人民出版社 2022 年版，第 31 页。

③ 范昕墨：《乡村振兴战略背景下的农村基础设施建设——基于公共经济学的视角》，《改革与战略》2018 年第 9 期。

在"基础"二字上，即基础设施建设是一个地区经济发展的基础条件。过去经常说，"要致富，先修路"。这句话就非常典型地反映了基础设施与经济发展之间的关系。从当前乡村发展的现实情况来看，"由于基础设施供给不足产生的'瓶颈'严重制约了经济增长，造成资源配置低效率"①。基础设施建设长期处于落后状态是乡村发展长期处于滞后状态的重要原因之一。"产业兴旺""生态宜居""生活富裕"，这些有关乡村振兴战略的具体要求均与乡村基础设施建设之间存在密切关联。产业兴旺必须要有与之相匹配的较为发达的基础设施作为支撑，生态宜居必须要有与之相适应的较为美丽的基础设施作为条件，生活富裕必须要有与之相对应的较为舒适的基础设施作为前提。只有这样，产业才能振兴起来，乡村才能美丽起来，农民的生活才能更加幸福起来。因此，加大乡村基础设施建设就成为了实施乡村振兴战略、推进新时代城乡融合发展的重要任务。反过来说，在公共基础设施供给方面，政府今后的工作重心也就应当在乡村。基础设施建设也正在"以更加普遍和缓和的方式对乡村进行修补，循序渐进地返还多年来的乡村欠账，以确保乡村建设过程中其整体环境的相对稳态"②。从具体内容来看，乡村基础设施建设涉及道路、水电、网络、广播电视、垃圾污水处理等方面。其中，像道路、网络这样发挥着沟通城乡的重要作用的基础设施建设，在新时代城乡融合发展过程中显得尤为重要。

第三，新时代城乡融合发展必须推进城乡公共资源均衡配置，实现城乡基本公共服务均等化。2006 年 10 月，党的十六届六中全会首次明确提出实现城乡基本公共服务均等化目标。从此以后，城乡基本公共服务问题成为理论界普遍关注和研究的热点问题。以"城乡基本公共服务"为关键词，在"中国知网"期刊论文数据库中检索可发现，相关的研究成果均在

① 曾福生、蔡保忠：《农村基础设施是实现乡村振兴战略的基础》，《农业经济问题》2018 年第 7 期。

② 李云、刘毓锦：《基于公共基础设施建设视角下的乡村复兴》，《小城镇建设》2019 年第 2 期。

党的十六届六中全会以后出现。这一现象可以充分证明，党的方针政策的出台在很大程度上推动了理论界对城乡基本公共服务问题的研究。事实上，城乡基本公共服务问题是关系人类社会进步与发展的重大社会问题。因为“基本公共服务是所有社会公众均能享有的保障公民基本生存权和发展权的公共服务”①，生存权和发展权恰恰是每个人的基本权利，并且贯穿每个人发展的全过程，这两种权利在现实中比较广泛地表现为民生问题。因此，基本公共服务问题也是关系人的发展的重要问题。所谓“基本公共服务”，是指“在社会主义市场经济条件下，政府为实现社会公平公正目标，通过提供财政保障（包括一般性转移支付和专项转移支付）使不同地区居民有机会、有能力、有权力享受包括医疗卫生（或者叫公共卫生和基本医疗）、基本教育（义务教育）、社会救济、就业服务以及养老保险”②。这个内涵表述规定了基本公共服务的供给主体、服务对象、基本内容、实现途径以及目标要求等具体内容。在这里，政府是责任主体，人民是服务对象，政府在提供基本教育、医疗卫生、社会保障、就业服务等基本公共服务时要追求社会公平公正，这就体现在政府要为不同地区、不同群体的人们提供均等的基本公共服务。因此，基本公共服务均等化最终应该表现为发展权利的均等化。然而，在以往城镇化的长期实践中所形成的事实是，城乡居民在享受基本公共服务方面存在较大差异，优质资源普遍集中到城市中去，从这个意义上讲，乡村居民与城市居民在发展权问题上存在较大差距。如今，乡村居民也越来越希望获得更加优质的教育、更加先进的医疗服务、更高水平的社会保障、更加稳定的就业。因此，在推进新时代城乡融合发展的过程中，要重点发挥政府的主导作用，将公共资源配置向乡村适当倾斜，实现城乡优质资源共享，并从“政府—市场—社会”多

① 熊兴、余兴厚、敬佳琪：《城乡基本公共服务均等化问题研究综述》，《重庆理工大学学报》（社会科学版）2018 年第 4 期。

② 丁元竹：《促进我国基本公共服务均等化的对策》，《宏观经济管理》2008 年第 3 期。

维度构建乡村基本公共服务的多元供给体系，着力提高乡村基本公共服务的供给质量。

五　新时代城乡融合发展生态领域的制度建设

党的十八大以来，以习近平同志为核心的党中央高度重视生态文明建设，把生态文明建设作为中国特色社会主义事业“五位一体”总体布局的重要内容，把人与自然和谐共生作为新时代坚持和发展中国特色社会主义的基本方略的重要内容，把绿色发展作为新发展理念的重要内容，把美丽作为建设社会主义现代化强国目标的重要内容。习近平总书记先后提出的“绿水青山就是金山银山”“良好生态环境是最普惠的民生福祉”① 等重要论断，充分表明生态文明建设不仅影响着经济持续健康发展，同时也直接关系到政治和社会建设有关问题。然而，生态环境问题通常表现为明显的整体性、开放性、流动性等特点，城乡融合发展过程中的生态文明建设就更加需要整体性视角，构建城乡融合发展的生态治理体系。

第一，新时代城乡融合发展必须坚持城乡环境治理体系统一的原则，推进城乡环境共治工作。推进生态文明体制改革是新时代全面深化改革的重要内容之一。2015 年，中共中央、国务院印发《生态文明体制改革总体方案》，明确提出了新时代生态文明体制改革的“六个坚持”原则，即“坚持正确改革方向”“坚持自然资源资产的公有性质”“坚持城乡环境治理体系统一”“坚持激励和约束并举”“坚持主动作为和国际合作相结合”“坚持鼓励试点先行和整体协调推进相结合”。② 其中，“坚持城乡环境治理体系统一”原则为新时代城乡融合发展的生态文明建设提供了重要指引。在新时代城乡融合发展的新格局中，城市和乡村既然是经济社会发展

① 《习近平谈治国理政》第三卷，外文出版社 2020 年版，第 362 页。

② 《中共中央、国务院印发〈生态文明体制改革总体方案〉》，《人民日报》2015 年 9 月 22 日第 14 版。

的共同体，那么在城乡环境治理的问题上也应当要坚持共建共治共享的社会治理方法论。在以往特定历史条件下的城镇化的长期影响下，“城市偏向”的城镇化促成了城市中心主义发展模式的形成，城市发展过程中的环境问题集中暴露，于是又相应产生了条块分割式的治理模式和运动式治理的现象。在这个过程中，城市和乡村在环境治理的问题上是分割开来的，并且在治理的重视程度上也是不一样的。面对城市较为集中暴露出来的环境问题，其治理的重视程度相对较高；但是面对发展较慢的乡村内部产生的环境问题，其治理的重视程度往往较低，乡村环境治理的投入也相应地较少。在这种情况下，乡村内部在环境治理工作方面自然就会形成较大的短板。然而，城乡生态环境治理的“两张皮”现象是不利于畅通城乡要素流动、实现城乡融合发展的，而且乡村环境问题如果不能及时有效地得到解决，最终还会直接影响到优质生态产品的供应，这个问题进而又会影响到城市生活的展开。“坚持城乡环境治理体系统一”原则事实上就打破了条块分割式的治理模式，把城市和乡村的生态环境治理看成一个系统性、整体性、协同性的问题，强调“继续加强城市环境保护和工业污染防治，加大生态环境保护工作对农村地区的覆盖，建立健全农村环境治理体制机制，加大对农村污染防治设施建设和资金投入力度”①。当然，城乡环境治理体系统一还需要建立在明确的治理责任主体的基础之上，否则责任不清晰，将会直接影响共治的效果。因此，建立必要的城乡环境风险分担机制将有助于更好地落实“城乡环境治理体系统一”原则。

第二，新时代城乡融合发展必须坚持“绿水青山就是金山银山”的理念，正确处理经济效益和环境利益的关系。2005 年 8 月 15 日，时任浙江省委书记习近平同志在安吉余村考察时首次提出“绿水青山就是金山银山”的科学论断。党的十八大以来，“绿水青山就是金山银山”成为中国共产党治国理政的重要理念；党的二十大报告强调“中国式现代化是人与

① 《中共中央、国务院印发〈生态文明体制改革总体方案〉》，《人民日报》2015 年 9 月 22 日第 14 版。

自然和谐共生的现代化”①。在全面建设社会主义现代化国家的新征程上，如何正确处理经济发展的效益和生态环境的利益之间的关系，是关系能否实现高质量发展的重要问题。所谓高质量发展，它不仅仅体现在经济建设方面，而是要综合体现在经济建设、政治建设、文化建设、社会建设和生态文明建设的方方面面。良好生态环境固然包含在高质量发展的内涵之中。但是，经济效益和环境利益之间并不是总是同向同行的，反而有时候甚至会出现冲突，也就是说，在经济效益和环境利益之间通常还存在一种特殊的张力，这种张力是由生态环境的外部性造成的。生态环境的负外部性通常表现为市场主体对环境造成了破坏或产生了不利影响，通过损害环境利益的方式获得经济效益，并且将不利影响转嫁给社会。生态环境的正外部性则通常表现为市场主体为保护环境利益而付出了代价，甚至影响到了经济效益。在生态学马克思主义看来，这些情况是资本主义社会自身不可解决的矛盾问题，因为他们认为这是由资本主义制度的本质决定的，“资本主义生产的唯一目的是追求利润，只要是资本主义就必然实行利润挂帅，这就决定了它要不断地掠夺自然，把自然作为获取利润的对象”②，而且“资本主义存在着一种‘成本外在化’的趋向，……资本主义企业不可能牺牲企业去保护环境”③。人与自然和谐共生的现代化是对西方工业文明主导的现代化的超越，无论在城市还是乡村，人与自然和谐共生都应当是经济效益和环境利益动态平衡、辩证统一的结果。对于乡村而言，自然生态环境是其天然的宝贵财富，生态的经济价值、社会价值、文化价值一旦被挖掘出来进行有效转化，那么，环境利益和经济效益不但不会冲突矛

① 习近平：《高举中国特色社会主义伟大旗帜 为全面建设社会主义现代化国家而团结奋斗——在中国共产党第二十次全国代表大会上的报告》，人民出版社2022年版，第23页。

② 俞吾金、陈学明：《国外马克思主义哲学流派新编：西方马克思主义卷》下册，复旦大学出版社2002年版，第664页。

③ 俞吾金、陈学明：《国外马克思主义哲学流派新编：西方马克思主义卷》下册，复旦大学出版社2002年版，第664页。

盾，反而还能够相辅相成、相得益彰。

第三，新时代城乡融合发展必须倡导树立绿色生产生活理念，引导城乡居民自觉践行城乡融合发展的新要求。众所周知，现代化意味着是涉及发展方式和生活方式等领域的全方位深刻变革，这就要求城乡居民在生产生活理念上也要跟得上现代化的节奏。习近平总书记曾强调："生态环境问题归根到底是发展方式和生活方式问题。"① 从发展方式的角度来看，"建立健全绿色低碳循环发展经济体系、促进经济社会发展全面绿色转型是解决我国生态环境问题的基础之策"②。促进经济社会发展全面绿色转型也是"十四五"期间我国生态文明建设的重要任务。事实上，促进经济社会发展全面绿色转型，首先就意味着转变发展理念从而转变发展方式，尤其要把握进入立足新发展阶段、贯彻新发展理念、构建新发展格局对于生态文明建设提出的新要求，在管理上从严、技术上求创新、资源上讲节约、产能上追求高效，全方位地推动生产过程的全链条绿色转型。其次，促进经济社会全面绿色发展还意味着经济社会绿色发展的方方面面要实现绿色转型，即要体现绿色发展的"全面性"，其中涵盖着产业结构的优化调整、能源消费结构的调整转变、资源的节约高效利用、污染防治的持续推进等重点领域的具体工作。从生活方式的角度来看，要通过适当的机制创新，重点引导农村居民逐步形成低碳环保的绿色生活方式。如果把新时代城乡融合发展和乡村振兴战略、新型城镇化战略联系起来加以考察，那么不难发现新时代城乡融合发展实际上是要在乡村振兴战略和新型城镇化战略的两轮驱动下推进的，而乡村振兴战略和新型城镇化战略同样也要在新时代城乡融合发展的进程中实施。在这个双向推动的过程中，农业农村现代化的步伐也会相应地加快。在加快推进农业农村现代化的过程中，农村居民的生活理念是否能够同步实现更新，这是值得关注的现实问题。在当前农村的现实工作中，农村居民对于垃圾分类、庭院整治、清洁行动、

① 《习近平谈治国理政》第四卷，外文出版社2022年版，第363页。

② 《习近平谈治国理政》第四卷，外文出版社2022年版，第363页。

乡村建设等工作的重要性及要求的认识并不是完全到位和统一的。从这个角度来讲，促进农村居民生活观念的现代化、生活方式的现代化，从而提高农村居民的现代性，是新时代城乡融合发展新格局中推进生态文明建设的题中之义。

第十二章　新时代城乡融合发展格局中新型城乡关系的重塑

新时代城乡融合发展制度建设的根本目的就是要破解城乡二元结构及体制的二元结构问题，改变当前城乡发展不平衡不充分的状况，以满足新时代城乡人民对美好生活的追求，促进城乡人民自由全面发展。从现实来看，这既是推进新时代城乡融合发展的基础性工作，也是确保新时代城乡融合发展实效性的保障性工作。在新时代城乡发展共同体的新格局中，城市生活将离不开乡村的支持，乡村生活也将日益凸显城市要素的重要性。因此，从这个意义上讲，城市和乡村在新时代城乡融合发展的格局中将会相互依赖、相互促进，成为发展共同体的同时能够促进形成新型工农城乡关系。

一　聚焦社会主要矛盾，明确重塑城乡关系的总方向

“时代是出卷人，我们是答卷人，人民是阅卷人。”那么，时代依据什么“出卷”？我们根据什么“答卷”？人民又是以什么标准“阅卷”？这一系列的问题归根到底都与社会主要矛盾问题有关。也就是说，时代依据社会主要矛盾“出卷”，我们根据社会主要矛盾所决定的根本任务“答卷”，人民通过考查社会主要矛盾是否得到很好的解决来进行“阅卷”。因此，

社会主要矛盾问题是党和国家发展的重要问题。中华人民共和国成立以来，我国社会主要矛盾经历了三次重要变化，分别是发生在1956年、1981年和2017年。1956年，党的八大提出“我们国内的主要矛盾，已经是人民对于建立先进的工业国的要求同落后的农业国的现实之间的矛盾，已经是人民对于经济文化迅速发展的需要同当前经济文化不能满足人民需要的状况之间的矛盾”①。这一重大判断表明了党和国家的工作任务就是要实现从落后的农业国向先进的工业国转变，同时要迅速发展社会经济文化。遗憾的是，这一正确主张在不久的后来并没有被坚持下来，“文化大革命”十年内乱给整个国家的建设和发展带来了极大的负面影响。1978年党的十一届三中全会以后，全党的工作重心重新转移到经济建设上来。不久以后，1981年党的十一届六中全会通过的《关于建国以来党的若干历史问题的决议》对社会主要矛盾作了正式概括，提出“社会主义改造基本完成以后，我国所要解决的主要矛盾，是人民日益增长的物质文化需要同落后的社会生产之间的矛盾”。这次对社会主义矛盾的判断本质上是对党的八大提出的社会主要矛盾判断的继承和延续，尽管两者在表述上有所区别，但归根到底都是指向生产力发展的问题。经过几十年的改革开放和持续发展，我国社会生产力、综合国力以及人民生活水平都有了显著提高。在取得历史性成就和历史性变革的基础上，2017年党的十九大报告指出：“中国特色社会主义进入新时代，我国社会主要矛盾已经转化为人民日益增长的美好生活需要和不平衡不充分的发展之间的矛盾。”② 这一重大政治论断表明我国社会发展的问题症结在不平衡不充分发展。党和国家所面临的工作任务就是要解决不平衡不充分发展，以满足人民日益增长的美好生活需要。

---

① 《中国共产党第八次全国代表大会关于政治报告的决议》，《人民日报》1956年9月28日第1版。

② 习近平：《决胜全面建成小康社会 夺取新时代中国特色社会主义伟大胜利——在中国共产党第十九次全国代表大会上的报告》，人民出版社2017年版，第11页。

如前所述，新时代城乡融合发展是在我国社会主要矛盾发生变化的深刻判断中提出的。这里包含两个方面的问题：第一，社会主要矛盾的变化是在我国社会生产力发展到一定程度的基础上提出的，这为新时代城乡融合发展提供了必要的生产力条件。按照马克思主义城乡发展思想的主要观点来看，消灭城乡对立、实现城乡融合的客观条件主要包括两个方面，即废除私有制和发展生产力。我国社会主要矛盾从“人民日益增长的物质文化需要同落后的社会生产之间的矛盾”到“人民日益增长的美好生活需要和不平衡不充分的发展之间的矛盾”这一转变，正是表明我国落后社会生产的情况已经得到改变，改革开放以来社会生产力水平大幅提高，这是新时代城乡融合发展的必要条件。从这个意义上讲，社会主要矛盾的变化是有其积极意义的。第二，社会主要矛盾的变化为新时代城乡融合发展提出了一个新的时代课题，即如何解决城乡不平衡不充分发展的问题就是新时代城乡融合发展的重点任务和基本要求。城乡之间不平衡发展以及乡村内部不充分发展已经成为公认的事实，新时代城乡融合发展的“问题导向”也正在于此。在城乡之间不平衡发展以及乡村内部不充分发展的格局中，突出的短板在农村，问题的关键也在农村。在以往的城镇化过程中，城市和乡村的发展一重一轻、一快一慢、一荣一损，本质上来说这是一种“蹩脚”的城镇化道路。这无疑只会令乡村和城市之间的隔阂越来越大、矛盾越来越深。在全球公认的未来学和城市问题研究权威专家乔尔·科特金看来，“郊区和城市之间隔阂的日益扩大所引起的社会危机，有分裂国家的危险，并且加剧了中心城市的恶化”①。事实上，城乡之间的隔阂和差距也是如此，城乡不平衡不充分发展同样也会引起社会危机。因此，新时代城乡融合发展必须在重视乡村、振兴乡村的基础上推进。党的十九大报告提出“实施乡村振兴战略”，这一重大战略的目标指向就是实现农业农村现代化。也就是说，农业农村现代化是实施乡村振兴战略的总目标。由此可

① ［美］乔尔·科特金：《全球城市史》，王旭等译，社会科学文献出版社 2014 年版，第 207 页。

见，加快推进农业农村现代化是新时代城乡融合发展过程中破解社会主要矛盾的必然逻辑。

作为实施乡村振兴战略的总目标，加快推进农业农村现代化是一个重大实践问题。这个问题的关键是进一步解放和发展农村社会生产力。党的十九大报告提出“建立健全城乡融合发展体制机制和政策体系，加快推进农业农村现代化”，这就意味着新时代城乡融合发展为加快推进农业农村现代化提供必要的制度保障。因此，进一步解放和发展农村社会生产力，必须在新时代城乡融合发展的新格局中寻找出路，而不只是停留在农业农村层面。从这个意义上讲，仅仅依靠高额农业补贴的形式是解决不了农业农村发展的根本性问题的。在新时代城乡融合发展的新格局中寻找进一步解放和发展农村社会生产力，就意味着要在城乡发展的整体中推进农业农村现代化。农业农村现代化就是要在农业农村发展方面实现从传统向现代的转型，农业在这个过程中应当成为具有魅力的产业，农村在这个过程中应当成为具有吸引力的场所，农民在这个过程中应当成为具有技术性的职业。从农业农村发展政策的角度来看，要实现这一转型重点应做好三个方面工作：一是以科技创新引领传统农业转型。传统农业以小农生产经营方式为主，它的典型特征就是经营规模小、技术含量低，这样的传统农业生产方式能够为农民解决最基本的温饱问题，却难以让农民实现真正意义上的致富。在新时代城乡融合发展过程中，“以工补农”“以城带乡”的特点和作用将会更加明显地体现出来，在科技支撑和创新驱动之下，新型工业化、信息化、城镇化、农业现代化深度融合、互动发展将是实现农民致富的重要途径。二是推进农业供给侧结构性改革。传统农业在现代农业科技的支撑下实现现代化转型，这个过程也必然会推动农业供给侧结构性改革，具体表现为农业供给过程中农业技术将会更加体现集成化、劳动过程将会更加倾向机械化、生产经营将会更加依靠信息化，这对促进农业增产增效而言具有重要意义。同时，农业供给侧结构性改革还应从三产融合发展中寻找着力点，把农业做强做大，使农业不再继续成为社会中的弱势产业、低效产业。三是促进小农户与现代农业发展有机衔接。根据第三次全国农业普查数据显示，我国小农户数量占到农业经营户98.1%，小农户从业人员占农业从业人员90%。可见，在农业生产领域，我国仍然还是以小农为主。发展现代农业、加快建设农业强国，需要大力培育新型农业经营主体，但不可能在短时间内把所有小农户都变成新型农业经营主体。因此，如何实现小农户与现代农业发展有机衔接就成了一个重要问题。在这里，除了促使一部分小农户转变成新型农业经营主体外，还可以在对接互联网、学习使用现代工具、提供社会化服务、通过土地流转进行适度规模经营等方面着手，实现小农户与现代农业发展的有机衔接。

二　推进产业融合发展，抓牢重塑城乡关系的总抓手

党的十九大报告提出要建设现代化经济体系，这是从党和国家事业的全局出发，着眼于实现“两个一百年”奋斗目标、顺应中国特色社会主义进入新时代的新要求作出的一项重大决策部署。有研究认为，现代化经济体系至少包括七个方面的因素和特征：一是高质量的经济发展，二是高效益的经济水平，三是中高速的经济增速，四是高水平的农村发展，五是更平衡的地区发展格局，六是更完善的市场经济体制，七是更全面的对外开放①。其中，把“高水平的农村发展”和“更平衡的地区发展格局”作为现代化经济体系的重要内涵，就要求在建设现代化经济体系过程中必须振兴乡村、实现城乡之间的平衡发展。从这个意义上说，推进新时代城乡融合发展是建设现代化经济体系的必然要求。然而，建设现代化经济体系，首先要有现代产业体系的支撑。事实证明，产业兴则经济兴，产业强则经济强。中国科学院中国现代化研究中心主任、中国现代化战略研究课题组组长何传启团队认为，一个现代化经济体系必然包含一个现代化产业体

① 胡鞍钢：《现代化经济体系：发展的战略目标》，载程恩富主编《著名经济学家纵论新时代经济》，中国经济出版社2018年版，第237—238页。

系，后者必然包含现代化产业和现代化产业结构。① 党的十九大报告明确把“产业兴旺、生态宜居、乡风文明、治理有效、生活富裕”作为实施乡村振兴战略的总要求，其中，产业兴旺是首要的。过去对乡村产业的认识通常都停留在农业本身，这是一种极其狭隘的认识，是不利于农业农村发展的。2019 年 6 月，国务院印发的《关于促进乡村产业振兴的指导意见》明确指出：“产业兴旺是乡村振兴的重要基础，是解决农村一切问题的前提。乡村产业根植于县域，以农业农村资源为依托，以农民为主体，以农村一二三产业融合发展为路径，地域特色鲜明、创新创业活跃、业态类型丰富、利益联结紧密，是提升农业、繁荣农村、富裕农民的产业。”② 可见，《关于促进乡村产业振兴的指导意见》不仅突出强调了乡村产业振兴的重要性，而且还从县域城乡一体化的角度对乡村产业进行了全新的定位。在新时代城乡融合发展格局中，振兴起来的乡村产业是解决农业农村农民问题的重要力量。从实践角度来看，在建设现代化经济体系的背景下要实现乡村产业振兴，就必须跳出农村看乡村，跳出农业看产业。尽管乡村产业振兴的基础资源在农业农村，但是乡村产业发展的空间区域却应当在城乡整体。

农村第一、二、三产业融合发展是乡村产业振兴的基本路径。这条路径也可被概括称为“多产融合”或“三产融合”。实践表明，农村第一、二、三产业融合发展是激发农业农村发展新活力、撬动农业农村发展新动能的重要杠杆。但这种产业融合发展的理念并非我国首创。20 世纪 90 年代，日本农业发展面临窘境，农村劳动力大量流向城市，农村耕地面积日益减少，农产品自给率持续下降，由此导致了农业后继乏人、农村严重衰落等问题十分突出。于是，如何激发农业农村发展活力让农业农村重新发展起来，就成了当时日本迫切需要解决的时代课题。面对这种情况，日本

① 何传启主编：《中国现代化报告 2018——产业结构现代化研究》，北京大学出版社 2018 年版，第 i 页。

② 《国务院印发〈关于促进乡村产业振兴的指导意见〉》，中国政府网，2019 年 6 月 28 日，http://www.gov.cn/xinwen/2019－06/28/content_5404202.htm，2022 年 5 月 8 日。

东京大学教授、著名农业专家今村奈良臣首先提出了“第六产业”的新概念。所谓“六”，即一二三之和或一二三之积。今村奈良臣起初把第一、二、三产业之和看成是第六产业，但事实上第一、二、三产业融合的关键在于“融合”，“融合”就不是简单的叠加，它是一个多方面相关内容交叉渗透、交织相融的过程。于是，在后来的实践中，今村奈良臣把第六产业修正理解为是第一、二、三产业之积。这显然更具合理性。然而，总的来说，“第六产业”的核心思路就是“依靠积极支持农户从事种植农作物（第一产业）、农产品加工（第二产业）、销售农产品及其加工产品（第三产业）等多种经营活动，进而使农民获取较大的增值价值，最终逐步推进农业、农村的可持续发展”①。所以，“第六产业”归根到底就是产业一体化、产业融合发展的代名词。将生产、加工、销售、服务集于一体，使产业链不断进行延伸，一方面使得农产品的附加值实现了增加，从而提高了第一产业经济效益；另一方面也使得第一、二、三产业在融合的过程中实现合作，从而使原先的第一产业成为综合产业。发展“第六产业”，重点要进一步挖掘农业农村更多的价值。日本基于农业的生态、体验和休闲等功能大力发展创意农业，成为实现农业农村农民致富的有效途径。在我国，基于产业融合发展理念的创意农业、休闲农业、康养农业、旅游农业都将是乡村产业振兴发展的有效形式。

另外，农村第一、二、三产业融合发展不只是不同产业之间联动、产业链纵向延伸、产业链横向拓展（主要指农业农村多功能价值的挖掘）的问题，它还是一个关系到产业集聚、产城融合的问题。在实施乡村振兴战略、推进新时代城乡融合发展的过程中，特色小镇建设将是实现产业集聚、产城融合的重要着力点和支撑点。在这一方面，浙江省做出了比较成功的探索，形成了可借鉴的实践经验。2015 年 1 月，时任浙江省省长李强同志在浙江两会《政府工作报告》中提出，要“加快规划建设一批特色小镇”，并强

① 陈曦、欧晓明、韩江波：《“第六产业”运作生态：逻辑机理与治理新思维——日本案例与中国启示》，《经济体制改革》2018 年第 3 期。

调“以新理念、新机制、新载体推进产业集聚、产业创新和产业升级”。[①]此后，浙江开始了建设特色小镇的具体实践，并多年来在这一方面的实践探索始终走在全国前列。2015年4月，浙江省人民政府颁发了《浙江省人民政府关于加快特色小镇规划建设的指导意见》，对特色小镇的定位和要求作了官方界定，强调“特色小镇是相对独立于市区，具有明确产业定位、文化内涵、旅游和一定社区功能的发展空间平台，区别于行政区划单元和产业园区”[②]。这里已经非常明确的是，特色小镇既不是行政区划单元上的一个镇，也不是产业园区的一个区，特色小镇的发展所坚持的是产业、文化、旅游的“三位一体”和生产、生活、生态的融合发展。因此，特色小镇的“特”最关键的就是体现在产业集聚和功能融合上。当然，根据不同产业的特点，特色小镇也可以分为不同类型。把建设特色小镇作为实施乡村振兴战略、推进新时代城乡融合发展的重要抓手，实际上就是要重点打造城郊休闲娱乐型、农业资源禀赋型、生态旅游型等与农业农村相关的特色小镇。具体而言，就是要立足农业农村要素禀赋和资源优势，深入挖掘并主动发挥农业农村的先天优势，“着力发展优势主导特色产业，延伸产业链、提升价值链、创新供应链，吸引人才、技术、资金等高端要素集聚，打造特色产业集群”[③]。

三　满足美好生活需要，把握重塑城乡关系的总要求

党的十九大报告对新时代我国社会主要矛盾的转化作出重大判断时，

① 李强：《政府工作报告——2015年1月21日在浙江省第十二届人民代表大会第三次会议上》，《浙江日报》2015年1月27日第2版。

② 《浙江省人民政府关于加快特色小镇规划建设的指导意见》，浙江省人民政府网2015年5月4日，http://www.zj.gov.cn/art/2015/5/4/art_32431_202183.html，2022年5月8日。

③ 曾国军：《特色小镇的概念体系和理论逻辑》，载曾国军、陈旭、余构雄主编《中国特色小镇研究报告（2019）》，社会科学文献出版社2019年版，第62页。

用“人民日益增长的美好生活需要”代替了过去“人民日益增长的物质文化需要”的表述。马克思主义认为，不是社会意识决定社会存在，而是社会存在决定社会意识。同时，经济基础决定上层建筑，上层建筑反过来必须适应经济基础。随着经济社会的发展，时代会发生变化，人的需要同样也会随着时代的变化也发生变化。人的需要并不是一成不变的。马克思、恩格斯在《德意志意识形态》中指出：“我们首先应当确定一切人类生存的第一个前提，也就是一切历史的第一个前提，这个前提是：人们为了能够‘创造历史’，必须能够生活。但是为了生活，首先就需要吃喝住穿以及其他一些东西。因此第一个历史活动就是生产满足这些需要的资料，即生产物质生活本身，而且，这是人们从几千年前直到今天单是为了维持生活就必须每日每时从事的历史活动，是一切历史的基本条件。”① 的确，物质生活资料对人来讲是最基本的需要，如果离开物质生活资料，人也就无法生活。但是，当人们解决了物质生活问题之后，人的需要也就会随着物质生活问题的解决而发生变化。这就是马克思、恩格斯接着往下说的第二个事实，即“已经得到满足的第一个需要本身、满足需要的活动和已经获得的为满足需要而用的工具又引起新的需要”②。这种需要区别于前文所讲的基本物质生活需要，它属于更高层次的需要。人民日益增长的美好生活需要是在基本物质生活需要已经得到满足的基础上产生的，这种需要的特点突出表现为“日益增长”和“美好”两个方面。其中，“日益增长”体现了美好生活需要的多样化、动态性特点；“美好”则体现了“需要”的质量。也就是说，这个日益增长的需要不是一般的、基本的生活需要，而是美好生活的需要，对生活提出了质量要求。如果说基本物质生活需要主要还是停留在物质需要层面，那么人民日益增长的美好生活需要就已经从物质需要层面延伸到精神需要层面，它是多种不同类型需要的交织与叠加。因此，人民日益增长的美好生活需要是一个复杂问题。这种复杂性还

① 《马克思恩格斯文集》第一卷，人民出版社 2009 年版，第 531 页。

② 《马克思恩格斯文集》第一卷，人民出版社 2009 年版，第 531 页。

体现在，“人民”是一个集体的概念，“需要”则是个人对生理和社会需求的反映，因此要满足人民日益增长的美好生活需要就必须从千差万别的个体需要中去寻找具有共性的集体需求，找到全社会对美好生活的意愿和要求的最大公约数。新时代城乡融合发展就为寻找这个最大公约数创造了条件。

以工业革命为标志的工业文明在加速世界各国城市化进程、促进社会生产力发展的同时，也给人类社会带来了前所未有的生态环境问题。城市在这个过程中一方面是发展起来了，走向了现代化，但与此同时也“病倒”了，出现了“城市病”。于是，乔尔·科特金在《全球城市史》中尖锐地指出，“工业革命深刻地改变了城市环境，这种转变常常是以令人憎恶的方式进行的”①。人类生存在其中的这个城市空间在工业化、城市化的过程中变得越来越糟糕，这种现象普遍地表现为环境污染严重、居住条件恶化、居民健康堪忧等。因此，“工人和城市中产阶级移居大城市的外围地带的‘乡村’是‘历史的回溯’，它将把人们带回到更加健康和亲密的氛围当中”②。从乔尔·科特金的论述中可见，对更加优美的生活环境和更加健康的身体条件的向往就是城市居民美好生活需要的一个重要方面。由于城市环境在工业化过程中遭到破坏，人们不得不选择逃离这样的环境，于是便移居到乡村去。这是城市居民对美好生活需要的一种自然选择。这种情况在世界各国是普遍存在的。然而，乡村的状况如何？一般认为，乡村的生活环境是偏自然的，它更加接近于大自然，显然也更加接近卢梭笔下的“自然状态”，即未被人类文明所破坏的那个环境。与城市相比，乡村具有天然的生态优势。但是，恰恰由于未被开发或较少地被开发，乡村通常长期存在基础设施差而不能满足人民对美好生活的需要的问题。因

① ［美］乔尔·科特金：《全球城市史》，王旭等译，社会科学文献出版社 2014 年版，第 146 页。

② ［美］乔尔·科特金：《全球城市史》，王旭等译，社会科学文献出版社 2014 年版，第 200 页。

此，加强乡村基础设施建设、补齐乡村基础设施短板，这是新时代城乡融合发展的重要内容。2003 年，在浙江全省范围内启动实施的“千村示范、万村整治”工程（简称“千万工程”）就是以整治农村环境、统筹城乡基础设施建设为切入点，着力改变农村脏乱差现象，全面改造村容村貌，协同推进改善农村人居环境与城乡融合发展。具体而言，就是从解决群众反映最强烈的环境脏乱差做起，到改水改厕、村道硬化、污水治理等提升农村生产生活的便利性，再到实施绿化亮化、村庄综合治理提升农村形象，最后到实施产业培育、完善公共服务设施、美丽乡村创建提升农村生活品质，整个过程体现出了“从小做起，先易后难，循序渐进，逐步延伸”的特点。基于这样的实践逻辑建成的“美丽乡村”才能更好地满足农民对美好生活的空间环境需要。因此，党的十八大以来，美丽乡村建设在全国范围内得到重视和推广。

此外，人民日益增长的美好生活需要同时还表现为精神层面的需要。因此，满足人民日益增长的美好生活需要就必须关注人民精神层面的现实需要，而这个层次的需要的满足则需要通过文化的供给来实现。从文化供给角度来看，城市文化供给显然要比乡村文化供给更加多样更加丰富，而乡村文化的供给通常都与传统文化相关，乡村文化的根基更深。但是相比之下，乡村文化建设和供给还存在明显短板。因此，在新时代城乡融合发展过程中，如何丰富乡村文化建设和供给的内容，让更多更丰富的优秀文化更好地满足对美好生活的需要，这是一个十分重要的现实问题，因为“文化的力量，或者我们称之为构成综合竞争力的文化软实力，总是‘润物细无声’地融入经济力量、政治力量、社会力量之中，成为经济发展的‘助推器’、政治文明的‘导航灯’、社会和谐的‘黏合剂’”①。文化是一个社会发展的魂，它渗透在经济社会发展的方方面面。对于乡村而言，亦是如此。乡村文化建设直接决定了乡风文明的程度，而乡村风文明程度则是整个乡村社会发展的综合体现。在乡村文化建设方面，浙江省同样做出

---

① 习近平：《之江新语》，浙江人民出版社 2013 年版，第 149 页。

了有益探索。2013 年，浙江在全省范围内全面启动农村文化礼堂建设。根据有关部门数据统计，截至 2022 年 10 月，浙江已经在全省范围内建成农村文化礼堂超过 2 万家。在新时代城乡融合发展的过程中，农民同样需要“精神家园”用来提升精神生活的质量，满足自身对美好生活的需要。浙江农村文化礼堂建设为此提供了经验借鉴。农村文化礼堂不只是一个农民活动的场所，而是已经成为浙江农村文化服务的综合体，它具体表现在既是传播传统文化的殿堂、弘扬文明新风的舞台，同时也是普及科学文化的阵地、村民谈事议事的场所。

四　促进城乡社会融合，呼应重塑城乡关系的总目标

过去在工业文明支配下的城镇化道路最大的问题就是，把城市发展起来的同时忽视了人的发展，这样的城市实际上是不利于人类可持续发展的。一方面，城市的自然环境在工业文明的支配下变得越来越糟糕，以至于城里人想逃往乡村去；另一方面，城市的社会环境在市场经济的支配下变得门槛越来越高，以至于农民在城里难以安家落户。这些都是忽视人的发展的城镇化的“病症”所在。美国著名城市理论家、社会哲学家刘易斯·芒福德在其著作《城市发展史：起源、演变与前景》中指出，未来建设的新城市，“它的任务是把人类最高利益安置在人类各种活动的核心位置，把被撕裂的人格人性重新组合成健全的整体。旧文明和旧城市曾经认为地裂解人格，将其分裂为官僚、政客、‘专家’、专业工作者以及毫无人味儿的‘职能岗位’。新城市的任务，是要重组这些碎块，使之成为健全的人”①。进而又强调：“永远弃绝以往那种互相隔绝的状态：人与自然隔绝，城里人与乡下人互相隔绝，希腊人与野蛮人互相隔绝，本城人与外来

① ［美］刘易斯·芒福德：《城市发展史：起源、演变与前景》，宋俊岭、宋一然译，上海三联书店 2018 年版，第 531 页。

人互相隔绝等等，都不能延续下去了。”① 刘易斯·芒福德的观点把人提高到了一个前所未有的高度，这实际上是对人的城镇化的一种呼吁，以及对城镇化过程中人本身的位置的复归的一种呼吁。永远弃绝以往那种互相隔绝的状态，实际上就是要建立城乡融合发展的新格局，这是城乡建设与发展的未来。在这里，人在城乡发展中的地位就体现出来了。从这个意义上讲，城乡融合发展的关键在于要使人的发展能够融入这个社会的发展。这就涉及“社会融合”的问题。美国社会学家罗伯特·帕克在研究美国移民问题时引入了“社会融合”这个概念。他认为：“新移民进入一个陌生的城市之后，所面临的首要问题就是如何能够融入城市，不同群体之间需要进行充分的交流和渗透，融合的过程实际上就是不同群体、不同文化之间同质化的过程，最终实现的目标是不同群体融入共同的文化生活的当中。”② 简要言之，社会融合就是不同个体或群体在一个特定的生活共同体中互相渗透、相互融合的过程。

2022 年 3 月，国家发展改革委印发的《2022 年新型城镇化和城乡融合发展重点任务》指出：“各类城市要根据资源环境承载能力和经济社会发展实际需求，畅通在本地稳定就业生活的农业转移人口举家进城落户渠道。城区常住人口 300 万以下城市落实全面取消落户限制政策。实行积分落户政策的城市确保社保缴纳年限和居住年限分数占主要比例。”③ 这也是自 2019 年 4 月发布《2019 年新型城镇化建设重点任务》以来连续第四个年头发布“重点任务”清单，并且每年都涉及深化户籍制度改革作为其中重要内容。持续深化户籍制度改革的关键实际上在于解决农业转移人口社

① ［美］刘易斯·芒福德：《城市发展史：起源、演变与前景》，宋俊岭、宋一然译，上海三联书店 2018 年版，第 531 页。

② 转引自王凤科、温芳芳《城镇化过程中社会融合问题研究》，科学出版社 2016 年版，第 6 页。

③ 《国家发展改革委关于印发〈2022 年新型城镇化和城乡融合发展重点任务〉的通知》，中国政府网 2022 年 3 月 22 日，http://www.gov.cn/zhengce/zhengceku/2022-03/22/content_5680416.htm，2022 年 6 月 1 日。

会融入的问题。从城乡融合发展的角度来看，由于城市生活和乡村生活在这个过程中将会相互依赖、相互促进，从而形成城乡发展的共同体，新时代城乡融合发展也因此必然要追求更高程度的社会融合。换句话说，高度的社会融合是城市生活和乡村生活融为一体、城市发展和乡村发展形成共同体的前提。在城市当中如何安顿农业转移人口，这个问题是相当复杂的。我国城镇化过程中长期积累形成的城乡二元结构体制实际上是不利于农业转移人口融入城市的；而且制度本身存在一种惯性，要推动农业转移人口在城镇落户，提高户籍人口城镇化率，这个过程将是充满各种挑战的。农业转移人口进城落户最大的担心就是失去土地，因为如果按照城乡二元的户籍制度来理解，进城落户就意味着要放弃土地的承包经营权。对此，2016 年，《国务院办公厅关于印发推动 1 亿非户籍人口在城市落户方案的通知》就很明确地强调："不得强行要求进城落户农民转让其在农村的土地承包权、宅基地使用权、集体收益分配权，或将其作为进城落户条件。"所以，农业转移人口进城落户的担心不应在此，而应该在进城落户的农业转移人口，能不能在城镇基本医疗保险、城镇养老保险、子女平等享有受教育权利等方面享受同等条件待遇。这些问题都涉及城乡融合发展过程中，城乡社会融合以及城乡居民发展权利一体化的问题。这个问题是很重要的。正如加拿大记者道格·桑德斯在《落脚城市：最后的人类大迁移与我们的未来》中所说："乡村的命运主要取决于国家如何经营大城市，以及为这些城市的移入人口提供什么样的权利与资源。另一方面，城市与国家的命运通常也取决于它们如何对待乡村以及从乡村移出的人口。"①

那么，究竟应该如何实现更高程度的社会融合？从体制机制和政策本身来看，破解城乡二元结构体制问题是首要任务，其中最关键的就是要破除城乡二元户籍制度。破除城乡二元户籍制度不是简单地变更户籍性质，而是要有实质性的改革内容，这些内容就是在以往城镇化过程中被人为捆

① ［加］道格·桑德斯：《落脚城市：最后的人类大迁移与我们的未来》，陈信宏译，上海译文出版社 2012 年版，第 125 页。

绑在户籍制度之上的不平等的社会福利和发展权利，比如就业的权利、社会保障的相关制度、受教育的权利等。所以，建立城乡一体化的户籍管理制度是推进城乡融合发展的题中之义。户籍制度要回归户籍登记管理职能本身，要剥离依附在户籍上的诸多行政管理职能。具体而言，就是要“按照‘城镇待遇可享受、农村权益可保留、农村利益可流转’的要求，对与‘二元制’户籍制度密切相关的最低生活保障、计划生育、退伍军人安置以及农民批地建房等政策进行适度调整，逐步消除原附着在‘二元制’上的利益差别，恢复户口管理作为民事登记和公民身份确认的基本社会功能”①。只有在这个前提之下，城乡居民在现实中的发展权利才有了均等化的基础条件。再从就业权利的角度来看，新时代城乡融合发展要实现城乡人才的自由流动以及城乡劳动者的平等就业，特别是要构建城乡统一的开放透明、公平竞争、规范有序的劳动力市场，让农村进城务工人员不再处于弱势地位，要让他们同样也能享受当地居民的公共服务，只有这样才能让农村转移人口更好地融入城市或城镇生活。从社会保障制度的角度来看，重点就是要进一步提高农村医疗卫生服务保障水平、完善城乡居民社会养老保险制度、完善农民工失业与工伤保险政策，尤其要推动农民工与城镇职工享受同等待遇的社会保障制度。从教育的角度来看，城乡教育发展水平的差距仍然还是明显的，因此要在基础教育上花大力气，比如加大对农村基础教育的转移支付力度，改善农村办学条件，同时通过制度化的安排促进城乡优秀教师和优质教学资源合理流动，从而努力提高农村教育水平，缩小城乡基础教育的差距。很显然的一个问题是，如果城乡之间基础教育差距过大，那么将会不利于实现城乡融合发展。

---

① 王凤科、温芳芳：《城镇化过程中社会融合问题研究》，科学出版社 2016 年版，第 88 页。

结　语

新时代城乡融合发展的研究是一个关系城乡经济社会发展的重大问题。它把城乡发展作为一个整体对象，城乡之间形成一个发展共同体的关系，这是具有重大现实意义的。但是，新时代城乡融合发展的研究又不能脱离对以往城镇化道路的客观思考，因此需要在对以往城镇化道路积极扬弃的基础上展开。这是新时代城乡融合发展研究的一个基本原则。

党的十八大以前的城镇化建设虽然为我国工业化发展注入了强大的动力，为广大农民提供了最重要的土地保障，为社会稳定发展创造了有利条件，但是它始终把工作重心聚焦在城市发展的问题上，从而不仅忽视了乡村的发展，而且还因城市发展的“虹吸效应”吸引了大量农村剩余劳动力和资源，使其不断涌入城市。与此同时，城市规模变得越来越大，城市人口密度也变得越来越大，这些都给城市治理带来了新的问题和挑战。然而，从现实来看，大量以农民工的身份在城市中打工的农村剩余劳动力并没有真正融入城市生活。同时，乡村大多以小农生产经营为主，发展底子本身比较薄弱，再加上大量资源要素的外流，乡村的落后甚至凋零就成了不争的事实。这样的城镇化道路归结起来是“见物不见人”的，而这里的“物”也只是片面的物，即城市发展。所以，以往的城镇化道路推动了城市的发展，但忽略了乡村的发展；推动了土地的城镇化，但忽略了人的城镇化，并且在城镇化进程中“人”与“物”的关系被颠倒，“物”的价值远远大于“人”的价值。从这个意义上讲，以往的城镇化道路是“顾此失彼”的发展道路，这是重数量、低质量的城镇化。

党的十九大报告提出“实施乡村振兴战略”，并同时强调要“建立健全城乡融合发展体制机制和政策体系”，新时代城乡融合发展的重要命题也便由此产生。可以说，这是解决乡村落后和凋零问题的重大决策部署，因为乡村价值将在乡村振兴战略的实施过程中被重新发现，农民权利也将在城乡融合发展的具体实践中被重新重视。所以，新时代城乡融合发展这个命题的提出，实际上是对以往在特定历史条件下所形成的城镇化道路的积极扬弃与转型。

总的来说，本书沿着“思想溯源——实践反思——理论建构——制度建设”的研究思路，在尝试回答“经典作家怎么说”“中国实践怎么做”“以往道路怎么样”等一系列问题的基础上，进一步回答了“何为新时代城乡融合发展”“新时代城乡融合发展何以可能”“新时代城乡融合发展有何边界”“新时代城乡融合发展要何作为”等一系列关键问题。其中，后四个关键问题归结起来就是回答了“新时代城乡融合发展之路是什么、怎么走”的问题。

与特定历史条件下城镇化道路的“见物不见人”的发展思路和“城乡二元”的发展格局不同，本著认为新时代城乡融合发展是一个“多维一体”的概念，它既是理念，也是方法，同时还是过程和结果，总体表现为在中国特色社会主义进入新时代的背景下，坚持把城市和乡村共同作为发展主体，发挥城市优势条件，保持乡村发展特色，通过城乡之间各要素的良性互动和各领域的有机融合，有效缩小城乡差距，建立新的工农城乡关系，形成城乡发展共同体的新格局，实现城乡共生发展、协调发展、互惠发展，同时让城乡人民共享发展成果。在这个过程中，新时代城乡融合发展体现了乡村振兴的发展逻辑，体现了坚持以人民为中心的发展思想，体现了城乡相融共生的发展格局，体现了区域协调发展的发展思路。新时代城乡融合发展在直面破解城乡二元结构体制问题的基础上，最终要实现的是促进人的自由全面发展的根本目标。它把“城”和“乡”、“人”和“物”共同作为城镇化的目的，并且把人的城镇化视为城镇化的核心问题，把乡村振兴视为城镇化的重要内容。这与以往的城镇化道路相比，是把城镇化进程中的“城”和“乡”的关系拉回到了一体化、共同体的格局中，把“乡”重置于“城”的同等重要地位上；同时还把城镇化进程中的“物”和“人”的关系颠倒了，把“人”重置于本应置于的位置之上。只有这样，乡村落后和凋零的问题才能得以更好的解决，乡村价值才能在乡村振兴战略的实施过程中得以更好的被重新发现，农民权利才能在城乡融合发展的具体实践中得以更好的被重新重视。

但是，新时代城乡融合发展并不是简单的经济社会自然发展的过程，它是一种复杂的社会现象，它需要政府“有形之手”和市场“无形之手”共同去推动。所以，在新时代城乡融合发展的理论建构过程中必然还涉及新时代城乡融合发展的条件、动力、原则、内容、制度等关键问题。本著对这些问题也做出了较为系统的分析。党的二十大报告强调，要“全面推进乡村振兴”。面向未来，我们有足够的理由和底气相信，如果说城市让生活更美好，那么，乡村生活在全面推进乡村振兴战略、深入实施新型城镇化战略的过程中将会令人更加向往，因为这是新时代城乡融合发展的必然结果。

参考文献

一　经典著作

《马克思恩格斯选集》第一卷，人民出版社 2012 年版。

《马克思恩格斯选集》第二卷，人民出版社 2012 年版。

《马克思恩格斯选集》第三卷，人民出版社 2012 年版。

《马克思恩格斯文集》第一卷，人民出版社 2009 年版。

《马克思恩格斯文集》第二卷，人民出版社 2009 年版。

《马克思恩格斯文集》第三卷，人民出版社 2009 年版。

《马克思恩格斯文集》第四卷，人民出版社 2009 年版。

《马克思恩格斯文集》第五卷，人民出版社 2009 年版。

《马克思恩格斯文集》第七卷，人民出版社 2009 年版。

《马克思恩格斯文集》第八卷，人民出版社 2009 年版。

《马克思恩格斯全集》第三卷，人民出版社 1960 年版。

《马克思恩格斯全集》第三十四卷，人民出版社 2008 年版。

《列宁选集》第二卷，人民出版社 2012 年版。

《列宁全集》第二卷，人民出版社 1984 年版。

《列宁全集》第四卷，人民出版社 1984 年版。

《列宁全集》第五卷，人民出版社 1986 年版。

《列宁全集》第二十六卷，人民出版社 1990 年版。

《列宁全集》第二十七卷，人民出版社 1990 年版。

《列宁全集》第三十六卷，人民出版社 1985 年版。
《列宁全集》第三十七卷，人民出版社 1986 年版。
《列宁全集》第三十八卷，人民出版社 1986 年版。
《列宁全集》第四十卷，人民出版社 1986 年版。
《列宁全集》第四十一卷，人民出版社 1986 年版。
《斯大林选集》下卷，人民出版社 1979 年版。
《斯大林全集》第六卷，人民出版社 1956 年版。
《斯大林全集》第十卷，人民出版社 1954 年版。
《斯大林全集》第十一卷，人民出版社 1955 年版。
《斯大林全集》第十二卷，人民出版社 1955 年版。
《毛泽东选集》第三卷，人民出版社 1991 年版。
《毛泽东选集》第四卷，人民出版社 1991 年版。
《毛泽东文集》第七卷，人民出版社 1999 年版。
《周恩来选集》下卷，人民出版社 1984 年版。
《邓小平文选》第三卷，人民出版社 1993 年版。
《江泽民文选》第一卷，人民出版社 2006 年版。
《江泽民文选》第二卷，人民出版社 2006 年版。
《江泽民文选》第三卷，人民出版社 2006 年版。
《胡锦涛文选》第二卷，人民出版社 2016 年版。
《胡锦涛文选》第三卷，人民出版社 2016 年版。
《习近平谈治国理政》，外文出版社 2014 年版。
《习近平谈治国理政》第二卷，外文出版社 2017 年版。
《习近平谈治国理政》第三卷，外文出版社 2020 年版。
《习近平谈治国理政》第四卷，外文出版社 2022 年版。

二　中文著作

毕泗生主编：《中国农业农村农民前沿问题报告》，人民日报出版社 2003 年版。

曾国军、陈旭、余构雄主编：《中国特色小镇研究报告》（2019），社会科学文献出版社 2019 年版。
程恩富主编：《著名经济学家纵论新时代经济》，中国经济出版社 2018 年版。
费孝通：《中国城乡发展的道路》，上海人民出版社 2016 年版。
何传启主编：《中国现代化报告 2018——产业结构现代化研究》，北京大学出版社 2018 年版。
贺雪峰：《城市化的中国道路》，东方出版社 2014 年版。
江泽民：《论社会主义市场经济》，中央文献出版社 2006 年版。
李强等：《多元城镇化与中国发展：战略及推进模式研究》，社会科学文献出版社 2013 年版。
罗荣渠：《现代化新论——世界与中国的现代化进程》（增订本），商务印书馆 2014 年版。
王凤科、温芳芳：《城镇化过程中社会融合问题研究》，科学出版社 2016 年版。
习近平：《摆脱贫困》，福建人民出版社 1992 年版。
习近平：《之江新语》，浙江人民出版社 2013 年版。
习近平：《在庆祝中国共产党成立 95 周年大会上的讲话》，人民出版社 2016 年版。
习近平：《决胜全面建成小康社会 夺取新时代中国特色社会主义伟大胜利——在中国共产党第十九次全国代表大会上的报告》，人民出版社 2017 年版。
习近平：《在庆祝改革开放 40 周年大会上的讲话》，人民出版社 2018 年版。
习近平：《在全国脱贫攻坚总结表彰大会上的讲话》，人民出版社 2021 年版。
习近平：《高举中国特色社会主义伟大旗帜 为全面建设社会主义现代化国家而团结奋斗——在中国共产党第二十次全国代表大会上的报告》，

人民出版社 2022 年版。
叶兴庆、张云华、伍振军、周群力等：《农业农村改革若干重大问题研究》，中国发展出版社 2018 年版。
俞可平主编：《治理与善治》，社会科学文献出版社 2000 年版。
俞吾金、陈学明：《国外马克思主义哲学流派新编：西方马克思主义卷》下册，复旦大学出版社 2002 年版。
郁建兴、高翔等：《从行政推动到内源发展：中国农业农村的再出发》，北京师范大学出版社 2013 年版。
中共中央文献研究室编：《习近平关于全面深化改革论述摘编》，中央文献出版社 2014 年版。
中共中央文献研究室编：《习近平关于社会主义经济建设论述摘编》，中央文献出版社 2017 年版。
中共中央党史和文献研究院编：《习近平关于“三农”工作论述摘编》，中央文献出版社 2019 年版。
朱信凯、于亢亢等：《未来谁来经营农业：中国现代农业经营主体研究》，中国人民大学出版社 2015 年版。

三　中文论文

曾福生、蔡保忠：《农村基础设施是实现乡村振兴战略的基础》，《农业经济问题》2018 年第 7 期。
陈培永：《重思马克思的“人民”概念》，《哲学动态》2018 年第 1 期。
陈曦、欧晓明、韩江波：《“第六产业”运作生态：逻辑机理与治理新思维——日本案例与中国启示》，《经济体制改革》2018 年第 3 期。
丁元竹：《促进我国基本公共服务均等化的对策》，《宏观经济管理》2008 年第 3 期。
范昕墨：《乡村振兴战略背景下的农村基础设施建设——基于公共经济学的视角》，《改革与战略》2018 年第 9 期。
顾钰民：《从传统计划经济到中国特色社会主义市场经济》，《高校马克思主义理论研究》2019 年第 3 期。
韩文龙：《以城乡融合发展推进农业农村现代化》，《红旗文稿》2019 年第 1 期。
韩旭、陈守则：《城镇化理论研究文献综述》，《经济研究导刊》2016 年第 24 期。
贺书霞：《土地保障与农民社会保障：冲突与协调》，《中州学刊》2013 年第 2 期。
贺雪峰：《谁是农民?》，《经济导刊》2014 年第 3 期。
胡拥军：《新型城镇化条件下政府与市场关系再解构：观照国际经验》，《改革》2014 年第 2 期。
胡志平：《权利重构：城乡居民收入差距的累积与消解》，《探索》2012 年第 6 期。
金三林、曹丹丘、林晓莉：《从城乡二元到城乡融合——新中国成立 70 年来城乡关系的演进及启示》，《经济纵横》2019 年第 8 期。
李淼：《城乡二元结构与城市化道路演进》，《重庆社会科学》2009 年第 7 期。
李培林：《“逆城镇化”大潮正在向中国走来》，《中国乡村发现》2017 年第 4 期。
李松林：《体制与机制：概念、比较及其对改革的意义——兼论与制度的关系》，《领导科学》2019 年第 3 期。
李学：《城乡二元结构问题的制度分析与对策反思》，《公共管理学报》2006 年第 4 期。
李云、刘毓锦：《基于公共基础设施建设视角下的乡村复兴》，《小城镇建设》2019 年第 2 期。
林辉煌、贺雪峰：《中国城乡二元结构：从“剥削型”到“保护型”》，《北京工业大学学报》（社会科学版）2016 年第 6 期。
刘美平：《中国城乡差距的三维解读》，《生产力研究》2009 年第 15 期。
刘祖云、刘传俊：《后生产主义乡村：乡村振兴的一个理论视角》，《中国农村观察》2018 年第 5 期。
梅立润：《农业农村发展如何优先？——乡村振兴资源配置逻辑调整的难题》，《当代经济管理》2019 年第 3 期。
欧万彬：《“城乡融合发展”的时代特征与发展逻辑》，《北方论丛》2019 年第 4 期。
潘九根、钟昭锋、曾力：《我国城乡二元结构的形成路径分析》，《求实》2006 年第 12 期。
齐红倩、席旭文：《中国城镇化为何背离缩小城乡差距目标？——基于中国经济不同发展阶段的差异性分析》，《南京社会科学》2015 年第 4 期。
屈婷、樊红敏：《“自然的”乡村何以社会化——论马克思对黑格尔城乡差别观点的超越》，《山西财经大学学报》2015 年第 S1 期。
隋筱童：《乡村振兴战略下“农民主体”内涵重构》，《山东社会科学》2019 年第 8 期。
孙肖远：《全面提升城乡基层党组织的组织力》，《群众》2019 年第 19 期。
田雪原：《城镇化还是城市化》，《人口学刊》2013 年第 6 期。
汪彬：《新时代促进中国区域城乡协调发展的战略思考》，《理论视野》2019 年第 5 期。
汪厚庭：《中国农村改革：从城乡二元到城乡融合》，《现代经济探讨》2018 年第 11 期。
王曙光：《中国经济体制变迁的历史脉络与内在逻辑》，《长白学刊》2017 年第 2 期。
王志锋、张维凡、朱中华：《中国城镇化 70 年：基于地方政府治理视角的回顾和展望》，《经济问题》2019 年第 7 期。
魏晓燕、陈爱华：《黑格尔等级思想解读及其现实意义研究》，《求索》2011 年第 9 期。
温铁军：《农村需要城镇化而非城市化》，《当代贵州》2013 年第 6 期。
文军：《农村社区建设：乡村结构变迁中的新治理》，《探索与争鸣》2012

年第 11 期。
文军、沈东：《当代中国城乡关系的演变逻辑与城市中心主义的兴起——基于国家、社会与个体的三维透视》，《探索与争鸣》2015 年第 7 期。
吴萌、季乃礼：《“美好生活需要”的发生与实现逻辑》，《长白学刊》2020 年第 4 期。
吴晓明：《论马克思对现代性的双重批判》，《学术月刊》2006 年第 2 期。
吴业苗：《城乡二元结构的存续与转换——基于城乡一体化公共性向度》，《浙江社会科学》2018 年第 4 期。
熊兴、余兴厚、敬佳琪：《城乡基本公共服务均等化问题研究综述》，《重庆理工大学学报（社会科学）》2018 年第 4 期。
许伟：《新中国成立 70 年来的城镇化建设及其未来应然走向》，《武汉大学学报》（哲学社会科学版）2019 年第 4 期。
严金明、王晨：《基于城乡统筹发展的土地管理制度改革创新模式评析与政策选择——以成都统筹城乡综合配套改革试验区为例》，《中国软科学》2011 年第 7 期。
颜英、何爱国：《从土地改革到乡村振兴：新中国 70 年农业现代化道路的演进》，《理论与现代化》2019 年第 4 期。
尹伯成：《亚当 · 斯密经济思想在中国的价值——纪念〈国富论〉发表 240 周年》，《江海学刊》2016 年第 6 期。
张等文、陈佳：《城乡二元结构下农民的权利贫困及其救济策略》，《东北师大学报》（哲学社会科学版）2014 年第 3 期。
张旭东：《“改革”内涵的演进：从“改革”到“全面深化改革”》，《党的文献》2016 年第 1 期。
郑杭生：《农民市民化：当代中国社会学的重要研究主题》，《甘肃社会科学》2005 年第 4 期。
钟裕民：《城乡生态融合发展：理论框架与实现路径》，《中国行政管理》2020 年第 9 期。
周飞舟：《从脱贫攻坚到乡村振兴：迈向“家国一体”的国家与农民关

系》，《社会学研究》2021 年第 6 期。
周立：《“城乡中国”时代的资本下乡》，《中国乡村发现》2018 年第 6 期。
周清香、何爱平：《中国城乡融合发展的历史演进及其实现路径——马克思主义城乡关系理论的视角》，《西安财经大学学报》2022 年第 2 期。
周文：《新型城镇化和乡村振兴背景下的城乡融合发展研究》，《政治经济学评论》2022 年第 3 期。

四　中译著作

《圣西门选集》第二卷，董果良译，商务印书馆 1982 年。
《傅立叶选集》第一卷，赵俊欣、吴模信、徐知勉、汪文漪译，商务印书馆 1979 年版。
《欧文选集》第一卷，柯象峰、何光来、秦果显译，商务印书馆 1979 年版。
［美］阿尔温·托夫勒：《权力的转移》，刘江、陈方明、张毅军、赵子健等译，中共中央党校出版社 1991 年版。
［英］埃比尼泽·霍华德：《明日的田园城市》，金经元译，商务印书馆 2010 年版。
［美］丹尼尔·贝尔：《后工业社会的来临——对社会预测的一项探索》，高铦、王宏周、魏章玲译，商务印书馆 1984 年版。
［加］道格·桑德斯：《落脚城市：最后的人类大迁移与我们的未来》，陈信宏译，上海译文出版社 2012 年版。
［德］黑格尔：《法哲学原理》，范扬、张企泰译，商务印书馆 1961 年版。
［美］刘易斯·芒福德：《城市发展史：起源、演变与前景》，宋俊岭、宋一然译，上海三联书店 2018 年版。
［美］乔尔·科特金：《全球城市史》，王旭等译，社会科学文献出版社 2014 年版。
［美］塞缪尔·亨廷顿：《文明的冲突》，周琪等译，新华出版社 2013 年版。

[英] 托马斯·莫尔：《乌托邦》，戴镏龄译，商务印书馆 1982 年版。
[美] 西奥多·W. 舒尔茨：《改造传统农业》，梁小民译，商务印书馆 1999 年版。
[美] 西里尔·E. 布莱克编：《比较现代化》，杨豫、陈祖洲译上海译文出版社 1996 年版。
[英] 亚当·斯密：《国富论》（上），郭大力、王亚南译，译林出版社 2011 年版。

五　外文著作

Eveline S. van Leeuwe, *Rural – Urban Interactions: Towns as Focus Points in Rural Development*, London and New York: Physica – Verlag Heidelberg, 2010.
Kenneth Lynch, *Rural – Urban Interaction in the Developing World*, London and New York: Routledeg, 2005.

六　外文论文

McGee, T. G. , "The Emergence of Desakota Regions in Asia: Expanding a Hypothesis", in N. Ginsberg, B. Poppel and T. G. McGee, eds. , *The Extended Metropolis*, Honolulu: University of Hawaii Press, 1991.

七　网络文献

《中共中央 国务院关于坚持农业农村优先发展做好“三农”工作的若干意见》，中国政府网 2019 年 2 月 19 日，http://www.gov.cn/zhengce/2019-02/19/content_5366917.htm，2020 年 4 月 2 日。
《中共中央关于坚持和完善中国特色社会主义制度 推进国家治理体系和治理能力现代化若干重大问题的决定》，人民网 2019 年 11 月 6 日，http://cpc.people.com.cn/n1/2019/1106/c64094-31439558.html，2020 年 2 月 1 日。

后 记

近年来，随着乡村振兴战略的全面实施和新型城镇化战略的深入推进，城乡融合发展以及城乡关系等相关问题受到了学术界较为普遍的关注，不少学者通过经济学、哲学、社会学、环境伦理学、城市学等多学科视角进行了深入研究，形成了大量优秀的研究成果。但是，城乡融合发展以及城乡关系等相关问题的研究本质上是政治经济学的问题，这是涉及城市和乡村发展的整体性问题。因此，用马克思主义理论的学科视角对新时代城乡融合发展问题展开思考和探索，从学理上对新时代城乡融合发展理论做出较为清晰的阐述和建构，是马克思主义理论的学习者、研究者、传播者所义不容辞的责任。

2017 年 9 月至 2020 年 6 月，我有幸在复旦大学马克思主义学院攻读博士学位，师从马克思主义理论界著名学者顾钰民教授。2017 年 10 月，党的十九大胜利召开，在深入学习党的十九大精神之际，我开始把研究的兴趣和重心转向了中国的现代化问题上，并开始关注乡村振兴战略背景下的城乡融合发展问题。这一研究兴趣最终在顾钰民教授的支持和指导下，成了我的博士论文选题，由此开始了新时代城乡融合发展的基础研究。在此特别感谢顾钰民教授的悉心指导和点拨，同时向师母乔爱婷老师表示敬意。

回顾在复旦求学的日子，一方面我感到既是幸运的也是幸福的，因为这让我完成了人生中的一个梦想，复旦大学校园里的浓厚学术氛围总是令人沉浸陶醉，专家们的学术创新观点总是让人耳目一新，那种以学术自由和探究真理为核心的学术精神无时无刻不在滋养着我们；另一方面，我当然也感到既有压力更有动力，尤其是博士论文的写作不仅让我深刻感受到“爬坡过坎”的压力以及“行百里者半九十”的道理，同时也让我深刻认识到只有沉下心来不断地保持学习，才能化压力为动力。在博士论文的开题、写作和修改过程中，复旦大学马克思主义学院李冉教授、肖巍教授、周文教授、吴海江教授等专家学者都提出了许多宝贵意见；另外，董雅华教授、杜艳华教授、马拥军教授等专家学者在学科专业知识传授过程中也给予了我思想上的启迪。其中，李冉教授在我的博士论文预答辩时提出，可以对新时代城乡融合发展的边界问题作自己的分析和探讨，这一宝贵建议后来直接吸收进了我的博士论文修改思路中，对后续研究提供了很好的帮助。在博士论文的答辩环节，国防大学孙力教授、华东师范大学丁晓强教授等专家学者也对论文提出了宝贵意见。在此，对给予我悉心指导和无私帮助的所有专家学者，表示衷心的感谢和崇高的敬意。

2021 年 7 月，在我担任杭州市团校副校长期间，经共青团杭州市委员会推荐，中共杭州市委组织部指派我到杭州市富阳区大源镇挂职党委委员。从教学科研单位到基层地方政府，尤其是在组团联村工作中，让我对城乡融合发展在基层的实践探索有了更加直观的了解，同时也让我能够更加深入地去认识现实的农村和农村的现实。大源镇是全国综合实力千强镇，近年来坚持产城融合、文化浸润的发展思路，在城乡融合发展方面做了大量实践探索，城乡面貌变化明显。让我感受最深的是，新时代宜居宜业和美乡村在城乡融合发展的道路上日益成为现实，乡村正在城乡融合发展的进程中发生“蝶变”。所以，城乡融合发展是一个值得持续关注的话题，而且城乡融合发展的研究既要有胸怀全局的视野，也要有眼睛向下的视角。如今，在经历了团校和乡镇短暂的工作之后，我又重新回到高校，回到马克思主义理论学科，我想这既是初心的回归，也是使命的起航。

本著是在我的博士论文《新时代城乡融合发展研究》的基础上，结合在乡镇挂职工作期间的感悟修改完善形成的，初步构建了新时代城乡融合发展的理论分析框架，希望能够为今后更加深入系统地理解这个重要现实课题起到抛砖引玉的作用。本著也是 2024 年度浙江省习近平新时代中国特色社会主义思想研究中心委托课题（第二批）“中国式现代化进程中的共同富裕研究——基于新时代城乡融合发展的理论与实践”研究成果，其出版还得到了浙江外国语学院 2023 年度博达教师科研提升专项计划后期资助项目和浙江省习近平新时代中国特色社会主义思想研究中心浙江外国语学院研究基地的资助，学校为本书的出版创造了充分的条件。在此，向浙江省习近平新时代中国特色社会主义思想研究中心和学校深表谢意。另外，特别感谢中国社会科学出版社的刘亚楠老师，刘老师对书稿进行了极为负责的审读、校对，对本著的出版倾注了大量精力和心血。借此机会，谨向刘老师表达崇高的敬意。

最后，特别感谢我的父母。2017 年是令我毕生难忘的悲伤年，父亲还没等到我考上博士的消息就于 3 月 30 日突然因病治疗无效离开人世。父亲一生平平凡凡、辛辛苦苦、勤勤恳恳，就在离开的当天上午都还在他热爱的土地上耕作，耕种瓜果蔬菜对他来讲是最有成就感的日常生活。每每想到自己工作以后长期在外，未能经常回家看望他老人家，就感到无比后悔和难过。巧合的是，父亲名字就是“乡村振兴战略”中的“振兴”二字，父亲对土地又是如此这般的热爱，他一生都没有离开过农村生活。于是，谨以此书纪念我的父亲，也特别感谢母亲一直以来对我的学业的支持。

欧万彬

2024 年 2 月 28 日于杭州

